Der Mann fürs Lieben

Mehr Bäume.
Weniger CO_2.
www.cpi-print.de/umwelt

FSC
www.fsc.org
MIX
Papier aus verantwortungsvollen Quellen
FSC® C083411

Eva Kinauer-Bechter:
Der Mann fürs Lieben

www.edition-a.at

Lektorat:
Sophia Volpini
Cover:
Markus Mansi & Gernot Glasl
Layout:
Isabella Starowicz

Gesetzt in der Garamond
Gedruckt in Deutschland

1 2 3 4 5 — 25 24 23 22

ISBN: 978-3-99001-588-9

EVA KINAUER-BECHTER

Der Mann fürs Lieben

LERNEN VON DER
PARTNERVERMITTLERIN
DER REICHEN UND SCHÖNEN

edition a

Inhalt

Willkommen!

Herzlich willkommen, meine Liebe. Zuallererst möchte ich Ihnen gratulieren! Sie haben dieses Buch zur Hand genommen, und das verrät mir einiges über Sie. Dass Sie eine Frau sind, die bereit ist, ihre Zukunft selbst in die Hand zu nehmen, statt stoisch darauf zu warten, was das Leben ihr vorsetzt, zum Beispiel. Dass Sie bereit sind, neue Wege auszuprobieren und alte Denkmuster hinter sich zu lassen. Und dass Sie Lust haben, sich zu verlieben – und zwar in den Richtigen. Das ist großartig. Denn Sie haben die allerbesten Voraussetzungen, eine glückliche Partnerschaft zu finden. Und ich werde Ihnen in diesem Buch verraten, wie das geht.

Ich werde Ihnen zeigen, wo die Chancen am besten stehen, einen künftigen Partner kennenzulernen, und wie Sie sicherstellen, dass Sie den Richtigen auch erkennen. Ich werde Ihnen erklären, was Sie tun können, damit aus einem Funken auch tatsächlich ein lebenslang loderndes Feuer wird: wie man ein erstes Date vorbereitet – und ein zweites und ein drittes. Und natürlich werden wir uns ansehen, warum es bislang vielleicht noch nicht geklappt hat mit einer langfristigen, erfüllenden Partnerschaft und was Sie tun können, um diese Hindernisse aus dem Weg zu räumen.

Seit mehr als zwei Jahrzehnten bringe ich als Partnervermittlerin Paare zusammen. Ich habe Hunderte Dates organisiert, begleitet und miterlebt und Tausende Stunden mit Menschen über ihre Träume und ihre Ängste, über sexuelle Wünsche und romantische Sehnsüchte gesprochen. Und diesen Erfahrungsschatz teile ich nun mit Ihnen. Ich freue mich auf unsere gemeinsame Reise zu Ihrem Liebesglück!

Nun, warum ist die Sache mit der Liebe so schwer geworden?

Die Umstände der Partnersuche haben sich in den vergangenen Jahrzehnten ganz grundsätzlich verändert. Noch nie schien das Leben der Menschen so einfach und bequem zu sein wie heute. Haben wir Hunger, ist anständiges Essen nur zwei Klicks auf dem Smartphone entfernt. Das neue Kleid wird nach Hause geliefert. Der Job, die Ausbildung, der Sportkurs, beinahe alle Herausforderungen des Alltags lassen sich heute im eigenen Wohnzimmer erledigen. Digitalisierung und Innovation haben vieles erleichtert. Nur die Liebe ist komplizierter als je zuvor.

Wie Michelangelo vor einer Herausforderung stand, als er die Decke der Sixtinischen Kapelle in ein unvergleichliches Kunstwerk verwandeln sollte, so steht die moderne Single-Frau Tag für Tag vor der Herausforderung, den richtigen Mann fürs Leben zu finden.

Frauen haben in den vergangenen Jahrzehnten Unglaubliches geleistet. Auch wenn wir noch lang nicht am Ziel sind, in allen Bereichen des Lebens echte Gleichberechtigung zu erreichen, so können wir wirklich stolz auf uns sein. Wir konnten einen enormen Bildungsaufstieg der Frauen beobachten. Es gibt längst mehr Bachelor-Absolventinnen als Absolventen, unzählige gut ausgebildete

Frauen haben ihr Leben selbst in die Hand genommen, machen Karriere und verdienen oft mehr als viele Männer. Eigentlich ein Traum, wäre da nicht dieser Haken: Die Karrierefrau hat zwar ihr Leben und ihren Job perfekt im Griff, die Partnersuche erweist sich allerdings als Odyssee.

Deshalb richtet sich dieses Buch auch explizit an Frauen, die auf der Suche nach einem Mann fürs Leben sind. Aber natürlich sind Sie mir als männlicher Leser ebenso willkommen, und genauso, wenn Sie als Frau auf der Suche nach einer Frau sind. Viele meiner Ratschläge gelten ohnehin für alle Menschen, andere werden Sie leicht für sich abwandeln können.

Der Markt für die moderne Frau ist knapp. Es ist ja keine Quantenphysik: Mehr Absolventinnen als Absolventen – es bleiben also für die gut ausgebildeten Frauen nicht genug gut ausgebildete Männer übrig. Das wäre noch kein Problem, schließlich bemisst sich die Qualität einer Partnerschaft nicht an der Frage, ob die Uni-Abschlüsse zusammenpassen.

Aber die Wahrheit ist: Das klassische Rollenbild des erfolgreichen Mannes, auf den daheim eine Hausfrau wartet, deren Leben sich nur um ihn dreht, mag ein Auslaufmodell sein. Dennoch gibt es auch heute noch Männer, die lieber »nach unten« heiraten, denen die Karriere der Frau vielleicht sogar ein Dorn im Auge ist. Für moderne Frauen gibt es also immer weniger Männer zur Auswahl, die mit ihnen mithalten können und die einen zumindest ähnlichen sozialen und wirtschaftlichen Background haben.

Die gute Nachricht ist: Es gibt immer mehr Männer, die nach einer Beziehung auf Augenhöhe streben. Gemeinsame Interessen, ein intellektueller Austausch, die Eigenständigkeit der Partnerin, das sind wunderbare Qualitäten einer Beziehung, die viele Männer zu schätzen wissen. Bildung und Erfolg sind sexy, seien Sie also stolz auf sich und Ihre Erfolge! Machen Sie sich für einen Mann niemals kleiner, als Sie sind.

Trotzdem scheint die Rechnung für viele tolle Frauen am Ende nicht aufzugehen. Viele sind ungewollt Single. Was können Sie also tun? Ganz einfach: Überlassen Sie die wichtigste Entscheidung Ihres Lebens nicht dem Zufall!

Seit mehr als zwanzig Jahren predige ich Frauen diesen Satz. Oft kriegen ihn die Damen spät zu hören, aber er ist doch so entscheidend. Schaffen Sie gern Struktur? Sind Sie eine Karrierefrau, die ihr Leben ihrem Job gewidmet hat? Oder sind Sie vielleicht eine Power-Frau, die neben der Arbeit auch noch Haushalt und Kinder unter einen Hut bekommen hat? Egal, welchem Beruf Sie nachgehen, ob Sie Kinder haben, oder nicht. Ich bin sicher, Sie sind – in welcher Form auch immer – strukturiert, haben einen Plan und überlassen die wichtigen Dinge nicht einfach dem Schicksal.

Viele Menschen planen ihr Leben heute akribisch: Bevor die Kinder auf die Welt kommen, haben sie schon einen Kindergartenplatz, Schule und Nachmittagsbetreuung sind organisiert und mögliche Hobbys aufgelistet. Genauso penibel planen viele Frauen ihre Karriere – der Aufstieg kommt ja schließlich nicht von ungefähr. Es beginnt mit den ersten Praktika in den Sommerferien, reicht bis hin zum Studium, den Volontariaten und den ersten Karrierestationen. Die Tochter einer Vorarlberger Freundin zum Beispiel kam vor einigen Jahren zum Studieren nach Wien. Sie kannte hier niemanden. Binnen kürzester Zeit absolvierte sie nicht nur ihren Bachelor, sondern hatte auch noch nebenbei Japanisch gelernt – dabei hatte sie schon zuvor vier Sprachen beherrscht. Sie engagiert sich, wo es nur geht, macht außerdem eine freiwillige Zusatzausbildung und hat ihre Praktika penibel durchgetaktet. Bemerkenswert! Und genau richtig so, schließlich ist der Konkurrenzdruck auf dem Arbeitsmarkt hoch, und wer nur mit der Masse schwimmt und tut, was alle tun, wird sich schwertun, seine Ziele zu erreichen. Die spätere Karriere profitiert immens vom Fleiß der Jugend. Aber das Privatleben bleibt dabei oft auf der Strecke, auch weil wir dessen Bedeutung in jungen Jahren oft nicht hoch genug einschätzen.

Grundsätzlich rate ich: Schenken Sie Ihrem Privat- und Liebesleben mindestens die gleiche Aufmerksamkeit und Planung wie Ihrer Karriere. Mir ist klar, dass dieser Ratschlag manche von Ihnen spät erreichen wird und Sie vielleicht, wenn Sie sich Kinder wünschen, Ihre biologische Uhr schon sehr laut ticken hören. Aber grundsätzlich ist es nie zu spät, sich um sein privates Glück zu kümmern und mit dem richtigen Mindset an die Dinge heranzugehen.

Die Erkenntnis, dass das Private mindestens genauso viel Planung und Ambition erfordert wie das Berufliche, bringt natürlich noch keinen Gewinn, aber es ist der erste Schritt, eine zentrale Erkenntnis.

Danach kommt: eine Menge Arbeit. Denn machen wir uns nichts vor, die Suche nach einem geeigneten Lebenspartner kann unglaublich anstrengend sein. Und es kann durchaus einige Zeit kosten. Deshalb sind Sie im Vorteil, wenn Sie am besten schon vorgestern mit der Suche anfangen. Natürlich hat nicht jede Frau, die nach einem Mann Ausschau hält, einen Kinderwunsch. Die eine hat vielleicht längst Nachwuchs, während eine andere lieber um die Welt reist und neue Kulturen kennenlernt.

Die moderne 25-Jährige macht sich oft noch überhaupt keine Gedanken über Kinder. Nach meinen Beobachtungen versuchen viele Frauen, sich vor Augen zu halten, wie lang sie maximal irgendwie schwanger werden können: Mit zwanzig ist man überzeugt, es sei mit dreißig so weit. Mit 35 hält man sich mit »alles unter vierzig« bei Laune. Und dann gibt es doch immer wieder auch diese erstaunlichen Geschichten von Frauen, die mit 45 oder gar mit fünfzig noch Kinder bekommen haben, nicht wahr?

Natürlich ist das alles Schönrederei. Auch wenn ich jeder Frau ihr spätes Glück von Herzen wünschen würde, sieht die Realität eben anders aus. Mit Ende dreißig, Anfang vierzig ist es zwar biologisch noch möglich, eine Familie zu gründen, fehlt allerdings auch der Mann für dieses Vorhaben, wird es knapp. Meint es das Glück gut mit Ihnen, und Sie finden in der letzten Sekunde noch einen Mann, der Potenzial hat, müssen Sie mindestens noch ein Jahr, wenn nicht zwei, einplanen, bevor Sie an Nachwuchs denken sollten. Immerhin braucht es Zeit, einander kennenzulernen, Liebe entsteht nicht von heute auf morgen. Dann sollten Sie im besten Fall sicher sein, dass der gemeinsame Alltag bewältigt werden kann. Und erst dann, wenn sich beide sagen können »Wir sind ein gutes Team fürs Leben«, erst dann sollte an Schwangerschaft, Verlobung und Hochzeit gedacht werden.

Schon klar, das ist der Idealfall. Natürlich können Sie auch von einer flüchtigen Bekanntschaft ein Kind bekommen und sich dann mit dem Kind erstmal allein durchschlagen. Viele Frauen machen das toll und sind ohne Mann glücklich. Aber wenn Sie Ihre Familie auf Basis einer gesunden, starken Beziehung aufbauen wollen, sollten Sie Zeit einplanen.

Leider ist es nun mal auch so, dass der Markt für die Vierzigjährige mit unerfülltem Kinderwunsch noch einmal um vieles kleiner ist als der für die junge Karrierefrau oder die ältere Single-Dame, die bereits Kinder hat oder keine möchte. Denn der vierzigjährige, kinderlose Mann, der auch noch gern eine Familie gründen würde, schaut sich nach jüngeren Frauen um. Mit Erfolg. Er fischt natürlich nicht bei den Zwanzigjährigen, aber mehr als ein Dreier darf nicht vorn stehen. Ich will Sie gar nicht verunsichern, vertrauen Sie mir – ich habe den ein oder anderen Tipp auf Lager, um Ihnen bei der Suche nach dem passenden Gegenstück zu helfen. Ich möchte Ihnen nur die Lage verdeutlichen und unterstreichen, warum Timing bei der Partnersuche ein so wichtiger Faktor ist. Verschwenden Sie also Ihre Zeit nicht, sondern packen Sie es an!

Für ein glückliches Leben spielen, aus meiner Sicht, drei Faktoren eine Rolle. Ich nenne sie die drei Säulen des Lebens. Es ist nur mein privater Ansatz, aber vielleicht kann Ihnen dieser Gedanke Anhaltspunkte liefern, die Sie für sich nutzen können. Meine drei Säulen sind der Job, die Partnerschaft und die Kinder. Ich finde, bis zum vierzigsten Lebensjahr sollte jede Frau mindestens zwei dieser drei Säulen für sich erfüllend gestaltet haben. Ich denke, so ist ein zufriedenes und glückliches Leben sichergestellt. Ich zum Beispiel habe mir die ersten zwei Säulen erfüllt. Ich liebe meinen Job und bin seit über zwanzig Jahren glücklich verheiratet. Ich habe zwar keine Kinder, bin aber mit meinem Leben restlos zufrieden. Im Idealfall hätte ich die dritte Säule auch noch erfüllt, aber glauben Sie mir, zwei von drei ist schon ein guter Schnitt.

Welche zwei dieser Säulen realisiert werden, bleibt jeder Frau selbst überlassen. Die geschiedene Frau, die zwei süße Kinder und eine erfüllende Arbeit hat, kann genauso glücklich leben wie die Karrierefrau mit Mann und ohne Kind. Auch die Mutter aus Leidenschaft, die ihre Familie zu ihrem Beruf gemacht hat, also auf die Säulen Mann und Kind bauen wollte, hat nicht zwingend das Gefühl, etwas in ihrem Leben zu vermissen. Gelingt allerdings nur eine Säule, kann es schwierig werden, glücklich zu sein. Denn wer sich nur auf den Job, nur auf das Kind oder nur auf den Mann konzentriert und dabei alles andere ausblendet, wird früher oder später etwas vermissen.

Vor allem die Frauen, die ihr ganzes Leben lang nur den Job im Kopf hatten, merken irgendwann, dass der allein auch nicht für immer glücklich macht. Der Feminismus hat uns Frauen so viel Gutes gebracht und ich bin voller Bewunderung für die vielen tollen Vorkämpferinnen, die ihr Leben der Freiheit und der Gleichstellung von Frauen gewidmet haben. Trotzdem traue ich mich, zu sagen, dass diese Entwicklung eben auch Schattenseiten hat.

Heute wird von uns Frauen oft erwartet, dass wir alles auf die Reihe kriegen. Spätestens mit dreißig stecken wir in der Rushhour des Lebens und sollen gleichzeitig Karriere machen, einen Lebenspartner finden und Kinder bekommen. Alles innerhalb weniger Jahre. Das ist ziemlich heftig, wenn Sie mich fragen. Aber keine Sorge: Zumindest bei der Suche nach dem richtigen Mann kann ich Ihnen behilflich sein.

Wie ich wurde, was ich bin: Die Liebe ist meine Leidenschaft

Im Herzen der Wiener Innenstadt gibt es ja einige wunderbare Locations, die *Bank Bar* des Park-Hyatt-Hotels hat es mir allerdings über die Jahre hinweg besonders angetan. Die Am Hof liegende Brasserie und Bar bietet mit den prachtvollen Blumen am Eingang und den an kristallene Baumkronen erinnernden Lustern ein elegantes und stilvolles Ambiente mit wunderschönen und perfekt durchdachten Details. Der ehemalige Kassensaal der Länderbank ist das Prunkstück des Hauses, wer zum ersten Mal einen Fuß in die Bank setzt, kommt aus dem Staunen so schnell nicht mehr heraus.

Der letzte Tisch, links hinten in der Bar, gegenüber der beeindruckenden Weinwand, wo Hunderte Flaschen der edelsten Tropfen wohltemperiert in beinahe deckenhohen Kühlschränken lagern, ist in der Regel am ruhigsten in dieser sonst gut besuchten Location. Außerdem bietet dieser Platz den besten Blick Richtung Eingang, kein Wunder also, dass es mein Lieblingsplatz ist. Leider gibt es im Park Hyatt keine freie Sitzplatzwahl, auch nicht bei Reservierungen, also muss ich mir immer etwas einfallen lassen, um meinen bevorzugten Tisch auch ganz sicher zu bekommen.

Ich setze mich mit Blickrichtung zum Eingang an den Tisch, bestelle wie immer ein prickelndes Mineralwasser mit Eis und Zitrone und bezahle dieses auch gleich. Ich überlege schon, wen ich wo hinsetze, damit das Setting perfekt ist. Ich habe noch etwas Zeit, zur Sicherheit sehe ich mir noch einmal die Barkarte an, obwohl ich eigentlich bereits weiß, was empfehlenswert ist. Ganz vorn werden die edelsten Champagnersorten präsentiert, die ich mir heute besonders genau ansehe. »Ich hoffe, er kommt pünktlich«, denke ich.

Ich blicke auf und sehe ihn an der Rezeption stehen. Ich winke ihm, er erkennt mich und kommt auf mich zu. Er trägt einen feschen, dunkelblauen Slim-fit-Anzug, ein edles und farblich perfekt abgestimmtes Langarmshirt darunter und Sneakers meiner Lieblingsmarke Santoni. Ich platziere ihn charmant auf den Sessel, den ich ihm zugedacht habe – damit ihr dann auch der beste Platz am Tisch bleibt. Der beste Platz ist übrigens der, der das Restaurant oder die Bar im Blick hat, und soll meiner Meinung nach immer der Dame gehören.

Er ist Franzose, 48, in Paris aufgewachsen, absolvierte sein Studium in London und startete seine Karriere bei einem großen internationalen Konzern, für den er vor einigen Jahren die Geschäftsführung der österreichischen Tochtergesellschaft in Wien übernahm. Durch die österreichischen Wurzeln seiner Mutter spricht er sehr gut Deutsch mit einem erfrischenden französischen Akzent. Er kommt abgehetzt an und scheint sichtlich gestresst zu sein. »Was ist denn heute mit Ihnen los?«, frage ich schmunzelnd, aber doch neugierig, ob ihm dieser Abend solch einen Stress bereitet oder ob seinem nervösen Auftritt doch etwas anderes zugrunde liegt. Es stellt sich heraus, dass er direkt von einem anstrengenden Meeting kommt, das nicht planmäßig verlief. Er hat zumindest ein paar Minuten allein mit mir, um herunterzukommen und sich zu akklimatisieren.

Sie erscheint pünktlich um 19 Uhr, ist Ärztin, 39, und eine bezaubernde Blondine. Ein schlichtes rotes Etuikleid mit einer lässigen Lederjacke und High Heels, mit denen sie sich auch wirklich perfekt bewegen kann, dezentes Make-up, roter Lippenstift und frisch geföhntes langes Haar – ein grandioser Auftritt! Sie kommt auf unseren Tisch zu und in dem Moment, in dem ich aufstehe, um sie zu begrüßen, versuche ich, seinen ersten Blick zu erhaschen. Im Bruchteil einer Sekunde kann ich seine Begeisterung erkennen, das ist bei Männern auch nicht schwer. Ich stelle die beiden einander vor, leichte Nervosität ist besonders bei ihr spürbar, die sie aber mit einem freundlichen Lächeln überspielt.

Der Kellner hatte die Getränkekarte zuvor schon auf den Tisch gelegt und so fragt er kurz nach ihrem Eintreffen freundlich nach, ob die beiden schon eine Wahl getroffen hätten. Ein kritischer Moment. Das »Kleine Barbuch« enthält zahlreiche Signature Cocktails und Forgotten Classics, ebenso wie ein Gin-Sortiment von Österreich bis Japan, Wodkas aus den verschiedensten Ländern, aber auch zwei Dutzend Sorten Rum und ebenso viele Single Malt Scotch. Das kann, gerade in den ersten Minuten des Kennenlernens, überfordern. Manche Männer sind in so einer Situation relativ unsensibel und verhalten sich wie ein Kind im Süßigkeitenladen, das sich nicht entscheiden kann. Mein Klient jedoch meistert diese Situation souverän und sagt charmant: »Bei uns in Frankreich trinkt man immer ein Glas Champagner, darf ich das für dich bestellen?« Ihr Blick richtet sich zu ihm: »Ja, also gegen ein Glas Rosé hätte ich nichts einzuwenden, vielen Dank!« Er bestellt den Bollinger Rosé, und auch wenn sie dem Anschein nach ihre Begeisterung im Zaum halten will, sehe ich ihr an, dass sie von ihm beeindruckt ist. Gut, dass ich bereits weiß, dass sie frankophil ist und deshalb nicht nur von seinem Getränkevorschlag, sondern wohl auch von seiner Person selbst ziemlich schnell überzeugt sein sollte.

Mit dem Vorwissen, dass seine Familie ein Haus in der Provence hat und sie der französischen Kultur und Kulinarik nahesteht, ist es nicht schwer, ein verbindendes Gesprächsthema zu finden. Da er am Sonntag von einem verlängerten Wochenende in Südfrankreich zurückgekommen ist, sollte es der perfekte Einstieg für den Abend sein, ihn danach zu fragen. Er erzählt, dass er einen Tag nach Aix-en-Provence gefahren ist, weil er schon lang nicht mehr dort war, und schon sind die beiden im Gespräch. Sie war letzten Sommer in Südfrankreich und findet, genau wie er, das Hinterland viel reizvoller als die Küste. Eigentlich bin ich ab diesem Zeitpunkt nur mehr Statistin, denn das Gespräch floriert, und die beiden unterhalten sich, als würden sie sich schon ewig kennen. Schnell kommen wir auf ihre nächste Gemeinsamkeit, die Leidenschaft für Kulinarik. Beide lieben wirklich gutes Essen – und zwar keine Michelin Tempel, sondern gemütliche, kleine Restaurants, richtige Geheimtipps ... Gut, dass er, wie mit mir vereinbart, in einer kleinen Brasserie in der Nähe einen Tisch für zwanzig Uhr reserviert hat.

Die Atmosphäre ist sehr angenehm und die Gespräche sind so nett, dass ich selbst auch am liebsten ein Glas

Champagner trinken und mit den beiden weiterziehen würde. Aber ich bin nicht zum Vergnügen hier. »Adieu Madame et Monsieur, bonne soirée!«, rufe ich den beiden zu, als ich mich langsam Richtung Ausgang bewege. Mit einem außerordentlich guten Gefühl trete ich gegen 19.30 Uhr meinen Weg nach Hause an. Und freue mich schon auf die Telefonate am nächsten Tag!

Dass ich jemals beruflich Amor spielen darf, hätte ich mir als junge Frau selbst in meinen wildesten Träumen nicht ausgemalt. Ich habe diesen Weg weder geplant noch seit jeher davon geträumt, einmal Partnervermittlerin von Beruf zu sein. Aber wie das Leben manchmal so spielt, bin ich über Umwege dort gelandet, wo ich heute bin, und ich könnte glücklicher nicht sein.

Eigentlich war ich Management-Coach und habe für große Unternehmen wie Porsche, Roche und die Brau Union gearbeitet. So hatte ich vor allem mit Geschäftsführern, Führungskräften und Unternehmern zu tun. Eines Tages kam einer meiner Kunden, ein erfolgreicher Konzernmanager, der viel um die Welt unterwegs war, auf mich zu und sagte: »Frau Kinauer, ich habe jetzt ein neues Projekt für Sie!«

»Super! Was machen wir denn?«, erwiderte ich – in der Annahme, es ginge um ein Projekt in meinem üblichen Tätigkeitsfeld.

»Sie müssen eine passende Frau für mich finden«, sagte er, als ob es ein Auftrag wie jeder andere wäre. Etwas verwirrt fragte ich ihn, wie er denn darauf komme.

Er sagte nur: »Wenn es jemand kann, dann Sie.« Zuerst hielt ich sein Anliegen für einen Scherz. Als ich allerdings merkte, dass er es ernst meinte, versuchte ich mich zu sammeln und so, wie ich immer arbeitete, rational und professionell, eine Lösung zu finden.

Da ich bis dahin rein gar nichts mit Partnervermittlung zu tun hatte, außer dem obligatorischen Zusammenbringen von Freunden am Schulhof, machte ich ihm den Vorschlag, dass ich zwar nicht selbst die Vermittlung übernehmen werde, ihm aber zumindest eine anständige Agentur suchen kann, damit sich ein Profi dann um seine Anfrage kümmert. Er stimmte zu, luchste mir aber noch ein Versprechen ab. Demnach müsste ich mich selbst um die Vermittlung kümmern, sollte ich keine passende Agentur finden. Ich willigte ein, denn ich war sicher, es würde jemanden geben, der kompetenter ist als ich.

Gesagt, getan. Ich stürzte mich in die Recherche-Arbeit, in der Hoffnung, eine passende Agentur für ihn zu finden. »So schwer kann es doch nicht sein«, dachte ich. Sehr rasch musste ich allerdings feststellen, dass der Partnervermittlungsmarkt damals elend war. Neben den alten Gebrauchtwagenanzeigen in den Zeitungen fanden sich fragwürdige Annoncen. Zwischen alten Hondas blitzte etwa das dubiose »Partnerinstitut Herzilein« hervor – glauben Sie mir, die Lage in Österreich war eine reine Katastrophe.

Auch in Deutschland sah es nicht besser aus. Selbst in Paris und London wurde ich nicht fündig. Langsam verlor ich die Geduld. Meine letzte Hoffnung lag in den USA. Ich fragte dortlebende Bekannte, wie denn der Markt drüben aussehe, leider ohne Erfolg.

Genervt und frustriert musste ich mir eingestehen, dass ich wohl ohne Agentur bei meinem Kunden ankommen musste. »Vielleicht hat er das Versprechen ja vergessen«, redete ich mir ein, ohne meinen eigenen Worten Glauben zu schenken. Der anstehende Urlaub mit meinem Mann kam mir da gerade recht.

Während wir die weißen Sandstrände der Malediven entlangspazierten, erzählte ich ihm von dem Kunden, meinem Vorhaben, dem elenden Markt, und wir fantasierten über mögliche Lösungen. Erstaunt über den Enthusiasmus meines Mannes begannen die anfänglichen Spinnereien plötzlich immer realer zu werden. Ohne ihn hätte ich meine Agentur wohl nie gegründet, er bestärkte mich und hielt das ganze Unterfangen für eine grandiose Idee.

Zurück in Wien, gut erholt von der Sonne und dem Indischen Ozean und voller Tatendrang, fing ich mit dem »Recruiting« an. Eigentlich unbewusst. Denn ich erzählte meinen bereits bestehenden Kunden von meiner Idee und alle Singles unter ihnen sagten: »Wenn Sie das machen, dann komme ich zu Ihnen. Wenn Sie das machen, dann bin ich sofort dabei.« Und schon war ich mittendrin. Ich hatte meine ersten Kunden, und die ersten Liebespfeile in meinem Köcher warteten bereits darauf, abgeschossen zu werden.

Mein Geschäft funktionierte nicht von Tag eins an so gut, wie ich es mir anfänglich gewünscht hätte. Ich hatte zwar das Glück, dass ich einen kleinen Grundstock an Kunden aus meiner vorherigen Tätigkeit mitnehmen konnte, neue Kunden zu akquirieren stellte mich allerdings vor eine persönliche Herausforderung.

In den ersten Wochen und Monaten nach der Firmengründung habe ich sehr viel in Werbung investiert. Ich habe jeden zu mir ins Büro bestellt, der auch nur einen Hauch von Interesse gezeigt hatte. Ich habe Tag und Nacht gearbeitet, wochenlang, sieben Tage die Woche. Acht, neun, sogar zehn Gespräche am Tag waren Routine. Mein Mann, der mir dankenswerterweise sehr viel Startkapital, vor allem für Marketing, zur Verfügung stellte, fragte gegen Ende der Woche immer vorsichtig bei mir nach: »Na, wie viele Abschlüsse haben wir diese Woche gemacht?«

»Du, die Woche war niemand dabei«, antwortete ich ziemlich beiläufig.

»So wird das nie was«, meinte er ziemlich irritiert. Er wunderte sich, warum ich denn nur die Kunden aus meinem alten Kundenstamm rekrutieren würde, jene, die auf die Inserate reagierten, aber wieder nach Hause schickte.

Dieses Spiel ging wochenlang. Ich war mir schon damals meiner Linie bewusst und überzeugt davon, dass mein Konzept für die Masse nicht funktionieren würde. Zumindest wollte ich es nicht für die Masse umsetzen. Ich habe mir schon damals verinnerlicht: Entweder es kommen erfolgreiche Menschen, die ich aufnehmen möchte, mit denen ich arbeiten will, oder ich sperre halt zu. So einfach.

Später leistete mir mein Mann Abbitte. Er verstand erst im Rückblick, dass meine sorgfältige, auf den ersten Blick pingelig wirkende Auswahl einem Sinn folgte. Er hätte, anders als ich, jeden aufgenommen, er hätte es also, um in seinen Worten zu sprechen, falsch gemacht. Denn Qualität ist uns beiden in jedem Lebensbereich wichtiger als Quantität. Auch wenn ich anfangs nur einen sehr kleinen Kundenstamm hatte, so konnte ich mich mit voller Aufmerksamkeit auf die wenigen Kunden konzentrieren, die ich hatte, und das sprach sich schnell in den Kreisen herum, auf die ich abzielte.

»Du, die Kinauer-Bechter macht jetzt was anderes, das gibt es so noch nicht. Aber du musst erst schauen, ob du aufgenommen wirst.«

Das ist die beste Mundpropaganda, die sich eine Geschäftsführerin nur vorstellen kann. Die Exklusivität meiner Firma, der beschränkte Zugang, verschaffte mir plötzlich einen besonderen Vorteil. Zuerst war es mir schon fast peinlich, die Leute sprachen über meine Agentur, als ob es sich um einen exklusiven Club für reiche Singles handeln würde. Schnell wurde mir allerdings bewusst, dass das die beste Werbung ist – und die Sache kam ins Rollen.

Als die erste Klientin ihren Weg in mein Büro fand, eine Dame, die ich zuvor noch nicht gekannt hatte, die aber eindeutig in meinen Pool passte, war ich so glücklich wie schon lang nicht mehr.

Wer in meinen Kunden-Pool aufgenommen werden möchte, wird zunächst zum Erstgespräch eingeladen. Dieses unverbindliche und kostenlose Treffen dient dem allgemeinen Kennenlernen. Ich muss mir erst ein Bild von meinen potenziellen Klienten machen und darauf achten, dass ich keine Betrüger oder Personen mit den falschen Absichten bei mir aufnehme. Letzten Endes liegt es in meiner Verantwortung, meinen Kunden keine Hochstapler vorzustellen. Ich vermittle seriöse Menschen aneinander, die an einer stabilen Beziehung interessiert sind. Ich bin deshalb sehr gründlich, um zu verhindern, Menschen mit den falschen Intentionen in meinen Pool aufzunehmen.

Im Schnitt brauche ich etwa zehn Minuten, um Hochstapler zu entlarven. Über die Jahre habe ich ein gewisses Gespür dafür entwickelt. Kommt mir etwas verdächtig vor, hake ich nach. So lang, bis mein Gegenüber einknickt. Im Prinzip haben wir doch alle eine Art Spürsinn. Bei manchen ist er ausgeprägter, bei anderen noch nicht ausgereift, aber Hochstapler und Betrüger treiben sich »da draußen« noch viel öfter herum als in meinem Büro.

Oft reicht schon die Frage: »Was machen Sie beruflich?« Der klassische Klient antwortet: »Ich bin der Geschäftsführer der Firma XY«, oder »Ich bin Leiter der Kardiologie in dieser und jener Klinik«. Konkrete Firmennamen sind bereits ein gutes Indiz. Einmal den Namen und die Firma bei Google eingeben und schon habe ich die Sicherheit, er sagt die Wahrheit.

Dann gibt es da allerdings noch all jene, deren Geschichten nicht ganz so schlüssig scheinen. Oft erzählen sie mir die absurdesten Dinge, die grandiosesten Halbwahrheiten, und denken dabei, ich sei zu naiv, um sie zu durchschauen. Sind die Antworten auf meine Fragen nicht klar, dann hake ich nach. Kann das Gegenüber keine präzisen Angaben zu Beruf, Firma, Arbeitgeber oder gar Lebensmittelpunkt geben, frage ich eben weiter.

Sie müssen wissen, es gibt einen minimalen Prozentsatz von Superreichen, die tatsächlich schwer überprüfbar sind, sozusagen unter dem Radar schwimmen. Deshalb sind meine Fragen zwar gezielt, aber keinesfalls unhöflich oder suggestiv. Ich taste mich langsam Richtung Wahrheit, und zu meinem Glück ist der Prozentsatz der vermögenden Undercover-Reichen so verschwindend gering, dass ich mit meiner Vermutung eigentlich immer richtig liege.

»Neben meinem Wohnsitz in Genf habe ich auch noch ein Haus in Saint Tropez.« Das ist die perfekte Vorlage für mein Spiel: »Oh, ich liebe Saint Tropez, was ist denn Ihr

Lieblingsrestaurant dort?« Klingt schon fast banal, aber der Trick funktioniert oft. Ich gebe mich nicht mit ausweichenden, schwammigen Antworten zufrieden. Ich will harte Fakten und bin in einer privilegierten Situation, da ich das Recht habe, alles zu fragen, was ich möchte. Wer keine Lust hat, kann gern wieder gehen. Angst vor Imageverlust oder der Bekanntgabe zu vieler Details müssen meine Kunden ja auch nicht haben, ich unterschreibe immer eine Verschwiegenheitserklärung. Deshalb spiele ich im ersten Gespräch stets hemmungslos Columbo: Je mehr Fragen ich stelle, desto eher verstricken sich die Hochstapler in ihren Lügen.

Als der gutaussehende, junge Mann, er muss so Mitte dreißig sein, bei meiner Tür hereinspaziert, bin ich zunächst begeistert. Fesch, smart, vital und laut seinen Aussagen am Telefon sehr vermögend – perfekt für meine Zielgruppe also. Dennoch machen mich seine Erzählungen über all die Schlösser, die er angeblich besitzt, etwas stutzig, aber die Story passt zusammen. Er präsentiert sich sehr geschliffen, angeblich Aristokrat. Er erzählt mir dann von seiner Firma – Vermögensberatung – und lässt am Ende unseres Erstgespräches seine Visitenkarte da.

Als ich die Eindrücke des Gesprächs auf mich wirken lasse und verträumt die Visitenkarte zwischen meinen Fingern hin und her gleiten lasse, fällt mir ihre Eleganz auf. »Wow«, denke ich. So eine Präge-Visitenkarte sehe auch ich nicht alle Tage, sehr schön und zudem richtig teuer. Na ja, da der Herr so gütig war, mir eine seiner Aristokraten-Karten dazulassen, rufe ich die auf der Karte angegebene Nummer der Vermögensberatung an.

Erleichtert, dass es die Firma tatsächlich gibt, bitte ich die freundliche Dame, mich mit dem angeblichen Eigentümer zu verbinden. »Da er unser Außendienstmitarbeiter ist, erreichen Sie ihn am besten unter seiner Mobilnummer«, antwortet sie.

Dass der gute Herr wohl keine Schlösser besitzt und die Karte wohl nichts als ein PR-Gag ist, wird mir in diesem Moment bewusst. Immerhin war er schlau genug, um eine Firma als »Alibi« zu wählen, die er gut kennt. Als Mitarbeiter kann er meine Fragen zum Unternehmen mit Bravour beantworten und muss nicht ausweichen. Trotzdem gibt es einen feinen Unterschied zwischen dem Firmeninhaber, Schlossbesitzer und Aristokraten, und einem Außendienstmitarbeiter. Dabei wäre an dieser Position gar nichts auszusetzen, auch er könnte sich sein kleines Vermögen aufgebaut haben und jetzt auf der Suche nach einer Frau auf Augenhöhe sein. Das Lügengerüst lässt aber vermuten, dass er sich irgendwie zu einer vermögenden Frau durchmogeln wollte – und es ist meine Pflicht, genau das zu vermeiden. Nice try, aber ein ausgedachter Adelsname und eine feine Visitenkarte reichen bei mir eben nicht.

Warum ich Ihnen das erzähle: In meiner Agentur übernehme ich den Spürhund-Job quasi für meine Klientinnen. Sie müssen sich dann keine Gedanken mehr machen, ob der Mann, den sie kennenlernen, vielleicht eine Mogelpackung sein könnte. Aber wenn Sie jemanden kennenlernen, müssen Sie diesen Job selbst in die Hand nehmen. Selbstverständlich können Sie Ihr Gegenüber nicht beim ersten Date abfragen, als säße er im Kreuzverhör, aber glauben Sie nicht alles, was Ihnen erzählt wird. Vor allem beim Online-Dating, aber dazu kommen wir noch.

Meine weiblichen Klientinnen sind in der Regel keine Hochstaplerinnen. Die ein oder andere schwindelt zwar mit Blick auf ihre Kochkünste oder ihre »Liebe« zum Sport, das hat allerdings eher mit falscher Selbsteinschätzung zu tun, was beim Dating übrigens fatal sein kann. Über ihr Vermögen und ihre Intentionen lügen meine Kundinnen allerdings fast nie. Im Gegenteil, viele von ihnen wissen ganz genau, was sie wollen. Sie erzählen mir, wie sie sich das Leben vorstellen, was sie sich von ihrem Partner wünschen und was für sie wichtig ist. Diese Anforderungen können vom tierlieben Partner, der im Bett gern mit dem Hund kuschelt, bis hin zu materiellen Wünschen wie der Finca auf Mallorca reichen. Sie können sich gar nicht vorstellen, wie konkret diese Ansprüche sein können. Aber immerhin wissen sie, was sie wollen, ohne dabei zu blenden, wie der ein oder andere Schein-Adelige.

Die Wahrheit ist für meine Arbeit essenziell und das hat nicht nur mit Vermögensverhältnissen zu tun. Vor vielen Jahren kam eine fünfzigjährige Unternehmerin für ein Erstgespräch in meine Agentur. Sie war eine sehr intelligente, erfolgreiche und kultivierte Frau, mit einem bezaubernden Gesicht. Leider hatte sie zu viel Gewicht und sehr schlecht gefärbtes Haar mit einem misslungenen Schnitt. Ihr unvorteilhafter Kleidungsstil konnte da leider auch nicht mehr viel wettmachen und der strenge Geruch nach Zigaretten war auch nicht unbedingt als attraktiv zu bezeichnen. Ich nehme mir trotzdem immer die Zeit, jemanden kennenzulernen, egal, wie mein erster Eindruck auch sein mag.

Wir haben ein sehr nettes, offenes und ehrliches Gespräch miteinander geführt. Letztendlich sind wir übereingekommen, dass eine Zusammenarbeit derzeit nicht sinnvoll wäre. Ich versuchte, ihr nahezulegen, etwas an ihrem Auftritt zu arbeiten, ihre Stärken zu unterstreichen und sich selbst zu optimieren, sodass ihre Chancen auf eine erfolgreiche Vermittlung oder bei einer eigenständigen Partnersuche steigen können. Sie bedankte sich für meine ehrlichen Worte und trat den Heimweg an.

Zwei Jahre später wartete ich wieder einmal gespannt in meinem Büro auf eine potenzielle neue Kundin. Eine sehr attraktive, elegant gekleidete Frau mit toller Haarfarbe und gutem Styling, dezentem Make-up und angenehmen Duft betrat mein Büro. Sie setzte sich mir gegenüber in den weißen Ledersessel und lächelte mich verschmitzt an. »Sie wissen wirklich nicht mehr, wer ich bin, oder?«, fragte sie.

»Wie peinlich«, dachte ich mir nur, »wie kann ich denn so auf der Leitung stehen?«

Die Dame merkte mir meine Verwirrung an und erlöste mich von der Ungewissheit: »Ich war vor zwei Jahren bei Ihnen und Sie haben mir damals gesagt, was ich in meinem Leben ändern soll. Und ich bin Ihnen unendlich dankbar.«

Plötzlich dämmerte mir: Die unscheinbare, schlecht gekleidete und etwas mollige Dame von damals saß plötzlich in neuem Glanz vor mir.

»Ich habe alles verändert. Ich habe meine Ernährung umgestellt, habe begonnen, Sport zu treiben, habe das Rauchen aufgegeben und mir einen neuen Friseur gesucht«, fuhr sie fort. Ich kam aus dem Staunen nicht mehr heraus. Ihre Haut war schöner, der Look war *on point*, und sie sah gesünder, glücklicher und attraktiver aus. Ich saß vor einer neuen Frau, vom Aschenputtel zur Prinzessin.

Bevor ich meine Begeisterung in Worte fassen konnte, setzte sie fort: »Ich bin Ihnen so unfassbar dankbar, Ihre Ratschläge haben mich zu einem neuen Menschen gemacht und es hat nicht einmal etwas gekostet. Ich war eine Stunde bei Ihnen und Sie waren so ehrlich, so ehrlich waren nicht einmal meine Freundinnen zu mir. Ich habe mir Ihre Meinung zu Herzen genommen und könnte glücklicher nicht sein«.

Natürlich habe ich die Dame dann in meinen Pool aufgenommen. Mit Freude. Sie hat zwei Jahre hart an sich gearbeitet und es hat sich bezahlt gemacht. Von nichts kommt eben auch nichts, vor allem in der Datingwelt.

Ja, ich bin direkt. Meine Ehrlichkeit und Direktheit haben mir in mancher Situation schon geschadet, in meinem Beruf allerdings nie. Es bringt auch nichts, zu lügen, denn letzten Endes muss ich die Personen, die ich aufnehme, vermitteln. Wenn ich glaube, dass das nicht möglich ist, dann sage ich das auch.

Vor einigen Jahren hatte ich eine Klientin zum Erstgespräch bei mir. Eine nette, etwas ältere Dame, die mir von ihren Vorstellungen erzählte. Ich habe von Anfang an kein gutes Gefühl gehabt. Nicht, weil sie nicht sympathisch gewesen wäre, sondern weil ich merkte, dass es bei ihr schwierig werden könnte. Ehrlich wie ich bin, habe ich ihr offen gesagt, dass es nicht sehr wahrscheinlich sei, dass ich einen passenden Partner finden könne.

»Ich will es aber bei Ihnen versuchen«, meinte sie prompt.

»Ich habe Ihnen gerade gesagt, warum es keine gute Idee ist und dass die Chancen auf Erfolg extrem gering sind, und Sie wollen trotzdem unbedingt mit mir zusammenarbeiten?«, fragte ich.

Sie erzählte mir dann von ihren Vorerfahrungen und ich verstand, worauf sie hinauswollte. Sie war bereits bei einer anderen Agentur, die Angestellten dort versicherten ihr, dass es gar kein Problem sei, jemanden für sie zu finden. Sie könnten all ihre Wünsche erfüllen. Die Dame hat dort zwar weniger bezahlt, wurde dann aber nur Männern vorgestellt, die eindeutig kein Beziehungspotenzial hatten und nicht ansatzweise zu ihren Anforderungen passten. Sie war sichtlich mitgenommen von den Erfahrungen mit dieser Agentur.

»Ich will das nicht mehr«, stellte sie klar.

Fairness ist das oberste Gebot in der Zusammenarbeit mit meinen Klienten. Ich schätze den Markt ein, wie ein Broker Aktienkurse einschätzt. Sehe ich ein hohes Risiko, dann sage ich das auch. Ehrlich und direkt. Ich mache keine falschen Hoffnungen, denn mit den Hoffnungen alleinstehender Menschen spielt man nicht. Für kein Geld der Welt. Wenn sie trotz meiner eindeutigen und klaren Einschätzung ihr Glück versuchen wollen, dann versuche ich es natürlich auch, setze mich voll ein und gebe alles, um das gemeinsame Ziel zu erreichen – vorausgesetzt, sie passen in meinen Pool.

Ich versuche, während des Erstgesprächs herauszufinden, wer mein Gegenüber ist, was die Person sich wünscht und was sie zu bieten hat. Ich versuche außerdem immer, die positiven Aspekte eines Charakters zu entschlüsseln, statt mich nur auf die Schwächen zu fokussieren. Die wichtigste Frage, die während dieses ersten Kennenlernens geklärt werden muss, ist, ob er oder sie denn überhaupt zu meiner Zielgruppe passt. Die Sympathie spielt dabei auch eine große Rolle. Wie soll ich denn jemanden vermitteln, dem ich nichts Positives abgewinnen kann? Das geht nicht.

Habe ich den Eindruck, dass Bildungsniveau, Auftreten, Intellekt und Intentionen passen, stehen die Chancen gut, dass es zu einer Zusammenarbeit kommt. Stimmt das Selbstbild? Stimmt das Fremdbild? Stimmen die Erwartungen mit dem zu Bietenden überein? All diese Fragen versuche ich in kürzester Zeit zu beantworten. Mittlerweile ist mein Spürsinn relativ gut trainiert. Nach Tausenden Erstgesprächen habe ich viel gelernt. Ich nehme mir ungefähr eine Stunde Zeit. Das reicht.

Wurde gemeinsam über eine Zusammenarbeit entschieden, dann besteht der nächste Schritt aus einem etwa dreistündigen Interview. Die Klientin oder der Klient kommt erneut zu mir und dieses Mal wird nichts ausgelassen. Ich versuche, wirklich jeden Bereich des Lebens auszuleuchten, um meine Kunden so gut wie möglich kennenzulernen. Vor allem die Bereiche, die in einer Beziehung wichtig sind, werden hier gemeinsam besprochen. Wünsche, Ziele, Werte, Visionen. Vorstellungen über den Rest des Lebens werden genauso wie die Ansprüche an den künftigen Partner genauestens definiert. Wir besprechen früheste Kindheitserinnerungen, Familienverhältnisse, genauso wie Hobbys und Trinkverhalten.

Waren Sie schon einmal auf einer Online-Dating-Plattform unterwegs? Selbst wenn nicht, kennen Sie sicher Fragebögen. Auf diese Art von Befragungsmethode wird im Online-Dating-Bereich gern zurückgegriffen. Anhand eines Multiple-Choice-Tests sollen so Persönlichkeitsprofile der Nutzer erstellt werden, die dann herangezogen werden, um Paare zusammenzubringen. Hier ein Kreuzchen, da ein Kreuzchen, und schon ist das Profil fertiggestellt. Bei mir läuft das anders, denn ich versuche, die Menschen von Grund auf kennenzulernen, und gebe mich nicht mit vagen Antworten oder einem einfachen Kreuzchen zufrieden.

»Wie war Ihre Kindheit?«

Ich bin stets sehr an der Vergangenheit meiner Klientinnen und Klienten interessiert. Da ich ihr volles Vertrauen genieße, kommt ein Gespräch schnell in Gang. Ich bin eine gute Zuhörerin und mich interessiert brennend, wie sie aufgewachsen sind. Welches Umfeld hat sie oder ihn geprägt, wie steht es um die Beziehung zu den Eltern, zur Familie? Oft erfahre ich von frühen Traumata, aber auch von tollen Erinnerungen an den ersten Familienurlaub, bis hin zu Familienintrigen und Erbschaftsstreitereien. Nicht alles ist relevant, allerdings hilft mir jedes noch so kleine Detail, mein Gegenüber besser einschätzen zu können.

Ich will in Erfahrung bringen, welche Themen meinen Kunden wichtig sind. Danach geht es chronologisch weiter. Am Ende weiß ich in der Regel so ziemlich alles über meine Klienten. Ich frage nach Ausbildung, Beruf, Arbeitgebern, Hobbys, Träumen, Wünschen und dem Lieblingsessen. Wie viele echte Freunde haben Sie? Spielen Freunde und Bekannte eine wichtige Rolle in Ihrem Leben? Wie stehen Sie zu Kindern? Was sind Ihre Visionen? Wo machen Sie gern Urlaub? Die letzte Beziehung oder die missglückte Ehe sind übrigens besonders spannende Themen, denen wir uns ausführlich widmen. Auch Geld ist kein Tabuthema. Ich frage meine Kunden direkt und geradeheraus, wie viel sie verdienen. Ich möchte wissen, wie er oder sie mit Geld umgeht. Was ist Ihnen wichtig? Wofür geben Sie gern Ihr Geld aus? Wir sprechen über sehr private Themen. Diskretion wird bei mir großgeschrieben und das ermöglicht, auch über pikantere Bereiche des Lebens zu sprechen.

»Wie wichtig ist Ihnen Sex?«

Auch die Sexualität ist ein großes Thema während des zweiten Gesprächs. Viele Menschen verschließen ihre Augen zwar vor dieser Tatsache, aber unglaublich viele Beziehungen gehen wegen eines unbefriedigenden Sexlebens in die Brüche. Selbst die älteren Singles haben ihr Sexleben noch lang nicht aufgegeben, also ist es mir wichtig, dieses Thema mit all meinen Kunden aller Altersklassen ausführlich zu besprechen. Egal, ob Männer oder Frauen, für viele von ihnen ist Sex extrem wichtig. Um eine potenziell langanhaltende Beziehung anzubahnen, muss also auch dieser Aspekt beachtet werden.

Wie oft am Tag brauchen Sie Sex? Reicht einmal die Woche oder einmal im Monat? Jeder Mensch ist anders. »Also im Urlaub mindestens zweimal am Tag«, sagt der eine. Der andere lacht und meint »Einmal in der Woche ist mir schon zu viel.«

Ehrlich gesagt finde ich diese Gespräche besonders interessant. Immer wieder werde ich überrascht, denn sexuelle Vorlieben sieht man den Menschen nicht an. Während der Geschäftsmann, der viel um die Welt reist und wohl auch schon viel gesehen hat, auf normalen Blümchensex alle paar Tage steht, findet die unscheinbare Rechtsanwältin Rollenspiele und Sadomaso besonders interessant. Auch Besonderheiten, von denen ich womöglich noch nie zuvor gehört habe, exotische Fetische oder interessante Fantasien kommen bei diesen Gesprächen zum Vorschein. Auch der Umgang mit längeren Solo-Phasen könnte unterschiedlicher nicht sein.

Während sich einige Langzeitsingles bereits mit ihrer Sexlosigkeit abgefunden haben, bedienen sich andere der neuesten Sexspielzeuge – und die Nächste gönnt sich ab und zu einen One-Night-Stand, wenn sie einen heißen Latino im Salsa-Kurs kennenlernt. Warum auch nicht?

Vor allem die Herren der Schöpfung schreiben der Sexualität fast durchgängig bis ins hohe Alter eine große Bedeutung zu. Bei Frauen ist das sehr unterschiedlich. Manche finden Sex extrem wichtig, andere eher weniger. Einige Frauen würden sich sexuell eigentlich gern sehr intensiv ausleben, haben sich allerdings über die Jahre damit abgefunden, dass kein Mann mit ihrem Drive mithalten kann. Es ist also sehr unterschiedlich.

»Bevorzugen Sie den Bergurlaub oder die Luxusyacht?«

Im nächsten Schritt sprechen wir über Hobbys und Vorlieben. Ganz interessant ist für mich immer, wie jemand wohnt. Denn da gibt es sehr große Unterschiede, jeder lebt in einer anderen Dimension und ich muss ein Gefühl dafür kriegen, was jedem einzelnen Klienten wichtig ist, wo er oder sie Prioritäten setzt.

Einer zum Beispiel lebt auf eintausend Quadratmetern in einer Luxusvilla am Kahlenberg, im Urlaub verzichtet er dann aber auf Komfort und gibt sich mit einem kleinen Zimmer in einer Drei-Sterne-Pension zufrieden. Für ihn ist ein teures Hotel hinausgeschmissenes Geld, eigentlich braucht er nur ein Bett – das teure Eigenheim hat er ja schon zu Hause und im Urlaub zählen andere Werte. Die nächste Klientin wiederum, die in einer wunderschönen Hundert-Quadratmeter-Wohnung am Ring wohnt, meint: »Ich will es im Urlaub mindestens genauso schön haben wie zu Hause.«

Manchmal bin ich erstaunt über die unterschiedlichen Präferenzen. Die Yacht gewisser Gutverdiener mag in Südfrankreich liegen und horrende Summen Geld verbrennen, ohne sich überhaupt aus dem Hafen zu bewegen. Gibt es allerdings keinen Billigflug in der Holzklasse, verschiebt der Besitzer seine Pläne und fliegt erst zu seiner Yacht, wenn das Flugticket zum billigsten Tarif angeboten wird.

»Können Sie kochen?«

Auch Essen und Ernährung sind ein großes Thema – und kann für die Kompatibilität von zwei Menschen entscheidend sein. Während die einen meinen »Fastfood gönne ich mir ab und zu gern. Es ist billig und macht satt«, sind die anderen entsetzt, dass ich überhaupt danach frage, und erwidern: »Wenn mir eine Frau Fastfood als romantisches Dinner serviert, drehe ich auf der Stelle um und gehe!«

Wenn ich meine Klientinnen und Klienten nach ihren Kochkünsten frage, sind die Männer meist ehrlicher als die Frauen. Die meisten Single-Ladys antworten enthusiastisch: »Ja, ich bin eine super Köchin!«

Schritt zwei, ich hake nach. »Was kochen Sie denn am liebsten?«

Sagt eine Frau, sie könne »alles kochen«, ist das in den meisten Fällen gefährlich, denn die, die meinen, alles zu können, haben meistens wenig Ahnung, wovon sie sprechen. Die, die richtig viel draufhat, die antwortet anders. Sie erzählt mir von ihren Signature-Gerichten, vielleicht sogar von einem Dinner, das sie vor kurzem für ihre Freunde auf den Tisch gezaubert hat. Oder von ihrem bevorzugten Sterne-Koch, von dem sie alle Kochbücher besitzt. Sie merkt vielleicht noch an, dass sie das Kochen von der Mama gelernt hat, oder als Kind bei der Oma immer zugesehen hat, als die ihre berühmten Grießnockerl gemacht hat. Die, die »alles kann«, hat es nirgends gelernt, »sie kann es einfach«.

Bei der Frage nach den Kochkünsten geht es natürlich nur vordergründig um die Fähigkeiten in der Küche. Ich will wissen, was meinen Klienten wichtig ist, und vor allem, ob ihrer Selbsteinschätzung getraut werden kann. Es ist völlig in Ordnung, wenn eine Frau überhaupt nicht kochen kann, ich will nur wissen, womit ich arbeite.

Wir alle haben ab und zu ein falsches Selbstbild. Egal, ob wir von den Eltern zur Prinzessin verhätschelt wurden oder so viel Kritik erfahren haben, dass wir uns heute nichts zutrauen – es ist menschlich, sich selbst nicht auf Anhieb perfekt analysieren zu können. Dafür bin ich da und deshalb bringt ein dreistündiges Gespräch mit mir ein aussagekräftigeres Profil hervor als ein noch so langer Kreuzerltest.

»Wer sind Sie und was wollen Sie?«

Nach drei, manchmal auch vier Stunden bedanke ich mich bei meinen Klienten und setze mich am darauffolgenden Wochenende an den Laptop. Ich schreibe ein Persönlichkeits- und ein Anforderungsprofil von je sechs bis acht A4-Seiten. Diese Profile umfassen alles. Wer sind Sie und was wollen Sie? Die beiden Dokumente landen jetzt erst einmal wieder beim Klienten. In den meisten Fällen fühlen sich die Menschen gut erkannt, aber sie können auch Einwände einbringen und Änderungen vorschlagen.

Erst wenn alles perfekt ist, schaue ich innerhalb meines Kunden-Pools nach potenziellen Partnern. Manchmal geht das ziemlich schnell, manchmal dauert es länger, das perfekte Gegenstück zu identifizieren.

Habe ich das perfekte Match nicht in meinem bereits vorhandenen Kundenstamm gefunden, stelle ich meine Klienten in diversen Zeitungen in Form von Anzeigen vor. Wie auch für meine Website verfasse ich aussagekräftige Fünfzeiler, die ich vor allem in renommierten Printmedien wie der Presse und dem Kurier schalte:

Founder einer Holding, 52, *ein faszinierender Visionär mit außergewöhnlicher Lebenserfahrung.*
Dass er stets vor neuen Ideen sprüht, beweist die unglaubliche Erfolgsgeschichte seines Unternehmens, das er zum Global Player geführt hat. Obwohl es seine Erfüllung ist, sehnt sich dieser harmoniebedürftige und einfühlsame Mann nach privatem Glück und Schmetterlingen im Bauch, die er bei der Begegnung mit IHR, der schönen Frau mit Esprit und Sinn für Genuss, fühlen möchte. »Beziehung braucht Perspektive« – davon ist er überzeugt und freut sich darauf, SIE mit großen und kleinen Gesten zu überraschen!

Rechtsanwalt, 46, *smart und mitreißend – eine spannende Persönlichkeit, die fasziniert.*
Authentisch, leidenschaftlich und kreativ, begeistert er mit seinem souveränen Auftritt und zieht die Menschen regel-

recht magisch an. Er ist ein genialer Kommunikator, dessen Beruf auch seine Passion ist – ein Mann mit der Maxime, seine herausragenden Fähigkeiten in den Dienst der Gesellschaft zu stellen. Als Ästhet freut er sich auf eine schöne und grazile Frau, feinfühlig und liebevoll – mit IHR möchte dieser empathische Mann ein Team bilden und von einem positiven Gefühl getragen werden – ein Leben lang!

Unternehmensberaterin, 52, *strahlend schön und überaus sportlich – eine Traumfrau für unvergessliche Momente.*
Sie ist eine beeindruckende Frau mit großer Hingabe zu Menschen und deren Themen – eine faszinierende Persönlichkeit mit ausgesprochen hoher Präsenz, humorvoll, empathisch und kommunikativ, mit tiefer Dankbarkeit für die Möglichkeit, ihre Berufung leben zu können. Einen natürlichen und resonanzfähigen Mann, der ihre Sehnsucht nach einer tiefen Liebe teilt, erwartet ein wunderschönes Leben an der Seite einer unglaublich gütigen und integren Frau mit außergewöhnlicher Anziehungskraft.

Investmentmaklerin, 36, *bei der Begegnung mit dieser strahlend schönen Frau ist Herzklopfen vorprogrammiert!*
Souverän, gelassen und stets nach ihrer Intuition handelnd, übt sie ihren Beruf mit großer Leidenschaft aus und genießt die Herausforderung neuer Projekte. Auch privat beeindruckt sie mit außergewöhnlichem Wissensdurst und Facettenreichtum, den diese spontane und humorvolle Frau auch gemeinsam mit IHM leben möchte. Sie freut sich auf einen charismatischen und einfühlsamen Mann mit Ausstrahlung – einen großherzigen Gentleman, der

mit ihr eine Familie gründen und gemeinsam nach den Sternen greifen möchte!

Ich schalte seit über zwanzig Jahren in den Wirtschaftsteilen renommierter Zeitungen. Ich bin dort vertreten, wo meine Klienten sind, und meine Klienten lesen den Wirtschaftsteil.

Gibt es Rückmeldungen für meine Anzeigen, so müssen auch diese Personen den gleichen Prozess wie meine bestehenden Kunden durchlaufen. Zuerst führe ich ein Telefonat mit ihnen. Durch meine Routine und jahrelange Erfahrung kann ich durch ein Telefonat schon sehr viel herausfiltern. Oft sortiere ich so schon viele Interessenten aus, von denen ich sicher bin, dass sie nicht in meinen Pool passen. Die Ausschlusskriterien sind vielfältig: Das können Lebensumstände sein oder auch nur ein ungutes Gefühl, das mir während des Telefonats vermittelt wird.

Erst vor kurzem hatte ich einen sehr netten Herrn am Telefon, der auf meine Frage nach seinem Beruf antwortete: »Ich bin Landwirt aus Leidenschaft und es wird Zeit, eine Bäuerin für meinen Hof zu finden.« Sympathisch war er schon, er hörte sich auch sehr freundlich an und hatte eine angenehme Stimme. Er hatte einen kleinen Bergbauernhof, wie ich in Erfahrung bringen konnte. Dennoch musste ich dankend ablehnen und ihm sagen: »Es tut mir wahnsinnig leid, aber da bin ich nicht die richtige Agentur für Sie.« Nicht wegen seines Berufes – aber ich weiß, dass keine meiner Single-Ladys an diesem Lebensstil interessiert wäre.

Ist allerdings ein Bewerber dabei, der mich überzeugt, so wird auch er zuerst zum einstündigen Kennenlernen und im Idealfall zum dreistündigen Gespräch eingeladen. Genau wie meine anderen Kunden muss auch er den gleichen Betrag bezahlen und wird Teil meines Klientenpools. Vielleicht wundern Sie sich jetzt, wieso auch die, die auf die Anzeigen reagieren, den gleichen Prozess durchmachen und das gleiche Geld bezahlen müssen, aber ich finde, nur so bleibt es fair. Schließlich nehmen alle dieselbe Dienstleistung in Anspruch – und ich widme jedem die gleiche Zeit. Außerdem ist, wenn Zeit und Geld investiert werden müssen, gewährleistet, dass er oder sie auch ernsthaftes Interesse hat.

Ich weiß natürlich von den diversen Schmuddel-Agenturen, bei denen nur der Mann zahlt und dafür zehn Handynummern alle zwei Tage bekommt – aber damit möchte ich mich nicht vergleichen. Dazu kommt: Oft stellt sich heraus, dass für die Person, die auf ein Inserat angesprungen ist, eigentlich ein ganz anderer Klient noch viel passender ist. Ich versuche also, für jeden, wirklich für jeden, die optimale Option zu identifizieren.

Perfekte Beziehungspartner zusammenzubringen ist gar nicht so einfach. Im Grunde geht es aber darum, so viele Übereinstimmungen wie nur möglich zu finden. Das geschieht unter Beachtung objektiver Kriterien und meiner subjektiven Wahrnehmung.

Zunächst müssen die objektiven Fakten zueinanderpassen. Da spielen vor allem die Logistik, die Familiensituation und die Biografie eine wichtige Rolle. Passen die objektiven Merkmale nicht perfekt zusammen, muss zumindest eine Lösung möglich sein. Ist das nicht der Fall, kann ich die beiden auch nicht zusammenbringen.

Logistische Probleme sind meist die ersten Ausschlusskriterien. Passt ein Paar auch noch so gut zusammen, zeitliche und räumliche Trennung können ein absolutes K.O.-Kriterium sein. Ein Beispiel: Er lebt in Klagenfurt und sie in Zürich. Ich weiß, dass es keine direkte Flugverbindung gibt und die logistische Organisation dahinter für vollzeitarbeitende Menschen einfach nicht tragbar wäre.

Wien – Zürich wäre wieder eine andere Geschichte. Da gibt es mehrere Flüge am Tag, die räumliche Distanz ist also handhabbar.

Sind zwei Singles nicht aus der gleichen Stadt, ist auch die Frage wichtig, wie sehr beide an ihren aktuellen Jobs hängen. Ist einer der beiden beruflich verankert, will oder kann seinen Familienbetrieb in Vorarlberg nicht aufgeben, und der potenzielle Partner kommt allerdings aus Genf, dann muss zumindest dieser flexibel sein. Ist er das nicht, hat ein Kennenlernen keinen Sinn. Ich muss erst sicherstellen können, dass eine Beziehung grundsätzlich überhaupt möglich wäre, bevor ich zwei Menschen zusammenführe.

Allerdings gibt es immer wieder Ausnahmen, wie mir vor vielen Jahren zwei Menschen bewiesen haben. Sie war Wienerin und nicht bereit, die Hauptstadt zu verlassen. Er lebte in Salzburg, wo seine Firma niedergelassen war, und wollte ebenfalls unter keinen Umständen seine Stadt verlassen. Dass ich sie überhaupt einander vorgestellt habe, lag nur daran, dass beide in unseren langen Gesprächen behauptet haben, sehr glücklich mit ihren Karrieren zu sein und dass für sie auch eine Wochenendbeziehung infrage kommen würde. Das passiert übrigens extrem selten, denn die meisten Menschen tendieren zu einem gemeinsamen Alltagsleben.

Für diese beiden Singles schien das keine große Bedeutung zu haben. Für mich war es jedenfalls der Jackpot. Beide hatten die gleiche Vorstellung eines Beziehungsmodells, das sonst nur für die wenigsten infrage käme. Sie wollten beide unter der Woche allein sein, sich auf ihre Arbeit konzentrieren und sich an den Wochenenden Zeit für ihre Beziehung nehmen. Die beiden lernten sich kennen und es war magisch. Sehr schnell waren sie ein Paar.

Und dann? Tja, plötzlich schien ein Wohnortwechsel doch nicht mehr so unrealistisch. Nach zwei Jahren verlegte der einst so überzeugte Salzburger nicht nur seinen Lebensmittelpunkt, sondern auch den Firmenstandort nach Wien, um näher bei seiner Liebe zu sein.

Sie sehen also, wenn eine Beziehung gut funktioniert, können nicht nur Berge versetzt werden, sondern auch Firmen. Allerdings ist das eine Seltenheit: Ist der Berg von vornherein zu massiv, sind beide Singles zu stark an ihren Wohnort gebunden, suche ich lieber weiter.

Neben den objektiven Faktoren spielt auch meine subjektive Wahrnehmung eine große Rolle, wenn es um die Frage geht, wer zu wem passt. Mein Bauchgefühl muss passen. Zum Leidwesen meines Mannes habe ich ein extrem gutes Gedächtnis. Das hilft bei meiner Arbeit ungemein. Habe ich das Gefühl, zwei Puzzleteile gefunden zu haben, die noch zusammengefügt werden müssen, schicke ich beiden das jeweilige Profil des anderen, in voller Länge.

Fotos sind in meinen Profilen übrigens nicht enthalten. Zum einen aus Diskretionsgründen, zum anderen ist das gar nicht nötig, denn neben der ausführlichen Beschreibung zu Charakter, Wünschen und Einstellungen, packe ich natürlich auch eine detaillierte Beschreibung des Aussehens aller Singles in die Profile. Egal, ob erster Eindruck, Auftreten, Größe, Gewicht, alle Details finden ihren Platz. Ob es die »bildschöne, bezaubernde Blondine mit Top-Figur« oder die »attraktive Mittfünfzigerin mit sportlicher Figur und brünetter Lockenpracht« ist. Ich beschreibe alles. Von Kopf bis Fuß, von Alter bis Größe, der Eindruck, der in den Profilen vermittelt wird, ist sehr realitätsnah und genau. Außerdem wissen wir doch alle, dass Fotos oft mehr Schein als Sein vermitteln.

Ich verschicke also die ausgefeilten, fotolosen Profile und warte auf Rückmeldung. In der Regel wird mein Vorschlag mit Freude und Aufregung angenommen. Manchmal weiß ich, dass ein Profil vielleicht in zwei Aspekten von den genauen Wünschen des anderen Klienten abweicht.

»Glauben Sie, Sie können damit leben?«, frage ich dann. Sollte der Klient sich zieren, erinnere ich daran, dass dieser Mensch in fast allen Aspekten perfekt zu ihm passt. Dann können die meisten auch über Kleinigkeiten, zumindest vor dem ersten Kennenlernen, hinwegsehen.

Wenn Frauen in ihrer Freizeit einen Mann kennenlernen, auf eigene Faust, dann dauert es meines Erachtens mindestens ein halbes Jahr, bis sie auf dem gleichen Stand ist wie ich nach meinen intensiven Gesprächen. Wir sind doch alle wohlwollend, wenn wir jemanden kennenlernen. Selbst die Sportmuffel unter uns geben sich als leidenschaftliche Bergsteiger aus, wenn das Gegenüber davon schwärmt, gerade den K2 bestiegen zu haben.

Es ist ganz natürlich, dass wir uns anfänglich anpassen. Finden wir jemanden attraktiv, werden wir zu Ja-Sagern und es kann eine Weile dauern, bis beide Seiten das wahre Ich ihres Gegenübers kennenlernen. Bei mir hingegen gilt:

Je offener und ehrlicher jemand ist, desto besser kann ich daran arbeiten, den richtigen Lebensmenschen für ihn zu finden.

Habe ich ein Match gefunden, und beide Singles sind einverstanden, geht es an die Planung des ersten Treffens. Der wohl wichtigste Moment im gesamten Prozess. Ich wähle eine Location in der Stadt aus und koordiniere mit beiden einen Termin.

Ich wähle immer eine Bar, meistens in einem Luxushotel in der Innenstadt. Langweilige Kaffeehäuser oder heruntergekommene Beisel kommen für mich keinesfalls infrage, die Atmosphäre muss stimmen. Hotelbars bieten außerdem eine gewisse Anonymität, da dort oft wenige Einheimische zu finden sind.

Ist der Standort fixiert, steht dem ersten Treffen nichts mehr im Weg. Ich bin immer mindestens fünfzehn, meist dreißig Minuten früher vor Ort, ich überlasse nichts dem Zufall. Erst wenn die beiden ankommen, erfahren sie den Namen ihres Gegenübers. Sie sehen sich zum ersten Mal, denn wie gesagt: Bis zu dieser Begegnung gibt es nur eine schriftliche Beschreibung des Charakters und der Optik.

Der Moment, in dem sich die zwei zum ersten Mal begegnen und einander in die Augen schauen, ist mein liebster Moment während des gesamten Prozesses. Ich beobachte die Stimmung, versuche, das Gespräch ein wenig zu moderieren, und verschwinde nach einer halben Stunde mit einem guten Gefühl.

Danach gehen die beiden abendessen. Er hat bereits einen Tisch in einem netten Restaurant reserviert und wenn er ihr Profil aufmerksam gelesen hat, trifft er vielleicht sogar mit seiner Wahl genau ins Schwarze.

Sehr häufig ist das erste Date nach all meiner Vorarbeit so harmonisch wie bei dem Franzosen und der Ärztin im *Park Hyatt*. Aber nicht immer fliegen gleich am ersten Abend die Schmetterlinge im Bauch wie bei diesen beiden, die irgendwann um drei Uhr nachts nach einem langen und unterhaltsamen Spaziergang noch in der Eden-Bar gelandet sind. Aber so richtig schief geht die Sache nur in absoluten Ausnahmefällen.

Als einer dieser Ausnahmefälle bleibt mir ein Date unvergesslich, nach dem mich der Mann ziemlich entsetzt am nächsten Morgen angerufen hat. Ich hatte ihn einer jungen, bezaubernden Blondine vorgestellt. Sie, eine analytische Betriebswirtin, traf also auf ihn, einen erfolgreichen Geschäftsführer. Die Stimmung schien gut zu sein, die beiden unterhielten sich prächtig, und ich habe, wie immer, einen frühen Abgang hingelegt. Ich spürte, dass beide große Sympathie füreinander empfanden, weshalb ich mir auf meinem Weg nach Hause wieder einmal gedanklich auf die Schulter klopfte.

Wie immer wartete ich am nächsten Tag gespannt auf Rückmeldung. Der Geschäftsführer klang bereits während der Begrüßung eher gedämpft. »Und, wie war's?«, fragte ich. Nach einer kurzen Pause antwortete er: »Die Stimmung war wunderbar, das Essen war gut, eigentlich lief alles einwandfrei. Bis sie plötzlich diese Checkliste aus ihrer Tasche zog.«

Es stellte sich heraus: Die Dame hatte den armen Herrn mit »Was-wäre-wenn-Fragen« gelöchert, als gäbe es kein Morgen. »Was wäre, wenn dein Kind einen Cluburlaub möchte und ich mit dir gleichzeitig lieber in ein Luxushotel fahren würde? Wie würdest du dich entscheiden?«, hatte sie ihn gefragt. Bereits grenzwertig. Aber so ging es weiter: »Nehmen wir an, dein Kind und ich hätten eine Meinungsverschiedenheit, zu wem würdest du halten?«

Als ich davon hörte, musste selbst ich kurz durchatmen. Ich habe schon vieles erlebt, ich dachte, ich kenne die Klientin, das hätte ich beim besten Willen nicht erwartet. »Frau Kinauer«, fuhr er fort, »sie hat mir so gefallen, aber das Ende des Abends war ein blanker Albtraum.« Ich konnte es ihm nicht übel nehmen. Ich akzeptierte und hatte Verständnis für die Tatsache, dass er sie kein zweites Mal treffen wollte.

So schlecht verläuft ein Date zwischen meinen Klienten glücklicherweise nur in den seltensten Fällen. Wenn ich mich nach einer halben Stunde verabschiede, sind die Singles auf sich allein gestellt, was beim Dinner passiert, kann ich nicht beeinflussen. Ihre Chance müssen die beiden selbst nutzen.

Das erste Date legt den Grundstein für das weitere Kennenlernen. Es sollte ein ungezwungener, netter, entspannter Abend sein. Eine meiner Klientinnen hat dies wohl nach bestem Gewissen versucht, scheiterte aber im Laufe des Abends daran, ihre Coolness zu bewahren. Sie war eine erfolgreiche Anwältin, und ich hatte ihr perfektes Match gefunden und koordinierte ein Treffen.

Die Anwältin gehörte zur zweiten Sorte. Das lag aber weniger an der ungewohnten Situation eines Dates als am Druck ihrer Familie. Die sprach über kaum etwas anderes als darüber, dass sie ja nun schon Mitte dreißig sei und das Zeitfenster für die Familiengründung immer kleiner werde. Entsprechend angespannt kam die Dame beim

Date an, aber ich war beruhigt, als ich merkte, dass die Chemie zwischen den beiden auf Anhieb stimmte. Ich merkte sofort, das passt. Die beiden fühlten sofort eine gegenseitige Anziehung und ich konnte mich entspannt zurücklehnen.

Er wählte ein hervorragendes italienisches Restaurant, um den Abend nach dem gemeinsamen Aperitif mit ihr allein fortzusetzen. Besser kann es kaum laufen. Mit Eros Ramazotti im Hintergrund kam gleich gute Stimmung auf und zwischen den beiden entwickelte sich bei Kerzenschein und Tagliatelle relativ schnell eine gewisse emotionale Nähe.

So zumindest beschrieb mir der Herr den Abend am nächsten Morgen. Doch es sollte nicht so harmonisch bleiben. »Frau Kinauer, es war wirklich ein toller Abend«, sagte er. »Aber gegen Ende hin fühlte ich mich plötzlich unter Druck gesetzt. Und das mag ich überhaupt nicht.« Er berichtete mir, dass sie plötzlich den Terminkalender auspackte und bereits die nächsten Wochen gemeinsam mit ihm durchplanen wollte. Sie war offensichtlich sehr begeistert von ihm und fragte ihn noch bevor das Dessert serviert war, ob er nicht dieses oder jenes Wochenende gemeinsam mit ihr verbringen und zusammen verreisen wolle. Der Herr wollte dann lieber kein zweites Treffen.

Sofort rief ich die junge Anwältin an. »Sagen Sie, kann es sein, dass Sie gestern Abend vielleicht etwas Druck auf den Herrn ausgeübt haben?«, fragte ich, ohne langen Smalltalk zu führen.

»Ja, das habe ich. Aber Sie müssen mich verstehen, mein Umfeld setzt mich täglich unter Druck und ich habe die Beherrschung verloren.«

Sie erzählte mir, dass ihre Eltern, sogar die Geschwister und Freunde permanent das Kinder- und Ehemann-Thema ansprechen. Sie war außerdem so begeistert von ihrem Date, er war genau das, was sie sich vorstellte. Und so übertrug sie, ohne Absicht, den Druck ihres Umfelds auf ihr Date.

Solche Fehler lassen sich kaum rückgängig machen, die Chance auf einen zweiten Abend war endgültig dahin. Wir werden noch en détail darüber sprechen, aber merken Sie sich schon mal: Das erste Date soll ungezwungen und entspannt verlaufen. Zu viel Druck, und die Magie ist futsch.

Nach den Dates, die ich arrangiert habe, telefoniere ich mit beiden Singles, um herauszufinden, wie der Abend verlaufen ist, ob Chemie und Sympathie stimmten, und ob sie Telefonnummern ausgetauscht haben. Und natürlich will ich auch die wichtigste Frage klären: Gibt es ein zweites Treffen? Oder können sich beide zumindest ein zweites Treffen vorstellen? Ist das der Fall, so ist meine Arbeit fürs Erste getan und ich lasse den Dingen ihren Lauf.

Gibt es keine Chance auf ein zweites Treffen, wie bei der vorausplanenden Anwältin und ihrem Datepartner, muss ich mich erneut an die Arbeit machen und prüfen, ob es nicht ein weiteres Match für die beiden in meinem Klientenpool geben könnte. Das Spiel beginnt von vorne.

Schlechte Dates sind etwas Grauenhaftes. Es ist mir ein persönliches Anliegen, sicherzustellen, dass negative Abende vermieden werden. Es ist mir lieber, wenn sich ein Kunde beschwert, weil ich ihm noch kein Date vermittelt habe, als dass er sich über einen misslungenen Abend ärgert.

Zu finden, was meine Klienten wollen, erfordert manchmal Zeit, und ich setze immer auf Qualität statt auf Quantität. Meine Klienten wollen, wie Sie vielleicht auch, einen Partner fürs Leben, einen Kompagnon, den richtigen Menschen, um gemeinsam die Hürden des Alltags zu meistern. Diesen Menschen zu finden ist die schwierigste Aufgabe überhaupt – das wissen Sie ja vielleicht schon aus eigener Erfahrung.

Es ist nicht leicht, gute und loyale Mitarbeiter zu finden. Es ist auch nicht leicht, vertrauenswürdige Freunde zu finden. Aber einen Lebenspartner zu finden, das ist die ultimative Herausforderung. Es gibt nur wenige Partnervermittler, die so arbeiten wie ich.

In London zum Beispiel gibt es Agenturen, die von ihren High-End-Kunden 100.000 Euro verlangen, und im Gegenzug dafür dann eine Telefonnummer weitergeben. Als Single nicht gerade das, was für so eine Summe erwartet wird. Schließlich ist eine Nummer allein auch keine Garantie für ein Treffen und verlangt erst recht wieder Eigeninitiative. Bekomme ich eine Nummer als Single, muss ich mich selbst darum kümmern, mit der anderen Person in Kontakt zu treten und ein Treffen auszumachen. Nach mehrmaligem Telefonieren kommt das Treffen dann sowieso nicht zustande und die Agentur hat mehr Arbeit als Freude bereitet.

Ich mache es anders: Ich möchte mit im Boot sitzen. Für manche Kunden ist das am Anfang vielleicht ungewohnt, sie denken: »Was will denn die Kinauer-Bechter bei meinem Date?« Glauben Sie mir, im Nachhinein will es keiner von ihnen missen. Ich stelle keine Telefonnummern zur Verfügung, ich gestalte Erlebnisse, die in Erinnerung bleiben.

Wäre ich mit der Masse gegangen, wie es mein Mann ursprünglich angedacht hätte, könnte ich niemals den Service und die persönliche Fürsorge bieten, die ich heute garantieren kann. Ich lege meinen Kunden mit der langen Vorarbeit und der kurzen Anwesenheit beim ersten Date den besten Grundstein für einen tollen Abend, aus dem sich im besten Fall noch viele weitere Treffen entwickeln können. Klappt es nicht, mache ich weiter.

Für meine Arbeit nehme ich oft auch meine eigene, glückliche und langhaltende Ehe als Vorbild. Aber das Wichtigste, um eine gute Partnervermittlerin zu sein, ist: Man muss die Menschen lieben. Auch deshalb gibt es dieses Buch: Ich möchte Ihnen mein Wissen, meine Erfahrung und meine Tipps zur Verfügung stellen, damit Sie Ihr Lebens- und Liebesglück finden!

Was Liebe ist – und was nicht

Vielleicht haben Sie sich schon einmal gefragt, ob die Liebe diesen ganzen Aufwand wert ist. Um es ganz deutlich zu sagen: Selbstverständlich können Sie als toughe, unabhängige Frau auch ohne einen Mann ein wunderbares Leben führen. Sie brauchen den Traummann nicht unbedingt – aber wäre es nicht dennoch wunderbar, ihn zu finden?

Als professioneller Amor werde ich immer wieder nach meiner Definition von Liebe gefragt. Eine universelle Antwort gibt es nicht, aber ich unterscheide drei wichtige Formen der Liebe, die auf dem Weg zum Glück entscheidend sind.

Da ist zunächst die Jugendliebe. Fast jede von uns erinnert sich mit Sicherheit noch an die erste große Liebe. Vielleicht war es ein Schulfreund oder der Sohn der Nachbarn, vielleicht haben Sie ihn im Sportverein kennengelernt oder in der Dorfdisko. Nichts fühlt sich so intensiv an wie die Jugendliebe. Vieles erlebt man zum ersten Mal: den ersten Kuss, den ersten Sex, den ersten gemeinsamen Urlaub, aber auch den ersten Streit, den ersten Herzschmerz und den ersten Liebeskummer. Der erste Mann ist nur selten der fürs Leben, aber die Erfahrungen prägen uns.

In den Zwanzigern erleben dann viele so etwas wie die erste potenzielle Lebensliebe. Zukunftsperspektiven geistern dann erstmals in den Köpfen der Liebenden herum, oft will man sich aber noch nicht festlegen, und so sind diese Beziehungen selten für die Ewigkeit.

Viele Menschen erleben mehrere potenzielle Lebenslieben: Beziehungen, die hätten halten können, aber dann doch nach einigen Jahren ein Ende fanden.

Stufe drei der Liebesleiter ist dann erreicht, wenn Sie einen Menschen gefunden haben, mit dem Sie alt werden möchten. Diese Stufe ist sehr eng mit der potenziellen Liebe verknüpft, denn es dauert oft ein beträchtliches Weilchen, bis eine Lebensliebe gedeiht.

Nicht immer ist gleich klar, wer zueinander gehört. Aber immer gilt: Eine Lebensliebe vermittelt Geborgenheit, sie ist ein sicherer Hafen. Wer in der richtigen Beziehung ist, erlebt sie als Energiequelle. Die Lebensliebe gibt mehr, als Sie Ihnen nimmt, das sollten Sie nie vergessen. Beziehungen müssen nicht immer Schwerstarbeit sein und sie brauchen kein Drama. Die Liebe sollte Ihre mentale Gesundheit und Ihr Wohlbefinden steigern, nicht gefährden.

Falls Sie der Meinung sind, Sie hätten Ihre Lebensliebe bereits gefunden, die Beziehung ist aber in die Brüche gegangen, und es wird nie wieder jemand an diese Liebe herankommen, dann kann ich Sie beruhigen. Für jeden von uns gibt es mehrere Lebenslieben. In jedem Lebensabschnitt wartet jemand, der zu Ihnen passt und nur von Ihnen gefunden werden will!

Ich beobachte einige Verwirrung in Bezug auf die Liebe, und das hat auch mit dem Online-Dating zu tun. Wir werden darüber noch genauer sprechen, aber das Gefühl, es gäbe eine schier unendliche Auswahl von potenziellen Partnern, hat bei vielen Singles etwas verändert: Zufriedenheit scheint kaum noch erreichbar, viele sind ständig getrieben von dem Gefühl, es könnte noch einen anderen geben, der vielleicht noch besser passt und das Leben noch schöner macht, als der eine, den man gerade vor sich hat.

Ich halte das für fatal. Liebe hat viele Aspekte, aber einer davon ist eben auch die Bereitschaft, sich voll und ganz für jemanden zu entscheiden. Diese Entscheidung zu treffen und zu sagen, jetzt bin ich nicht mehr auf der Suche, fällt vielen modernen Singles sehr schwer. Ich kann nur dazu ermutigen, denn es ist eben auch die schönste Entscheidung, die getroffen werden kann. Das ist Liebe.

Ich wäre in den nun schon 26 Jahren meiner Ehe nie auf die Idee gekommen zu sagen: »Vielleicht gibt es noch eine bessere Option.« Heute fällt es vielen schwer, sich festzulegen. »Friends with benefits« ist ein gesellschaftsfähiges Beziehungsmodell geworden.

Dagegen ist nichts einzuwenden, wenn es das ist, was alle Beteiligten möchten. Persönlich denke ich aber, dass in so einer Konstellation immer einer unglücklich ist – mindestens. Oft wird vergessen, dass Liebe Zeit braucht, sich zu entfalten und zu wachsen. Aber die Zeit ist schnelllebig geworden. Was nicht sofort passt oder sofort funktioniert, wird umgetauscht. Das gilt für unsere Einkäufe in den Onlineshops genauso wie für Bekanntschaften aus Dating-Apps. Er macht einen missglückten Witz, schon wird weitergewischt. Er teilt nur fünf unserer erwünschten sieben Hobbys, weitergewischt. So kommt man niemals irgendwo an. Die Liebe beginnt stets als kleiner Funke, es dauert, bis daraus ein lebenslang wärmendes Feuer werden kann.

Im Optimalfall ist der Lebenspartner irgendwann auch der beste Freund. Das klingt vielleicht ein wenig abgedroschen, aber ich durfte es so erleben und will es nie wieder missen. Mein Mann ist im Lauf der gemeinsamen Jahre zu meinem besten Freund geworden – und zu seinem Leidwesen auch meine beste Freundin. Er berät mich bei der Wahl meiner Schuhe, muss sich meine neu ergatterten Handtaschen ansehen und seine ehrliche Meinung dazu abgeben. Mentale Unterstützung ist unglaublich wichtig, in allen Bereichen des Lebens. Und egal, wie unwichtig meinem Mann die Handtasche ist, die ich gerade gekauft habe, er unterstützt mich. Das ist die Belohnung dafür, wenn man einer Liebe Zeit gibt.

Ich weiß, dass viele von Ihnen vielleicht von der Liebe auf den ersten Blick träumen. Das haben die Hollywood-Filme uns eingebrockt: Viele Menschen erwarten sofort Schmetterlinge im Bauch und sind enttäuscht, wenn dieses Gefühl nicht sofort beim ersten Kennenlernen aufkommt. Selbstverständlich gibt es Anziehung auf den ersten Blick, allerdings sollte man das nicht mit Liebe verwechseln. Wir sehen im Vorbeigehen einen schönen Menschen, lernen auf einer Party einen Prince Charming kennen, und schon glauben wir, auf Wolke Sieben zu schweben.

Diese Phase, in der sexuelle Anziehung mit Liebe verwechselt wird, birgt viel Verletzungspotenzial – vor allem für Frauen, die gern endlich ankommen möchten und deshalb bereit sind, an ein Märchen zu glauben.

Um Ihnen die ernüchternde Wahrheit zu sagen: Oft sind diese romantischen Gefühle nur durch unseren Zyklus gelenkt. Treffen Sie auf einen Mann, der Sie umhaut, der Ihnen ein Gefühl gibt, das Sie schon vergessen hatten, dann seien Sie gern euphorisch und genießen Sie es! Aber betrachten Sie die Situation trotzdem mit einer gesunden Distanz, und lernen Sie den Mann in Ruhe kennen, bevor

Sie ihn vorschnell zur Lebensliebe erklären. Betrachten Sie es als Möglichkeit, dass er der Eine sein könnte – oder eben auch nicht.

Das gilt übrigens genauso im umgekehrten Fall. Auch wenn es nicht auf Anhieb knistert: Seien Sie eine Möglichkeitsdenkerin!

Ein Beispiel: Er, Vorstand in einem großen Unternehmen, Mitte vierzig. Sie, Rechtsanwältin, Mitte dreißig. Die Profile dieser beiden schienen perfekt zu matchen. Visionen und Werte waren identisch, die Familienplanung stellte für beide einen wichtigen Teil der künftigen Lebensplanung dar, beide hatten einen ähnlichen sozialen und wirtschaftlichen Background. Selbst die Vorlieben und Hobbys waren perfekt kompatibel. Zwei reisefreudige Sportskanonen, wunderbar.

Ich arrangierte also ein erstes Date in der Wiener Innenstadt, brachte die Gespräche zwischen ihnen auf den richtigen Weg und verabschiedete mich nach einer halben Stunde. Zwischen den beiden schien die Stimmung zu passen, ich fuhr mit einem sehr guten Gefühl nach Hause. Das gemeinsame Dinner der zwei konnte in meinen Augen nur gut verlaufen.

Das Feedback am nächsten Morgen klang von beiden Seiten zunächst wunderbar. Beide berichteten mir, das Date als sehr kurzweilig und unterhaltsam empfunden zu haben. Die Zeit sei wie im Flug vergangen. Vor allem er konnte seine Begeisterung kaum zurückhalten. Als sie mir Ähnliches berichtete, war ich bereits überzeugt von einem Perfect Match.

Bis das berühmt-berüchtigte »Aber« kam. Im Grunde, erzählte mir die Klientin, habe für sie alles gepasst. Die

Werte, die Vorstellungen der Zukunft, der Humor, das Aussehen, eigentlich war alles perfekt, meinte sie. Wäre da nicht die Größe. »Wie bitte, die Größe?«, platzte es aus mir heraus. Verstanden hatte ich sie sehr wohl, nur glauben wollte ich es nicht. Sie müssen wissen, er war keineswegs ein Zwerg, er war mit 175 Zentimetern Körpergröße mindestens zehn Zentimeter größer als die Dame. Selbst mit High Heels war sie kleiner als ihr Datepartner.

»Eigentlich hat alles wunderbar gepasst, ich würde mir genau den gleichen Mann in größer wünschen«, sagte sie zu mir. Deshalb wolle sie kein zweites Date.

Das illustriert sehr gut, was ich meine, wenn ich Sie auffordere, eine Möglichkeitsdenkerin zu sein. Meine Klientin hätte sich beinahe einen Traummann durch die Lappen gehen lassen, nur weil sie einer Fantasievorstellung anhing. Ich konnte sie in einem offenen Gespräch dann doch zu einer zweiten Verabredung motivieren. Das Argument, dass sie ja nichts zu verlieren habe und im schlimmsten Fall eben einen weiteren schönen Abend mit einem charmanten Mann verbringen würde, überzeugte sie – zum Glück. Sie verbrachte ein wunderschönes zweites Date mit dem Mann, dem nichts als ein paar Zentimeter Körpergröße zu ihrem vermeintlichen Ideal fehlten.

Das zweite Date lief wie erwartet: grandios. Die beiden konnten sich noch besser kennenlernen. Er schaffte es, sie mit seiner unglaublich faszinierenden und interessanten Persönlichkeit in seinen Bann zu ziehen. Und sie erkannte, was für einen wunderbaren Mann sie kennenlernen durfte. Plötzlich war die Größe gar kein Thema mehr für sie.

Stellen Sie sich vor, ich hätte diese Dame nicht zu einem zweiten Treffen gedrängt. Sie hätte den Mann nie wiedergesehen und so vielleicht die Chance auf eine glückliche, langlebige Beziehung versenkt. Wie oft haben Sie schon einen Mann abgeschrieben, weil Ihnen ein kleines Detail nicht gepasst hat? Denken Sie jetzt nicht, dass Sie sich mit jedem Mann zufriedengeben müssen, das auf keinen Fall. Sie müssen Ihren Wert kennen! Aber vergessen Sie nur dieses schmalzige Bild der Liebe auf den ersten Blick und verschließen Sie sich nicht vor einem Mann, der eine zu große Nase, eine zu geringe Körpergröße oder einen schlechten Haarschnitt hat.

Versuchen Sie zuerst, seine positiven Aspekte zu sehen, und überlegen Sie dann noch einmal, ob die kleinen Mankos wirklich K.O.-Kriterien sind. Könnte vielleicht doch ein liebenswerter Partner dahinterstecken?

Wenn wir der Liebe ausweichen, sind aber nicht immer nur überzogene Vorstellungen der Grund. Liebe kann wunderschön, aber eben auch niederschmetternd sein. Wo Liebe ist, ist auch immer die Angst vor Verlust und Enttäuschung – besonders, wenn wir das schon einmal erlebt haben. Sind Sie bereits enttäuscht worden? Wurden Sie bereits von einem Ex-Partner verletzt, im Stich gelassen oder betrogen?

Ich bin sicher, viele von Ihnen beantworten leider zumindest eine dieser Fragen mit einem klaren »Ja«. Je öfter Enttäuschung stattgefunden hat, desto mehr Angst und Misstrauen nehmen wir in spätere Beziehungen mit. Manche Menschen bezeichnen sich nach einem schlimmen Vertrauensmissbrauch sogar als beziehungsunfähig. Dieses Wort würde ich nie verwenden, denn ich glaube daran, dass mit der richtigen Person an der Seite jeder von uns der Liebe gewachsen ist.

Hat Ihr Herz schon den ein oder anderen Kratzer, Beulen oder Dellen abbekommen, gehen Sie es langsam an, aber verschließen Sie sich nicht. Nicht alle Männer sind gleich. Öffnen Sie sich einer neuen Bekanntschaft langsam, aber stetig.

Von der vollständigen Kapitulation rate ich hingegen eindringlich ab. Manche Frauen schließen nach einer schlimmen Enttäuschung eine weitere glückliche Beziehung kategorisch aus. Sie sehen sich nicht mehr nach Männern um und sind überzeugt davon, allein besser dran zu sein.

Ich kann Ihnen sagen: Ich habe bereits mit Tausenden Singles zusammengearbeitet. Die meisten von ihnen sind weder todunglücklich noch frustriert, im Gegenteil: Sie sind erfolgreich und stehen mit beiden Beinen im Leben. Und dennoch strahlen die, die ich erfolgreich vermittelt habe, danach eine ganz andere Lebensfreude aus.

Unzählige Studien belegen, dass Zweisamkeit glücklich macht. Menschen in einer gesunden Beziehung sind sowohl körperlich als auch geistig gesünder – Zärtlichkeit gilt sogar als Booster für unser Immunsystem. Dagegen kann Einsamkeit auch körperlich krank machen und die Lebenserwartung verkürzen. Natürlich müssen Sie nicht unbedingt einen Partner haben, um nicht allein zu sein. Gesunde Beziehungen zu Kindern und Freunden können ein Leben ebenso erfüllen.

Dennoch bin ich überzeugt davon, dass sich eine stabile Beziehung auf alle Bereiche des Lebens positiv auswirkt, sogar auf die Karriere. Es ist kein Zufall, dass der Großteil der DAX-Vorstände verheiratet ist – wer zu Hause Kraft und Liebe tanken kann, geht mit einer ganz anderen Energie an die Arbeit. Zudem bringt eine glückliche Beziehung eine gewisse Ruhe ins Leben. Keinesfalls Langeweile! Aber das Wissen, nicht auf der Suche sein zu müssen, entspannt doch unheimlich.

Verstehen Sie mich nicht falsch, auch das Single-Leben hat seine Vorzüge. Vor allem in jüngeren Jahren macht es Spaß, sich umzusehen, mal hier, mal da seine Fühler auszustrecken und vielleicht sogar von mehreren Männern gleichzeitig umworben zu werden.

Diese Aufmerksamkeit kann wie Balsam für die Seele sein – sie kann sich allerdings auch sehr schnell in Enttäuschung verwandeln, denn fallen gelassen zu werden wie eine heiße Kartoffel ist auch für stolze Single-Ladys nicht schön. Und es mag bei der einen früher und bei der anderen später sein, aber irgendwann kommt bei fast allen Damen die Erkenntnis, dass belangloses Herumschmusen und bedeutungslose One-Night-Stands oft doch nicht so erfüllend sind, wie vielleicht einst in jungen Jahren angenommen. Zudem ist Dating auf die Dauer wahnsinnig anstrengend.

Ich erinnere mich noch an eine frühere Kollegin aus meiner Zeit als Management-Coach: eine bildhübsche Frau, die ihr Single-Leben in vollen Zügen genoss. Mit der Zeit aber schlug ihr dieser Lebensstil auf die Stimmung und beeinflusste sogar ihre Arbeitsweise. Es war immer das gleiche Spiel: Eines Morgens kam sie gut gelaunt, strahlend, fast schon wie verzaubert ins Büro und erzählte von ihrem Wochenende. Schon wieder hatte sie, um es in ihren Worten zu formulieren, einen Prinzen vernascht. Einige Tage oder Wochen später schleppte sie sich hingegen nur mit Mühe zur Arbeit, niedergeschlagen und regelrecht derangiert. Der Prinz war wieder weg. Kurz darauf begann das gleiche Spiel von vorn, mit einem anderen Prinzen. So lief das jahrelang.

Ich sage nicht, dass dieser Lebensstil nicht auch seinen Reiz haben kann, aber auf die Dauer ist es vielleicht lohnender, seine Energie in eine glückliche, dauerhafte Beziehung zu investieren.

Selbstliebe: Die wichtigste Beziehung Ihres Lebens

Ich habe Ihnen zu Beginn dieses Buches versprochen, dass ich Ihnen sagen werde, woran Sie arbeiten müssen, um Ihre Chance auf eine glückliche Partnerschaft zu erhöhen. Hier kommt der wichtigste Punkt: Arbeiten Sie an der Liebe zu sich selbst. Vielleicht denken Sie, das sei eine Phrase, aber viele Frauen unterschätzen die Bedeutung, die die eigene Zufriedenheit in Sachen Partnersuche hat.

Auch mir war das nicht immer bewusst. Doch im Lauf der Zeit haben mir viele Männer berichtet, wie oft sie auf Frauen treffen, die mit ihrem Leben unglücklich sind und denken, das ändere sich mit dem richtigen Mann an ihrer Seite. Natürlich ist das entsetzlich unattraktiv.

Eine Beziehung mit einem Menschen, der erwartet, von einem anderen glücklich gemacht zu werden, ist meiner Meinung nach von vornherein zum Scheitern verurteilt. Egal, was der eine gibt, der andere wird niemals zufrieden sein, wenn der Quell der Unzufriedenheit in seinem Inneren liegt. Viele Männer wissen das, weil sie bereits Erfahrung mit einer unzufriedenen Frau gemacht haben – und ergreifen entsprechend schnell die Flucht.

Auch einer meiner Kunden war in dieser Hinsicht ein gebranntes Kind. Er war 43 Jahre alt, als er zu mir kam,

Geschäftsführer eines großen Unternehmens und hatte das Single-Leben satt. Ich wusste sofort, dass dieser erfolgreiche und attraktive Mann perfekt in meinen Pool passen würde. Er erzählte mir von seiner letzten Beziehung: Seine frühere Partnerin war so eine Frau, die erwartete, von einem Mann glücklich gemacht zu werden. Sie äußerte eine Menge Wünsche und mein Klient erfüllte einen nach dem anderen – ohne dass sich die Stimmung der Dame nennenswert verbesserte. Nichts war gut genug, kaum hatte sie, was sie wollte, verlangte sie etwas Neues. Blumen, nette Gesten oder nur die Liebe allein reichten von Anfang an nicht aus, es musste erst ein SUV sein, dann der Traumring von Tiffany, schließlich ein Penthouse. Aber das alles konnte ihre innere Leere nicht füllen. Mein Kunde trennte sich erst von ihr, als sie auf ein Kind drängte – da wurde ihm klar, dass diese Beziehung keine Zukunft hatte.

Als er in meinem Büro saß, beschrieb er, wonach er sich sehnte: Nach einer Frau, die mit sich im Reinen ist und einen Blick hat für die schönen Seiten des Lebens. Dasselbe hatte er im Gegenzug auch anzubieten. Mein erster Partnervorschlag für ihn war eine wundervolle junge Ärztin, die mit ihrem Leben rundum zufrieden war und eine gewisse Ruhe ausstrahlte. Die beiden verliebten sich schnell. Mittlerweile sind sie glücklich verheiratet und haben drei Kinder.

Nur wer sich selbst liebt, kann andere lieben. Klar, in diesem Buch geht es darum, den richtigen Mann zu finden. Machen Sie Ihr Glück aber dennoch nie von einem Mann abhängig. Kein Mann möchte eine Frau, die ihn unbedingt braucht, um glücklich zu sein. Bevor Sie nach dem richtigen Partner suchen, kümmern Sie sich um sich selbst: Leben Sie Ihr Leben, führen Sie ein interessantes Dasein, und verwirklichen Sie sich selbst. Seien Sie leidenschaftlich und wissbegierig. Arbeiten Sie auf, was es aufzuarbeiten gibt, und lassen Sie es dann hinter sich. Letzten Endes wünscht sich jeder, egal, ob Mann oder Frau, einen Partner, der ein erfülltes Leben führt und zufrieden mit sich selbst ist.

Es gibt nichts Schöneres, als jemanden an seiner Seite zu haben, der einem auch in harten Zeiten beisteht – aber niemals sollten Sie erwarten, dass ein Mann Ihre Probleme löst und Ihnen das Leben, das Sie sich wünschen, auf dem Silbertablett serviert. Darum müssen Sie sich schon selbst kümmern.

Das gilt im Übrigen auch für Ihre Motivation. Viele Menschen sind der Meinung, es sei die Aufgabe ihres Partners, sie zu motivieren.

Eine meiner Klientinnen lebte nach dieser Überzeugung: »Ich mache keinen Sport, aber mit meinem Partner könnte ich mir das schon vorstellen. Er muss mich zum Sport motivieren.«

Das ist der völlig falsche Zugang. Ein Partner ist kein Lifecoach. Er ist nicht dafür verantwortlich, Sie zum Reisen, zur erfolgreichen Karriere oder zum Sport zu motivieren. Sie müssen sich selbst lieben und etwas aus Ihrem Leben machen. Dann ziehen Sie automatisch auch Männer an.

Was zum persönlichen Glück beiträgt, ist bei jedem Menschen etwas anderes. Die eine macht zum Ausgleich gern einen Spaziergang im Wald, für die nächste Single-Lady gibt es nichts Schöneres, als im Park auf der Picknickdecke ein Buch zu lesen, und die Dritte macht gern Yoga, um sich gut zu fühlen.

Ich weiß, es kann in manchen Lebenssituationen schwer sein, sich aufzuraffen, und es ist nicht immer leicht, sich selbst zu lieben – vor allem in den Phasen des Lebens, in denen nichts zu funktionieren scheint. Versuchen Sie aber trotzdem, aus sich herauszukommen und den Dingen Aufmerksamkeit und Zeit zu widmen, die Sie wirklich glücklich machen. Wenn Sie das schaffen, sind Sie Mr. Right schon um einiges nähergekommen.

Wenn Sie an Ihrem Glück arbeiten, werden Sie eine bessere Partnerin sein, sobald Sie den richtigen Mann gefunden haben. Und Sie erhöhen Ihre Chancen, denn wer glücklich ist, der lächelt. Falls Sie denken, schmollende Arroganz ziehe Männer an, ist das ein Irrtum: Kein guter Mann steht auf eine eingebildete Ziege mit schlechter Laune – so eine Attitüde ist nicht geheimnisvoll, sondern bloß abschreckend. Die Mehrheit der Männer findet nichts anziehender als das offene Lächeln einer glücklichen Frau.

Wenn Sie also das Gefühl haben, glücklicher werden zu wollen, dann warten Sie nicht, um aus Ihrem Trott auszubrechen, sondern packen Sie es an und krempeln Sie Ihr Leben um. Heute, nicht morgen!

»Lächle, und die Welt lächelt zurück«, das ist einer meiner Lebensgrundsätze.

Wenn Sie das nächste Mal fremden Menschen begegnen, im Aufzug, in einer kleinen Boutique oder im Eissalon, dann lächeln Sie diese Menschen doch einfach mal ohne Grund an. Manche Menschen werden mit dieser unerwarteten Freundlichkeit gar nicht umgehen können, so sehr hat unsere Gesellschaft das Lächeln verlernt.

Wussten Sie, dass Kleinkinder bis zu 450 Mal am Tag lächeln, Erwachsene hingegen nur noch zehn bis fünfzehn Mal? Ändern Sie das und schreiten Sie mit einem Lächeln durchs Leben. Nie werden Sie auf andere Menschen attraktiver wirken.

Wie er sein soll: So finden Sie heraus, was Sie wirklich wollen und wen

Wie wir uns unseren Traumpartner vorstellen, ist natürlich individuell unterschiedlich. Aber es gibt ein paar Grundzüge, die bei jedem und jeder von uns eine Rolle spielen. Überlegen Sie nur, worum es in den meisten Frauen- und Männermagazinen so geht. Bei den Publikationen für uns Frauen dreht sich vieles um körperliche Schönheit: Make-up, Mode, Haare. In den Magazinen für Männer geht es oft um Statussymbole wie Uhren oder Autos. Das spiegelt die Grunderwartungen des jeweils anderen Geschlechts: Viele Frauen wünschen sich einen Mann, der wirtschaftliche Sicherheit bieten kann. Und die meisten Männer wünschen sich eine schöne Frau.

Mir ist klar, dass ich mich damit nicht bei allen Menschen beliebt mache, aber es geht ja in diesem Buch darum, die Dinge klar zu benennen. Und ich sage Ihnen: Zu mir kam noch nie eine Frau, die sagte, sie träume von einem armen, erfolglosen Mann – und noch nie ein Herr, der seine Traumfrau als hässliches Entchen beschrieb.

Wenn wir nun also gemeinsam überlegen, wie Ihr Traummann sein sollte, bedeutet das keineswegs, dass Sie sich nur nach Yachtbesitzern umsehen sollten. Ich möchte Ihnen nur sagen, dass Sicherheit ein ganz normales Bedürfnis ist.

Achten Sie darauf, dass ein Mann sein Leben auch wirtschaftlich im Griff hat. Ein ganz normales Gehalt ist dafür vollkommen ausreichend, aber an der Seite eines verantwortungslosen Geldverschwenders werden Sie Ihr Leben lang nichts als Stress haben.

Darüber hinaus legen Studien nahe, dass die meisten Frauen Treue und Humor bei einem Mann suchen. Auch die Fähigkeit, zu loben und zu unterstützen sowie Sinn für Familie stehen hoch im Kurs.

Ob der Gentleman der alten Schule noch gefragt ist, scheint dagegen umstritten: Viele moderne Frauen möchten sich die Autotür selbst aufmachen und sind irritiert, wenn der Mann plötzlich um das Auto hetzt, um das zu übernehmen. Allerdings ist das natürlich ein Ausdruck von Aufmerksamkeit und die wünscht sich jede Frau: Ein Mann, der Ihnen beim Weg ins Restaurant die Tür ins Gesicht knallen lässt, wird womöglich auch sonst kaum einen Blick für Ihre Bedürfnisse haben.

Wenn also diese Grundzüge auf Ihrer Anforderungsliste für einen künftigen Partner stehen, wunderbar. Sollten Sie aber eine Liste haben, auf der noch mehr steht als das: Zerreißen Sie diese sofort!

Sie werden kaum glauben, wie detailliert manche Frauen, die zu mir ins Büro kommen, beschreiben können, wie ihr künftiger Partner sein muss. Manche haben ihren Laptop dabei und lesen mir dann eine gefühlte halbe Stunde lang vor, welche Charaktereigenschaften der Zukünftige mitzubringen und wie er auszusehen hat. Hier drei meiner Lieblingsbeispiele:

»Er muss unbedingt beim Einparken eine ganz spezielle Technik anwenden, denn es macht mich ganz wahnsinnig, wenn er das Auto nicht perfekt einparkt.«

»Meine Lebensgewohnheit ist, dass ich jeden Tag um halb fünf Uhr morgens aufstehe, er muss das auch machen.«

»Alkohol ist für mich indiskutabel.
Er darf keinen einzigen Tropfen Alkohol trinken.«

Es scheint so, als wäre das Listenschreiben bei Singles ein beliebter Zeitvertreib. Sie beginnen irgendwann damit, eine Anforderungsliste für den perfekten Partner zu erstellen – und ein paar Jahre später ist die Liste fünf Seiten lang und ein Partner, der auch nur annähernd alle Anforderungen erfüllt, noch immer nicht in Sicht.

Die Liebe verlangt nach Offenheit. Trennen Sie sich deshalb von Ihrer Liste, egal, ob Sie diese tatsächlich physisch besitzen oder sie nur in Ihrem Kopf existiert. Meinen Klienten stelle ich dazu immer folgende Frage: »Stellen Sie sich vor, ich bin die gute Fee und Sie haben drei Wünsche bei mir offen, die Ihren künftigen Partner betreffen. Ich erfülle Ihnen allerdings wirklich nur diese drei Wünsche, die anderen beachte ich nicht. Welche drei Dinge wünschen Sie sich?«

Es ist völlig in Ordnung, gewisse Anforderungen zu haben, Sie müssen Ihrem Partner auf Augenhöhe begegnen und auch wissen, welche Dinge im Leben für Sie wirklich zählen. Bleiben Sie Ihren Werten und Zielen treu, seien Sie aber gleichzeitig auch eine Möglichkeitsdenkerin: Verschließen Sie sich nicht sofort, wenn ein oder zwei Punkte der Anforderungsliste von einem potenziellen Partner nicht eingehalten werden.

Einer meiner Kunden hat vor kurzem eine »gute« Anforderung wie folgt formuliert: »Frau Kinauer-Bechter, ich brauche keine Frau, die im Sterne-Restaurant weiß, welches Besteck zu welchem Gang gehört. Ich brauche eine Frau, die zum Kellner freundlich ist.«

Dinge wie Einparken oder Morgenroutine sind Kleinigkeiten. Sie können entweder akzeptiert oder auch ohne größeren Aufwand angepasst werden. Tiefe Überzeugungen und Moralvorstellungen sind hingegen Punkte, die übereinstimmen sollten. Prüfen Sie also Ihre Erwartungen und konzentrieren Sie sich auf die wirklich wichtigen Eigenschaften, die Ihr Traumpartner mitbringen sollte.

2014 wurde eine Studie durchgeführt, die ich sehr interessant finde. Paare wurden zu ihren Ansprüchen und Erwartungen an Partner und Beziehung befragt. Der leitende Psychologe konzentrierte sich vor allem auf langfristige Beziehungen, also die Art von Beziehung, die auch wir anstreben, und befragte daher vor allem Teilnehmer, die bereits über fünfzig Jahre alt waren. Anhand ihrer Antworten konnten die Befragten in vier Gruppen unterteilt werden. Daraus bildeten sich vier Anspruchstypen. Erkennen Sie sich vielleicht in einem davon? Falls ja, bietet Ihnen diese Erkenntnis eine gute Grundlage, um noch einmal über Ihre Ansprüche nachzudenken.

a. Der maßlose Anspruchstyp: Der maßlose Anspruchstyp stellt sich häufig die Frage, ob sein Partner oder vermeintlich zukünftiger Partner gut genug für ihn ist – und beantwortet diese Frage auch des Öfteren mit Nein. Menschen dieses Typs haben oft insgeheim das Gefühl, andere Leute würden ihnen etwas schulden und müssten sich ständig um sie bemühen. An ihrem Partner haben sie eigentlich immer etwas auszusetzen und halten selbst nach Jahren in einer exklusiven Beziehung immer Ausschau nach jemand Besserem. Alternativ könnte dieser Typ auch der narzisstische Anspruchstyp genannt werden.

b. Der hohe Anspruchstyp: Die Befragten, die dieser Gruppe zugeteilt wurden, stellen generell hohe Erwartungen an den Partner. Sie halten es zum Beispiel für selbstverständlich, dass der Partner ihre Ansprüche und Bedürfnisse von selbst spürt und erfüllt, ohne dass sie ihm erklären müssen, was sie brauchen und wollen. Im Allgemeinen neigt dieser Typ dazu, mehr zu erwarten, als er zu bieten hat, manchmal auch mehr zu erwarten, als ihm eigentlich zusteht.

c. Der unterdrückte Anspruchstyp: Sind Sie diesem Typen am ähnlichsten, so zeichnet sich das dadurch aus, dass Sie sich selbst tendenziell nie für gut genug halten. Angehörige dieser Gruppe gehen davon aus, die Interessen und Bedürfnisse des Partners hätten in einer Beziehung Vorrang gegenüber den eigenen. Der unterdrückte Anspruchstyp hat außerdem große Probleme damit, eigene Wünsche und Ansprüche zu äußern.

d. Der bestimmende Anspruchstyp: »Ich bestehe darauf, dass ich in einer Beziehung das bekomme, was mir zusteht. Ich verdiene einen Partner, der auf mich eingeht, und finde, mein Partner kann froh sein, dass er mich hat!« Das sind typische Aussagen des bestimmenden Anspruchstyps. Den Befragten, die in diese Gruppe fallen, fiel es in der Regel überhaupt nicht schwer, zu definieren, was sie sich wünschen. Sie können ihre Interessen in der Partnerschaft durchsetzen und wenn nötig auch darum kämpfen.

Und? Erwischt? Der maßlose und der unterdrückte Anspruchstyp sind in einer Beziehung übrigens tendenziell eher unglücklich. Eigentlich logisch, denn wer sich selbst zu wichtig nimmt und deshalb zu hohe Erwartungen hat, kann nie zufrieden sein – denn kein Mensch ist dazu imstande, seine maßlosen Ansprüche zu erfüllen. Umgekehrt kann, wer sich selbst als so minderwertig und unwichtig empfindet, dass er seine Bedürfnisse gar nicht äußert, ebenfalls nie richtig glücklich sein.

Die Typen b) und d) haben da schon bessere Chancen. Sie stellen zwar hohe, aber durchaus realistische Ansprüche, die der Partner gegebenenfalls auch realisieren kann. Hohe Erwartungen sind richtig, aber falsche Erwartungen machen à la longue unglücklich.

Wenn Sie sich grundlegende Gedanken darüber gemacht haben, welche Werte bei der Wahl eines künftigen Partners wirklich wichtig für Sie sind, kommen wir zu einem heiklen, aber entscheidenden Punkt. Die realistische Selbsteinschätzung. Was haben Sie zu bieten? Und was können Sie sich von Ihrem zukünftigen Partner erwarten? Diese beiden Fragen sollten Sie sich immer stellen, wenn Sie gerade dabei sind, potenzielle Partner auszusortieren oder einem Mann den Laufpass zu geben.

Sie kennen doch bestimmt diese Männer, die sich maßlos selbst überschätzen, denen die Arroganz beinahe aus jeder Pore kommt. Diese Männer, die ein Victoria's-Secret-Model an ihrer Seite erwarten, selbst aber eher an eine französische Bulldogge erinnern. Ein Graus, nicht wahr? Allerdings liegen wir alle bei der Selbsteinschätzung gern mal daneben.

Einmal kam eine Dame in meine Agentur, sechzig Jahre jung, und sagte, eigentlich sei sie biologisch erst vierzig. Zumindest fühle sie sich so. Und deshalb erwartete sie von mir, dass ich ihr einen Mann in ihrer imaginären Altersklasse suche. So funktioniert das nur leider nicht. Ich erlebe das oft: Viele Frauen sind sich zu gut für einen gleichaltrigen, geschweige denn einen älteren Mann. Die gnadenlose Selbstüberschätzung kann also sogar so weit gehen, dass im Endeffekt niemand mehr gut genug ist.

Ich glaube, je länger eine Person Single ist, desto verzerrter wird die Eigen- und die Fremdwahrnehmung. Das ist nicht schlimm, es passiert einfach. Viele Langzeit-Singles merken oft gar nicht, wie sehr sie sich über die letzten Jahre hinweg verändert oder sogar haben gehen lassen.

Eine Frau mit Ende zwanzig oder Anfang dreißig hat eben andere Chancen als Vierzigjährige. Vielleicht sehen Sie selbst nicht mehr so aus wie vor fünf Jahren, haben Ihre Ansprüche aber nicht angepasst und erwarten den gleichen Typ Mann, der Ihnen vor zehn Jahren noch die Welt zu Füßen legen wollte. Dann stehen wir vor einem Problem.

Versuchen wir uns die Sache mit der falschen Einschätzung anhand eines Beispiels zu veranschaulichen.

Sie, eine 43-jährige Frau, früher Abteilungsleiterin in einer Bank und heute arbeitslos, sucht nach einem Partner. Ihre Freizeit verbringt sie hauptsächlich mit Chillen, was sich auch über die Jahre hinweg ungünstig auf ihre Optik ausgewirkt hat. Ihre Wunschvorstellung von einem Partner ist ein erfolgreicher und sportlicher Unternehmer, am besten Besitzer eines renommierten Familienbetriebs, in dem sie im Idealfall sogar zeitweise mitarbeiten kann, um sich nicht nutzlos zu fühlen. Außerdem muss der Mann in ihrem Alter sein, keinesfalls ein paar Jahre älter, denn Männer, die sich jüngere Frauen suchen, sind ihrer Meinung nach unreif und für sie uninteressant. Obwohl sie keinerlei Sport betreibt, ist es für sie wichtig, gemeinsam mit ihrem Partner Touren zu gehen, Windsurfen auszuprobieren und Mountainbike zu fahren. Sie stellt sich die Bewegung in den Bergen und am Meer schön vor und ist überzeugt davon, dass sie sich diese Skills schnell aneignen kann.

Sie verstehen schon, worauf ich hinauswill? Einerseits sind wir hier wieder bei der Sache mit der Eigenmotivation. Es ist nicht die Aufgabe des Partners, sie zum Windsurfen zu motivieren. Hätte sie ernsthaftes Interesse an diesen Aktivitäten, so würde sie ihnen von sich aus nachgehen und nicht darauf warten, vom Partner an die Hand genommen zu werden. Außerdem, und da sind wir bei der Selbsteinschätzung, sind diese Vorstellungen schwer umsetzbar. Eine Frau, die in ihrem Leben noch keinen Sport betrieben hat und über zwanzig Kilogramm Übergewicht mitbringt, wird nicht von jetzt auf gleich Surfen lernen. Sie ist unsportlich und übergewichtig, wünscht sich aber eine Sportskanone? Auch hier stimmen Selbsteinschätzung und Anforderungen nicht überein. Ein Mann, der selbst sehr sportlich ist, wünscht sich natürlich eine Frau, die da zumindest teilweise mithalten kann – aber nicht eine, für die er den Coach spielen muss.

Die frühere Bankangestellte hat übrigens noch nie in einer Lebenspartnerschaft gelebt. Ihre falsche Selbsteinschätzung ist wohl ein Grund dafür, gleichzeitig verstärkt die lange Single-Zeit das verzerrte Selbstbild. Eine teuflische Wechselwirkung ist hier also im Spiel. Ändert sie nichts an sich selbst, an ihren Ansprüchen oder an beidem, wird es wohl schwierig, aus dieser Spirale auszubrechen.

Die Hoffnung ist aber keineswegs verloren, auch wenn Ihnen vielleicht gerade klargeworden ist, dass Sie sich gnadenlos selbst überschätzen. Versuchen Sie, Ihre Ansprüche zu relativieren. Falls Sie Ihre Ansprüche keinesfalls herunterschrauben möchten, was auch völlig in Ordnung ist, dann wird es zwar vielleicht schwerer, den Partner der Träume zu finden, unmöglich ist es allerdings nicht. Immerhin können Sie ja noch an sich selbst arbeiten und die Traumfrau werden, die zu Ihrem Traummann passt.

Was Männer wirklich wollen

Die grundlegenden Wünsche von Männern und Frauen unterscheiden sich in Bezug auf eine Partnerschaft – glücklicherweise! – nicht fundamental. Das Wichtigste in einer Beziehung ist für einen Mann, das höre ich in beinahe allen Gesprächen mit männlichen Klienten, dass er ein Gefühl von Geborgenheit, Respekt und Anerkennung erfährt. Eigentlich einfach, oder?

Trotzdem würden Sie nicht glauben, wie viele Menschen nicht in der Lage sind, ihrem Partner oder ihrer Partnerin mit Zärtlichkeit zu begegnen. Wenn Sie auf Ihren Mann schauen, sollte Zärtlichkeit und Zugewandtheit in Ihrem Blick liegen, genau wie umgekehrt auch. Dann sind Sie dem dauerhaften Beziehungsglück schon ein beträchtliches Stück nähergekommen.

Wissen Sie, mit Männern ist es oft gar nicht so schwer, wie wir vielleicht annehmen. Ich erzähle Ihnen eine lustige, kleine Geschichte: Vor Jahren war ich bei Bekannten zum Essen eingeladen. Ich kannte viele der Gäste nicht und saß zufälligerweise neben einem Rechtsanwalt.

Über den Abend verteilt habe ich ihm immer wieder kurze Fragen gestellt. Zu seinem Beruf, seinem Leben, ich habe den Eindruck vermittelt, dass ich an ihm und seiner Person sehr interessiert bin. Ich habe allerdings auch angenommen, dass er irgendwann eine Gegenfrage stellen würde, zumindest erfragen würde, wer ich denn eigentlich bin, wie mir das Essen schmeckt oder wie es mir geht. Nun, das ist nicht passiert. Den ganzen Abend ging er auf meine Fragen ein, er redete wie ein Wasserfall von sich und seinem Business, aber auch von seinem privaten Leben.

Am Ende des Abends stand er auf und drehte sich ein letztes Mal zu mir: »Das war einer der besten Abende seit langer Zeit, ich habe mich schon lang nicht mehr so gut unterhalten. Vielen Dank!«

Witzig, nicht? Ich habe kaum etwas gesagt, er hat sich aber augenscheinlich bestens unterhalten – eigentlich mit sich selbst. Ich finde, das demonstriert ganz gut, wie wichtig es für Menschen ist, wahrgenommen zu werden und jemanden zu haben, der ihnen zuhört.

Männer bezahlen in Bordellen reihenweise Frauen dafür, sich einfach nur mit ihnen zu unterhalten, wussten Sie das? Denken Sie also daran, einem Mann, ob er nun schon der Ihre ist oder es erst werden könnte, hin und wieder auch einfach aufmerksam zuzuhören. Und selbstverständlich können Sie das auch von Ihrem Gegenüber erwarten. Beides wird in unserer hektischen Zeit leider oft vergessen, aber es wird Sie einander emotional näherbringen.

Nun, da wir die Basics geklärt haben, lassen Sie uns konkreter werden. Zu den interessantesten Veränderungen der jüngeren Vergangenheit gehört meiner Meinung nach der Trend zur Beziehung auf Augenhöhe. Die tollen, erfolgreichen, attraktiven Männer wünschen sich heute vor allem eine kluge, attraktive, eigenständige und natürliche Frau. (Gut, es gibt immer noch Ausnahmen.) Aber die meisten Männer geben sich heute nicht mehr mit einem Püppchen zufrieden, das zu ihnen aufblickt und sich den Rest des Tages die Nägel macht. Sie wünschen sich eine Partnerin mit Herzenswärme, von der sie Liebe und Loyalität erwarten können. Im Idealfall unterstreicht ihr Charakter auch ihre Schönheit.

Eine Frau, die einen Mann zum Lachen bringen kann, ist für viele Single-Männer der absolute Glücksgriff. Körperliche Attraktivität wird immer wichtig sein, aber heute sehnen sich viele Männer auch nach intellektuellem Austausch.

Vor einigen Jahren begrüßte ich eine 25-jährige, bildhübsche Frau mit spektakulärer Figur in meiner Agentur. Man hätte glauben können, sie habe alles. Sie war jung, sportlich, schön und stammte aus einer bekannten Industriellenfamilie. Das Problem war: Die Eltern hatten sie mit Villa, Range Rover und unlimitierter Kreditkarte ausgestattet und so verbrachte sie ihre Tage im Gym, beim Friseur und mit Shopping. Lunch beim angesagten Nobelitaliener mit ihren gleichgesinnten Freundinnen war ein Fixpunkt und am späten Nachmittag öffnete sie ihre Türen für Afterwork-Drinks und bereitete sich auf das Dinner vor. Reisen absolvierte sie im Privatjet, nur zur Not war auch die First Class denkbar, die besten und exklusivsten Luxushotels betrachtete sie als Selbstverständlichkeit. Wegen des finanziellen Backgrounds ihrer Familie kam arbeiten für sie nie infrage. Sie betrachtete sich als geboren, um das Leben in vollen Zügen zu genießen.

Nun wollte sie heiraten, weshalb sie auch meine Agentur aufsuchte. Ein Mann musste her, der die Eltern ablösen und ihren Lebensstandard weiterhin gewährleisten könne. Er sollte außerdem einen Beruf ausüben, bei dem die Work-Life-Balance ausgeglichen ist – ein Mann, der abends müde von der Arbeit kommt oder kaum Zeit für sie hat, käme nicht infrage. Denn die abendlichen Einladungen zu diversen Partys und Vernissagen sollte er ja mit ihr gemeinsam wahrnehmen.

Für die meisten erfolgreichen Männer heute ist so eine Frau als Partnerin nicht erstrebenswert. Der Karrieremann von heute wünscht sich eine Frau, die selbst in ihrem Leben etwas geleistet und aus eigener Kraft geschaffen hat. Sie wollen stolz auf ihre Partnerin sein. Jede junge Frau, die es schafft, 2000 Euro netto im Monat zu verdienen, weiß, was Arbeit bedeutet. Sie hat Verständnis für das Arbeitspensum ihres Mannes, der vielleicht für das Familieneinkommen sorgt, und versteht, dass er abends müde ist und es Phasen im Leben gibt, in denen mehr gearbeitet werden muss.

Das bedeutet ein völlig anderes Verständnis innerhalb einer Partnerschaft, als es mit einer Frau möglich wäre, die sich vor allem als Dekorationsobjekt inszeniert wie unsere Industriellentochter mit dem Privatjet. Und eine Frau, die selbst Leistung bringt, ist eine viel interessantere Gesprächspartnerin als eine, die nur erzählt, wie es im Nagelstudio war und wie viele Aperol Spritz sie im Lauf des Tages getrunken hat. Ich bin überzeugt: Die Beziehung auf Augenhöhe ist das Modell der Zukunft.

Attraktivität

Ich würde Ihnen jetzt gern erzählen, dass das Aussehen und die Attraktivität beim Dating keine Rolle spielen. Dass wir alle auf unsere Art und Weise schön sind, und dass wir nichts für unser Äußeres tun müssen, um den Mann unserer Träume zu ergattern. Leider entspricht das nicht der Realität, deshalb widmen wir diesem Thema nun auch ein eigenes Kapitel.

Attraktivität ist die
Eintrittskarte in die Welt des Datings.

Äußere Attraktivität war in der Liebe immer schon wichtig, in den vergangenen Jahren ist unsere Gesellschaft aber meines Erachtens noch visueller geworden. Dazu kommt, dass wir heutzutage in kürzerer Zeit immer mehr Menschen kennenlernen, egal, ob online oder im realen Leben.

Da ist es nur logisch, dass wir alle selektiver geworden sind, auch in Bezug auf die Optik eines möglichen neuen Partners. Attraktivität per se ist natürlich etwas sehr Individuelles, gewisse Faktoren wie ein schönes Gesicht, volle Lippen, gute Wangenknochen, die Größe der Nase oder die körperliche Fitness lassen sich bis zu einem gewissen Grad allerdings schon »messen« und einordnen. Ich weiß, dass jede Frau ihre kleinen Problemzonen hat, dafür hat aber auch jede Frau, wirklich jede, ihre Vorzüge. Und die gilt es zu unterstreichen.

Die Wahrheit ist, ich habe in 22 Jahren Berufserfahrung keinen einzigen Mann bei mir im Büro begrüßt, der gesagt hat, ihm sei das Aussehen seiner künftigen Partnerin egal. Jeder Mann wünscht sich eine attraktive Frau. Punkt.

Zum Glück haben wir Frauen viele Mittel und Wege, viele kleine Tricks, die wir anwenden können, um unser Äußeres zu optimieren. Damit meine ich keinesfalls, dass Sie sich unters Messer legen sollten – die meisten Männer sind sowieso keine Fans des Plastik-Looks – ich meine, dass wir uns um uns kümmern müssen und uns nicht gehen lassen dürfen, wenn wir Erfolg beim Dating haben wollen.

Um es deutlich zu sagen: Schlagen Sie sich das »Er muss mich so lieben, wie ich bin« aus dem Kopf.

Die gute Nachricht ist: Jede Frau ist einzigartig und konkurrenzlos. Die schlechte Nachricht: Das bedeutet nicht, dass Sie sich entspannt zurücklehnen können, bis Prince Charming plötzlich vor Ihrer Tür steht. Natürlich ist es das Traumszenario jeder Frau, dass eines Tages der Mann in ihrem Leben auftaucht, der sie von Sekunde eins an liebt, wie sie ist, ohne Wenn und Aber. Doch vor der bedingungslosen Liebe zu Ihrem ungeschminkten Ich steht nun einmal das Kennenlernen. Und während dieser Phase dürfen Sie nicht davon ausgehen, dass er Sie so lieben muss, wie Sie sind. Im Gegenteil: Meiner Meinung nach hat jede Frau die Pflicht, das Beste aus sich herauszuholen.

Es braucht ja nicht viel, um das Äußere zu optimieren. Jede Frau hat Vorzüge, und die gilt es, in Szene zu setzen. Natürlichkeit und Selbstbewusstsein sind dabei essenziell.

Es bringt nichts, sich hinter Tonnen von Make-up zu verstecken oder sich in Kleider zu zwängen, die nichts außer Unwohlsein auslösen. Finden Sie Ihren eigenen, individuellen Look! Kleider machen Menschen. Ein selbstbewusster Auftritt ist bereits die halbe Miete.

Beim Kleidungsstil sollten Sie vor allem darauf achten, dass er Ihrer Figur schmeichelt. Falls Sie nicht sicher sind, wo Ihre Stärken liegen, versuchen Sie zuerst, Ihre Schwächen ausfindig zu machen. Die meisten von uns wissen ganz genau, welche Bereiche ihres Körpers sie lieber nicht zu stark betonen wollen.

Ich gebe Ihnen ein Beispiel: Ich habe schlechte Beine. Das ist so, das weiß ich, und damit habe ich mich schon sehr lang abgefunden. Ginge ich auf ein erstes Date, würde ich also kein Mini-Cocktailkleid mit hohen Schuhen anziehen, sondern ich würde stattdessen den Fokus auf mein Dekolleté, mein Gesicht, oder meine Arme lenken. Ich würde meine Stärken unterstreichen und meine Schwächen nicht sofort auf dem Präsentierteller servieren. Ein guter Look kann sehr viel ausmachen!

Sind Sie modisch gerade nicht auf dem neuesten Stand oder interessieren Sie sich insgesamt nicht besonders für die Fashion-Welt, fragen Sie eine Freundin, eine Bekannte, die modebewusste Arbeitskollegin, Ihre Tochter oder Ihre Nichte um Rat. Ich bin sicher, dass es in Ihrem Umfeld ein paar stilsichere Frauen gibt, die Ihnen bei einem kleinen Style-Update gern zur Seite stehen. Und danach werden Sie sich wunderbar fühlen!

Eine gute Garderobe muss übrigens nicht viel Geld kosten. Es ist egal, ob Sie eine billige oder eine teure Hose tragen. Solang Sie stilsicher kombinieren und Ihre Vorzüge betonen, macht der Preis keinen Unterschied. Es geht um die Details.

Männer nehmen überhaupt mehr wahr als uns bewusst ist: Sie merken, ob unsere Nägel frisch gemacht sind oder der Lack schon seit Tagen abbröckelt. Auch Zähne und Make-up beeinflussen Ihre Wirkung auf einen Mann.

Sind Sie nicht die geborene Schminkmeisterin, so ist auch das kein Problem! Egal, ob beim Kleidungsstil oder dem Make-up, es ist nicht schwer, Kleinigkeiten zu optimieren. Belegen Sie gemeinsam mit einer Freundin einen Schminkkurs oder, wenn Sie es noch bequemer haben wollen, informieren Sie sich im Internet. Auf YouTube gibt es unzählige Make-up-Tutorials für geschmackvolle Looks, die Sie sich einfach abschauen können. Üben Sie! Es lohnt sich.

Mit der Pflicht, das Beste aus sich herauszuholen, meine ich übrigens nicht, dass Sie das tun müssen, um einem Mann zu gefallen. Dabei geht es vor allem um Sie selbst – wir haben ja schon über die Bedeutung der Selbstliebe gesprochen. Und der angenehme Nebeneffekt? Genau, die Männer werden Ihnen mehr Aufmerksamkeit schenken.

Ob Kleidung, Ernährung oder Bewegung: Optimieren Sie sich selbst, es gibt keine schönere Genugtuung. Versuchen Sie, das Beste aus sich herauszuholen, statt auf dem Sofa zu versauern. Prince Charming wird nicht klingeln, um mit Ihnen, Ihren fettigen Haaren, Ihrem Jogginganzug und der leeren Packung Chips in den Sonnenuntergang zu reiten.

»When you start taking care of yourself, you start feeling better, you start looking better and you start to attract better.« Diesen Spruch gebe ich auch gern meinen Klientinnen mit auf den Weg.

Eine von ihnen, Sie erinnern sich vielleicht, war mir unendlich dankbar für den kleinen Ruck, den ich ihr vor einigen Jahren gegeben habe, als ich ihr geraten habe, mehr aus sich herauszuholen. Vielleicht kann ich auch Sie dazu motivieren, eine kleine Optimierung vorzunehmen.

Bleiben Sie dabei aber immer natürlich! Männer lieben Natürlichkeit. Auch wenn uns in den sozialen Medien vorgegaukelt wird, Schönheit bestehe aus künstlichen Wimpern und herbeioperierten Stupsnasen, kann ich davon nur abraten. Kleine Eingriffe will ich nicht schlechtreden, das ist Ihre Entscheidung, aber kennen Sie Maß und Ziel.

Attraktivität ist Männern sehr wichtig. Sie können sich gern weiterhin einreden, dass es doch letzten Endes nur um die inneren Werte gehe – aber wenn ein Mann von Ihrem Äußeren abgeschreckt wird, kann es gar nicht dazu kommen, dass er Ihre inneren Werte entdeckt. Also bringen Sie sich auf Hochglanz!

Die Wahrheit schwarz auf weiß: So hoch ist Ihr Marktwert

Vielleicht haben Sie mittlerweile schon ein Gefühl dafür bekommen, welche Werte bei einem Partner für Sie wirklich wichtig sind und was Sie umgekehrt tun können, um als Partnerin interessant zu sein.

Um noch etwas deutlicher zu machen, wer zueinander passen könnte, spreche ich gern vom »Partnermarktwert«. Vielleicht finden Sie das unromantisch, aber es ist nun mal so: Das, was wir uns wünschen und erwarten, und das, was wir selbst zu bieten haben, sollte einigermaßen zusammenpassen.

Erwarten Sie zu viel, ohne selbst etwas zu bieten, dann kann es ziemlich lang dauern, einen Partner zu finden, der Ihren Anforderungen gerecht wird. Haben Sie allerdings extrem niedrige Ansprüche, sind dafür aber ein Hammer-Fang, dann laufen Sie Gefahr, ausgenutzt zu werden.

Je attraktiver Sie als potenzielle Partnerin sind, desto mehr Auswahl haben Sie bei der Suche nach einem Mann. Dabei geht es um körperliche Attraktivität, Intellekt, Bildung, sozialen und gesellschaftlichen Background und natürlich um Ihre Persönlichkeit. Ist jemand objektiv betrachtet nicht der Schönste, kann er das vielleicht durch einen höheren Intellekt oder eine glänzende Karriere kompensieren. Jemand, der wenig Geld hat, kann dennoch einen hohen Marktwert haben, weil er sehr gebildet ist. Ihr Marktwert ist also nicht automatisch niedriger, nur weil Sie bei einem Aspekt Schwächen haben.

Um Ihnen einen realistischen Eindruck zu vermitteln, was Sie erwarten dürfen und was Sie zu bieten haben, können Sie hier einen kleinen Selbsttest machen. Betrachten Sie ihn ruhig mit einem Augenzwinkern – aber wenn Sie ankreuzen, was Sie sich wünschen und womit Sie selbst punkten können, wird Ihnen das bei der Suche nach einem künftigen Partner weiterhelfen.

		BIETE ICH	WÜNSCHE ICH MIR
AUSBILDUNG	Pflichtschulabschluss, Lehre		
	Matura		
	Studium		
	Starke persönliche Weiterbildung		
KARRIERE	Angestellt		
	Führungsposition		

	Top-Management		
	Selbstständig		
FINANZEN	< 50.000 EUR p.a.		
	< 100.000 EUR p.a.		
	< 200.000 EUR p.a.		
	> 500.000 EUR p.a.		
	Zusätzliches Vermögen (Finanzportfolio, Immobilien)		
LEBENS-STANDARD	Minimalist		
	Gutes Leben		
	Hoher Lebensstandard		
FAMILIE	Aktives Familienleben		
	Kinder		
	Kinderwunsch		

FREUNDE	Verlässlicher Freundeskreis		
	Gesellschaftliches Leben		
	Großes Netzwerk		
BEZIEHUNGS-ERFAHRUNG	Kurzfristige Beziehungen/Affären		
	Langfristige Beziehung(en)		
PERSÖN-LICHKEIT	Vitalität/Energie		
	Mut		
	Harmonie/Balance		
	Humor		
	Disziplin/Konsequenz		
	Tiefgang/Achtsamkeit		

	Spontanität		
	Leidenschaft		
	Lebensfreude		
	Großes Herz		
	Offenheit für Neues/ Neugierde		
	Drang zur persönlichen Weiterentwicklung		
SEXUALITÄT	Klassisch konservativ		
	Experimentierfreudig		
	Fetisch		
	Aktiv		
	Passiv		
SPORT	Grundsportlichkeit		
	Hobbysportler		
	Leistungssportler		
REISE-GEWOHN-HEITEN	Kurztrips, Städtereisen		

	Österreich/Europa		
	Fernreisen		
	Wellness		
	Pauschalreisen		
	Individualreisen		
WOHNEN	Wohnung		
	Haus		
	Villa		
	Stadt		
	Land		
INTERESSEN	Sport		
	Musik		
	Oper		
	Theater		
	Kunst		
	Kulinarik		

Grafik: Eva Kinauer-Bechter

Wenn Ihre Kreuzchen sinnvoll zusammenpassen, gratuliere ich Ihnen. Wenn nicht, überdenken Sie nochmal Ihre Ansprüche an einen künftigen Partner und Ihr Selbstbild. Sie wollen doch eine Liebe finden, die zu Ihnen passt!

Wer zusammenpasst

Die Frage, wer mit wem glücklich werden könnte, beschäftigt die Menschen wie kaum eine andere. Entsprechend viele unterschiedliche Antworten findet man darauf. Darf eine Waage einen Löwen daten? Können ältere Männer und jüngere Frauen wirklich zusammenbleiben?

Die gute Nachricht vorweg: Der Geburtstag, die Sternenkonstellation oder sonstige Himmelsphänomene haben meiner Meinung nach wenig mit dem Beziehungsglück und der Kompatibilität zweier Partner zu tun. Stattdessen gibt es gewisse Punkte, auf die Sie achten sollten.

Gegensätze ziehen sich nicht an.

Ein besonders weit verbreiteter Irrtum beruht auf dem Spruch »Gegensätze ziehen sich an«. So schön es auch wäre, Analysen bestätigen, dass sich Paare in erfolgreichen und gesunden Beziehungen sehr viel ähnlicher sind, als allgemein angenommen. Faktoren wie körperliche Attraktivität, Bildungsniveau, sozialer Status, Religion, Familienverhältnisse und Wertvorstellungen sind gerade bei Paaren in langen und glücklichen Beziehungen meist sehr ähnlich.

Denn auch wenn die Idee des Yin und Yang, Schwarz und Weiß, Feuer und Eis, romantisch klingt, ist die Realität in solchen Konstellationen oft ernüchternd. Je unterschiedlicher zwei Partner sind, desto anstrengender wird es, diese Beziehung am Leben zu erhalten. Und desto weniger Energie haben Sie übrig, um sich Ihrer Arbeit, Ihren Freunden und Ihren Hobbys zu widmen.

Stellen Sie sich vor: Er ist Extremsportler, achtet genauestens auf seine Ernährung und trinkt keinen Tropfen Alkohol. Sie hingegen entspannen gern mal auf dem Sofa bei einem netten Film und einem Glas Rotwein und machen hin und wieder ein bisschen Yoga. Wie wollen Sie in so einer Konstellation Ihre gemeinsame Freizeit verbringen?

Sie werden unheimlich viel Energie in mühsame Kompromisse und hitzige Diskussionen stecken. Oder stellen Sie sich vor, Sie sind eine Weltenbummlerin und lieben es, weit entfernte Orte zu entdecken und neue Kulturen kennenzulernen. Ihr Partner hingegen hat Flugangst und möchte nicht weiter wegfahren als bis zum Neusiedler See. Denken Sie, das kann auf Dauer funktionieren?

Sogar kleine Dinge haben eine Menge Konfliktpotenzial: Sie sind Veganerin und achten auf den Verzehr von frischen und biologischen Produkten, Ihr Partner ernährt sich hauptsächlich von Liefer-Schnitzel und Tiefkühlware.

Natürlich müssen Sie und Ihr Partner nicht in allem einer Meinung sein. Aber passen das grundlegende Wertesystem, die Wünsche, Ziele und Erwartungen an das Leben nicht zusammen, könnte sich die gemeinsame Zukunft als beschwerlich herausstellen. Die meisten von uns arbeiten, wir haben ohnehin schon wenig Freizeit. Wenn wir in dieser wenigen Freizeit, die uns zur Verfügung steht, komplett andere Dinge als unser Partner machen möchten, bleibt wenig bis gar keine Zeit für Gemeinsamkeiten übrig.

Vielleicht kann ich Ihnen einen kurzen Einblick in gute und schlechte Gegensätze bieten, damit Sie sich besser orientieren können. Ich bin sicher, Sie kennen dieses eine Paar. Sie ist aufgeschlossen, laut, gesprächig, sozial und der Mittelpunkt jeder Feier. Er ist wiederum ruhig, durchaus zufrieden, allerdings weniger *outgoing*.

Ich kenne einige Paare, bei denen dieser Unterschied keineswegs störend ist, sondern für beide einen Vorteil bietet. Er muss auf Partys nicht seine Komfortzone verlassen, und sie hat einen Ruhepol, der sie auch mal runterholen kann, und so ergänzen sich beide ausgezeichnet. Auch in meiner Ehe beobachte ich positive Gegensätze. Mein Mann ist extrem kreativ, während ich eher der analytische Typ bin. So wissen wir ganz genau, wer bei uns für die Planung oder die Finanzen zuständig ist, und wer den kreativen Part übernimmt.

Die guten Gegensätze in einer Beziehung sind eigentlich Ergänzungen. Das kennen Sie vielleicht aus dem Job: Ein Arbeitgeber sucht sich auch Mitarbeiter mit Qualifikationen, die er vielleicht selbst nicht hat. So kann das in einer Beziehung auch funktionieren, solang definiert ist, wie sich beide Partner das Leben, die Beziehung und die Zukunft grundsätzlich vorstellen.

Ein typisches Beispiel für schlechte Gegensätze ist etwa eine völlig unterschiedliche Vorstellung vom Umgang mit Geld. Das kann zu sehr viel Reibung führen. Sind Sie gerade auf der Suche und treffen einen Mann, bei dem Sie bereits von Anfang an merken, dass es zu viele Gegensätze gibt, empfehle ich, die Finger von ihm zu lassen.

Verwechseln Sie das aber nicht mit Kompromisslosigkeit. Es geht um die großen Lebensfragen, nicht um Kleinigkeiten.

Wie viel darf ich akzeptieren? Wie viel muss ich wirklich hinnehmen, und wann ist es besser, allein zu bleiben? Bei diesen Fragen erlebe ich viel Unsicherheit.

Es ist erstaunlich, welche Kleinigkeiten manchmal ausschlaggebend für ein Nein sein können. Sie erinnern sich an die Frau, die einen für sie perfekten Mann zunächst ablehnen wollte, weil er in ihren Augen ein paar Zentimeter zu klein war? Zum Glück hat sie auf mich gehört und ihn ein zweites Mal getroffen, denn jetzt ist sie wunschlos glücklich. Vielleicht brauchen Sie auch manchmal jemanden, der Ihnen vor Augen hält, wie belanglos Ihre Kritik gerade ist. Meiner Erfahrung nach gehen viele Frauen zu wenige Kompromisse ein, wenn es um oberflächliche Kleinigkeiten geht, und schreiben potenzielle Lebenspartner schon ab, bevor sie diese überhaupt kennenlernen konnten.

Manchmal kommen Frauen in meine Agentur und sagen etwas wie: »Ich bin Akademikerin und er muss auch Akademiker sein.« Wenn ich ihnen dann erkläre, dass es auch viele Akademiker gibt, die arbeitslos sind oder schlecht bezahlten Jobs nachgehen, andererseits aber viele erfolgreiche Unternehmer und Manager keinen akademischen Titel haben, stimmen mir manche zu.

Es gibt aber auch Damen, die partout nicht von ihrer hundert Punkte umfassenden Liste abrücken wollen. Dabei wird kaum ein Mann von Anfang an alle ihre Anforderungen perfekt erfüllen.

Überlegen Sie, bei welchen Punkten Sie ein Auge zudrücken können und wo Sie Kompromisse eingehen würden und vielleicht etwas toleranter agieren könnten. Wenn Sie nur zu zehn Prozent von Ihrer Vorstellung abweichen, kann das einen massiven Unterschied machen und Ihnen

Türen zu Männern öffnen, die Sie sonst erst gar nicht näher kennengelernt hätten. Oft hat uns das Leben doch viel mehr zu bieten, als wir uns vorher hätten ausmalen können!

Eine meiner Klientinnen zum Beispiel war überzeugte Großstädterin. Sie wollte in der City leben, etwas anderes kam für sie nicht infrage. Ein Mann, der nicht in der Stadt wohnte, wäre für sie ein absolutes No-Go. Ich stellte ihr dennoch einen wundervollen Mann vor, der allerdings in Niederösterreich lebte. Er hatte dort ein schönes Anwesen, beherbergte auf seinem großen Grundstück mit Apfelbäumen und Blumenfeldern auch ein paar Pferde und hatte es sich abseits des hektischen Stadtlebens sehr schön gemacht.

Für meine Klientin eigentlich eine Horrorvorstellung, sie wollte ein Leben in der Stadt. Dennoch stimmte Sie einem Kennenlernen zu – und was soll ich sagen? Sie ließ sich auf ihn ein, die beiden verliebten sich. Mittlerweile sind sie verheiratet und wohnen gemeinsam in seinem Haus abseits der Stadt. Nur durch ihre Kompromissbereitschaft hat sie sich selbst die Chance gegeben, zu erkennen, dass ein Leben abseits ihrer ursprünglichen Vorstellung noch besser sein kann, als das, was sie sich selbst vorab überlegt hatte. Mittlerweile nutzt sie ihre Wohnung in Wien nur noch, um ins Theater zu gehen oder ihre Freundinnen zu treffen.

Dennoch dürfen Sie, bei aller Kompromissbereitschaft, natürlich nicht alles akzeptieren. Und, sehr wichtig: Falls Sie glauben, Sie könnten alles, was Sie an einem Mann stört, einfach ändern, dann täuschen Sie sich gewaltig.

Allzu oft sind mir diese Worte bereits untergekommen: »Ich werde ihn schon ändern, wenn er dann der meine ist.« Es ist so: Wenn Ihnen seine absolute Lieblingskrawatte nicht gefällt, dürfen Sie gern versuchen, sie ihm auszureden.

Mein Mann zum Beispiel hat bei unserem Kennenlernen immer einen grauenhaften, schwarzen Ledermantel mit großem Fellkragen getragen. Wenn ich daran denke, läuft mir noch heute ein Schauer den Rücken hinunter. Jedenfalls habe ich mir damals gedacht: »Gut, das kann ich ändern.« Das gelang auch, indem ich ihm klarmachte, dass dieser Mantel für einen guten Mann einfach peinlich ist. Schon war der Mantel verschwunden.

Sie können also sehr wohl kleine Macken, Marotten oder modische Fehlgriffe ändern – oder sie akzeptieren. Vielleicht gefällt Ihnen sein schräger Kleidungsstil oder die schrullige Brille ja irgendwann doch: Der Blick auf kleine »Fehler« Ihres Partners kann sich mit wachsender Liebe und Zuneigung sehr schnell ändern.

Was Sie aber nicht ändern können, das ist sein Charakter. Sie werden Ihren Partner nicht umerziehen können. Merken Sie sich das unbedingt. Behandeln Sie ihn nicht wie ein Kind – wenn Sie in der Kennenlernphase merken, dass Sie sein Verhalten irritiert, dass es Ihnen graut, wenn er über seine politischen Überzeugungen spricht, oder dass es Sie stört, wie er den Kellner behandelt, dann suchen Sie das Weite.

Glauben Sie nicht, dass sich der grundsätzliche Charakter eines Mannes ändern wird, nur weil er mit Ihnen zusammen ist. Wenn er in Ihren Augen eine »Großbaustelle« ist, sehen Sie ihn nicht als Ihr nächstes Do-it-yourself-Projekt an, sondern halten Sie lieber Ausschau nach einem Mann, an dem Sie maximal die Krawatte austauschen möchten.

Bei der Frage, wer zu wem passt, spielt auch das Alter eine Rolle. Das Modell des älteren Mannes, der eine deutlich jüngere Frau an seiner Seite hat, wird oft in negatives Licht gerückt. Zu Unrecht, finde ich. Ich sehe kein Problem bei einem vertretbaren Altersunterschied, ich selbst bin mit einem über zwanzig Jahre älteren Mann verheiratet, und ich kann keinen Nachteil dabei feststellen.

Für mich ist die Beziehung mit einem älteren Mann wunderbar. Natürlich muss ich dazu sagen, dass ich Glück habe, denn mein Mann ist gesund, fit, beruflich aktiv und ist bei jedem Urlaub, den ich gern machen würde, sofort dabei. Dieses Glück hat nicht jeder – allerdings kann es immer zu Krankheit oder Problemen kommen, egal, wie groß oder klein der Altersunterschied ist.

Als junge Frau habe ich mir durchaus manchmal Sorgen darüber gemacht, wie meine Beziehung in einigen Jahren aussieht. Ob ich meinen Mann früher verlieren würde als andere. Aber eine meiner damals besten Freundinnen heiratete einen Mann im gleichen Alter. Er starb nach zehn Jahren Ehe an einer schlimmen Krankheit. Natürlich ist die Wahrscheinlichkeit geringer, in jüngeren Jahren zu sterben oder zu erkranken.

Und natürlich hatte ich keine Anforderungsliste, auf der stand, dass mein Zukünftiger zwanzig Jahre älter sein soll. Es ist einfach passiert. Und ich habe nie bereut, dass ich mich darauf eingelassen habe. Wir zählen jetzt 26 glückliche Ehejahre. Mit einem anderen Mann hätte ich vielleicht nicht einmal zwei glückliche Jahre gehabt, wer weiß das schon?

Natürlich würde ich einer Sechzigjährigen nicht raten, sich nach einem Achtzigjährigen umzusehen, denn dann bleiben ihr mit hoher Wahrscheinlichkeit nicht mehr viele gemeinsame Jahre. Dennoch finde ich das Stigma, das Beziehungen mit großem Altersunterschied anhaftet, oft nicht gerechtfertigt. Vor allem den Vorwurf, es würde den jungen Frauen nur ums Geld gehen, finde ich ärgerlich.

Ältere Männer, egal, ob es fünf, zehn, oder zwanzig Jahre Altersunterschied sind, strahlen eine gewisse Reife aus. Vor allem für jüngere Frauen. Ein erfolgreicher und charismatischer Mann, der weiß, wie das Leben läuft, kann hoch attraktiv sein.

Scheuen Sie sich also nicht vor einem älteren Mann oder seien Sie nicht allzu besorgt, falls Ihre Tochter mit einem älteren Mann zusammenkommt – oder Ihr Sohn mit einer älteren Frau, auch das gibt es. Denken Sie zum Beispiel an Frankreichs Präsident Emmanuel Macron. Wenn die Liebe groß genug ist, dann sind auch fünf, zehn oder zwanzig Jahre nur eine Kleinigkeit.

Timing ist alles: Der richtige Zeitpunkt für die Partnersuche

Das falsche Timing kann einem in jeder Lebenslage einen Strich durch die Rechnung machen, aber nur in wenigen Bereichen ist der richtige Zeitpunkt so wichtig wie bei der Suche nach dem richtigen Partner. Lassen Sie sich nicht zu lang Zeit! Natürlich können wir die Liebe nicht erzwingen, es lohnt sich aber, so früh wie möglich damit anzufangen, die Augen offenzuhalten, und sich aktiv mit der Partnersuche zu beschäftigen.

Fangen Sie am besten vorgestern mit der Partnersuche an!

Auch eine meiner Klientinnen hatte sich, was die Partnersuche betrifft, zu lang zurückgelehnt. Die junge Ärztin, gerade in ihren Dreißigern, hatte während ihres Medizinstudiums unzählige Verehrer. Sie war jung und hübsch, wie sollte es anders sein. Sie war sicher, die Verehrer würden auch noch in ein paar Jahren bei ihr Schlange stehen, und so konzentrierte sie sich zunächst ausschließlich auf Studium und Karriere.

Als sie schließlich als promovierte Ärztin in einem Krankenhaus arbeitete, musste sie feststellen, dass ihre Annahme, es würden sich immer noch Dutzende Männer um sie reißen, ein Irrtum war. Die Zeit hatte die Dinge verändert, und sie stellte fest, dass es ungleich schwerer geworden war, Männer kennenzulernen.

Mit der Partnersuche kann meiner Meinung nach gar nicht früh genug begonnen werden. Eine andere Kundin schien das ähnlich zu sehen. Sie war eine junge Pilotin und kam zu mir, weil sie wusste, dass sie Kinder wollte, und zwar nicht erst im letztmöglichen Moment. »Für meine Karriere habe ich mein gesamtes Leben Zeit, aber wenn ich eine Familie gründen möchte, dann kann ich mir nicht ewig Zeit lassen, bis ich mir einen Mann suche. Das geht sich nicht aus.«

Sie hatte recht! Auch Sie sollten die Partnersuche nicht bis in alle Ewigkeit aufschieben. Egal, ob Sie zwanzig, dreißig, oder fünfzig Jahre jung sind, jetzt ist der Zeitpunkt, um sich umzuschauen und sich Männern gegenüber zu öffnen – und auch jetzt sollten Sie mit der Selbstoptimierung beginnen. Nicht morgen, nicht nächste Woche, sondern genau jetzt.

Sie können sich nicht nur auf Freunde, Partys, Karriere und Erfolg konzentrieren, sich gleichzeitig eine Familie wünschen und dann erwarten, dass Ihnen mit Ende dreißig plötzlich in der richtigen Sekunde der richtige Mann über den Weg läuft, mit dem Sie dann auch noch ganz schnell drei Kinder zeugen.

Genau wie wir eine Partnerschaft planen und uns aktiv um sie bemühen müssen, so ist das auch mit der Familienplanung. Sie erinnern sich ja sicher noch an die drei Säulen, die ich für ein zufriedenes Leben definiert habe. Eine davon ist ein erfüllter Kinderwunsch. Nicht jede Frau will Kinder haben, nicht jeder Frau ist die Erfüllung dieses

Traums medizinisch möglich. Es gibt aber viele Damen, die einfach zu spät damit anfangen, diesen Traum wahr werden zu lassen. Bei mir haben Karriere und Ehe wunderbar geklappt, Kinder haben einfach nicht sein sollen. Das ist okay für mich. Andere Frauen haben meiner Erfahrung nach größere Schwierigkeiten, eine kinderlose Zukunft zu akzeptieren.

Sollten Sie also in der Situation sein, dass Sie gern ein Kind hätten, die Zeit allerdings schön langsam knapp wird, dann sehe ich sofortigen Handlungsbedarf. Gehen wir von einer 39-jährigen Single-Frau mit unerfülltem Kinderwunsch aus. Mein erster Tipp: Suchen Sie sich keinen Gleichaltrigen für Ihr Last-Minute-Projekt.

Sollten Sie das Glück haben, einen Gleichaltrigen gefunden zu haben, der mit Ihnen eine Beziehung eingeht und Ihren Kinderwunsch erfüllen will, perfekt! Die Chancen, ihn zu finden, werden nur ziemlich klein sein.

Deshalb rate ich Ihnen: Suchen Sie sich einen etwas älteren Mann. Denn ein 39-jähriger Mann ist, anders als die gleichaltrige Frau, noch überhaupt nicht im Stress. Er weiß, er hat noch einige zeugungsfähige Jahre vor sich und kann auch noch bei einer Jüngeren landen, die in Sachen Kinderplanung alle Zeit der Welt hat. Ein Mann mit Kinderwunsch, der auch nicht mehr ewig Zeit hat, ist für die Single-Last-Minute-Wunsch-Mama das perfekte Gegenstück.

Ich will ehrlich zu Ihnen sein. Sind Sie diese 39-Jährige, sind Sie wirklich spät dran. Aber es ist nicht unmöglich! Es gibt ja heutzutage auch noch ein paar andere Möglichkeiten, sich den Kinderwunsch zu erfüllen. Aber wollen Sie das klassische Kind-aus-Liebe-Szenario verwirklichen, stehen Sie vor einer Herausforderung.

Haben Sie einen potenziellen Vater identifiziert, so müssen Sie sich sputen. Sie dürfen allerdings auch nicht zur Zwangsmama mutieren, die bei ihren ersten Dates über nichts anderes als den Kinderwunsch spricht. Versuchen Sie aber auf jeden Fall, subtil herauszufinden, ob Ihr Gegenüber denn überhaupt selbst einen Kinderwunsch hegt. Sie haben schließlich keine Zeit zu verschwenden für einen Mann, der gar keine Kinder haben möchte.

Achten Sie auf Kleinigkeiten. Vielleicht erzählt er ja von den Kindern seiner Schwester, daraus können Sie zumindest schließen, ob er kinderlieb ist. Schauen Sie sich nach Männern um, die etwas älter sind. Auch die, die bereits Kinder haben, wollen diese Erfahrung oft noch einmal neu erleben. Erfolgreiche, geschiedene Männer haben oft die prägendsten Jahre ihrer Kinder verpasst, weil sie mit Arbeit und Karriere beschäftigt waren und sich die Zeit nicht genommen haben. Sie konnten nicht miterleben, wie ihre Kinder aufgewachsen sind, und wollen das später im Leben noch einmal nachholen.

Machen Sie sich also keine falschen Hoffnungen, freuen Sie sich dafür aber umso mehr, falls es doch passieren sollte! Und wenn Sie den Mann Ihrer Träume treffen, der keine Kinder mehr möchte, der Sie aber so glücklich macht, dass alles andere plötzlich egal ist, dann machen Sie sich ein schönes Leben mit ihm und verlassen Sie ihn nicht, nur um noch einen Last-Minute-Baby-Daddy zu finden.

Hat das Leben einen anderen Plan für Sie vorgesehen, als den, den Sie sich ausgemalt haben, dann akzeptieren Sie das und sehen Sie die schönen Seiten der Kinderlosigkeit. Ich jedenfalls bin glücklich, auch ohne Kinder. Das können Sie auch.

Ich möchte Ihnen noch meine Trichter-Theorie näherbringen. Stellen Sie sich einen Trichter vor. Für Frauen, die jung sind, ist der Trichter oben weit geöffnet. Die Männer stehen Schlange, sie haben die Wahl und können entspannt entscheiden. Die Welt steht ihnen offen und die Auswahl ist sehr groß. Je älter wir Frauen werden, desto enger wird dieser Trichter. Die Chancen, den passenden Partner zu finden, werden immer geringer. Natürlich passiert diese Verengung nicht von heute auf morgen, es dauert Jahre. Sie sind zwar immer noch begehrenswert, verstehen Sie mich nicht falsch, aber viele der »guten« Männer sind bereits vergeben. Sie haben den richtigen Zeitpunkt für die Partnerwahl getroffen, Familien gegründet und nicht gewartet.

Bei Männern ist die Entwicklung meiner Theorie nach umgekehrt. Der zwanzigjährige Mann, der wirtschaftlich am Anfang steht und noch nicht weiß, wohin und was er will, hat einen ziemlich engen Trichter. Je älter er aber wird – vorausgesetzt er entwickelt sich zu einer interessanten und erfolgreichen Persönlichkeit – desto attraktiver wird er für Frauen. Sein Trichter vergrößert sich. So durfte ich das zumindest bei meinen Klientinnen und Klienten über die letzten zwanzig Jahre hinweg beobachten.

Sollten Sie geschieden sein, achten Sie erst recht auf Ihr Zeitmanagement! Natürlich darf und soll sich jede Frau die Zeit nehmen, die sie braucht, um eine dysfunktionale Ehe zu verarbeiten, ihre Gefühle zu ordnen und einen klaren Kopf zu bekommen. Warten Sie aber nicht zu lang, wieder in die Welt des Datings einzutauchen.

Einige meiner Klientinnen haben diesen Fehler begangen. Sie warteten und warteten. Zuerst warteten sie, bis die Kinder mit der Schule fertig sind, dann warteten sie, bis die Kinder studiert haben und einen erfolgreichen Start ins Berufsleben hatten. Dann beschäftigten sie sich mit Selbstfindung und Esoterik, und fünfzehn Jahre zogen an ihnen vorbei wie nichts, ohne jegliche Aussicht auf einen Partner.

Männer reagieren schneller. Zumindest habe ich das während meiner Tätigkeit oft so erlebt. Männliche Kunden kommen in mein Büro und sagen: »Frau Kinauer-Bechter, ich bin letzte Woche von zu Hause ausgezogen. Es war absehbar. Die Beziehung war in den letzten Jahren nicht mehr stabil, aber davor habe ich viele schöne Jahre mit ihr verbracht. Diesen Zustand möchte ich wiederhaben.« Egal, ob er verlassen wurde oder sie verlassen hat, der Mann kommt normalerweise relativ schnell wieder in die Gänge, was Dating betrifft. Frauen hingegen verschwenden oft sehr viel Zeit und verpassen so viele Chancen auf ein neues Glück.

Ob Sie es nun Schicksal, Zufall oder Gottes Fügung nennen wollen, ist egal. Tatsache ist, niemand wird Ihnen den Traummann nach Hause schicken. Ich bin mittlerweile einigen Single-Ladys begegnet, die sich auf das Universum verlassen, teilweise seit Jahren. Sie sind überzeugt davon, dass »der Richtige schon irgendwann kommen wird«, rühren aber keinen Finger und sitzen auf ihrem Sofa, bis sie die Hoffnung auf eine zweisame Zukunft gemeinsam mit dem leeren Chipssackerl im Mistkübel versenken. Warten Sie nicht, bis das Schicksal an der Tür klingelt. Es wird niemand läuten.

Das Schicksal ist ein mieser Verkuppler. Damit müssen wir uns irgendwann abfinden. Ich würde jeder Frau auf dieser Welt eine hollywoodreife Begegnung mit dem Mann ihrer Träume wünschen, im Leben läuft es aber nur selten wie im Film. Die Optimistin in Ihnen wird jetzt vielleicht denken: »Vielleicht bin aber genau ich diejenige, die Glück hat.« Sollte das so sein, dann lassen Sie bitte der Realistin in Ihnen wieder Vortritt. Sie wird Sie daran erinnern, dass Sie allein für Ihr Glück verantwortlich sind.

Denken Sie einmal darüber nach, wie lang Sie schon Single sind. Und dann überlegen Sie, wie lang Sie bereits wieder »verfügbar« sind. Single zu sein reicht leider nicht, um einen Partner zu finden. Sie müssen auch ausstrahlen, dass Sie begehrenswert sind.

Wenn Sie in der Straßenbahn sitzen, ein Eis essen gehen, oder mit Ihren Freundinnen in einer Bar sind, dann müssen Sie sich selbst sagen: »Ich bin bereit für neue Bekanntschaften.« Nur so werden Sie auch Männer anziehen. Versuchen Sie, offen zu sein, allen Gesprächen gegenüber – und oft kommt das Glück dann doch. Sie müssen aber etwas nachhelfen, damit Sie Ihr Hollywood-Happy-End bekommen.

Wo man einen guten Mann findet – und wo nicht

Nachdem wir nun geklärt haben, wonach Sie Ausschau halten sollten, stellt sich natürlich die Frage, wo Sie so ein Prachtexemplar von einem Mann treffen könnten. Sie können sich eine Menge Zeit ersparen und die Qualität Ihrer Begegnungen beträchtlich steigern, wenn Sie an den richtigen Orten die Fühler ausstrecken und um andere einen weiten Bogen machen.

Kurz gesagt:
Die Liebe wartet nicht auf dem Dancefloor.

Klar, Ausnahmen gibt es immer. Aber wenn Sie sich an Ihren freien Abenden und an den Wochenenden hauptsächlich in Bars herumtreiben, stets mit einem Drink in der Hand, werden Sie dort mit hoher Wahrscheinlichkeit nicht den Mann fürs Leben finden. Sie finden vermutlich problemlos einen One-Night-Stand, der sich beim ersten Vogelzwitschern wieder aus dem Staub macht. Das kann durchaus amüsant sein, aber wenn Sie den zukünftigen Vater Ihrer Kinder suchen, stehen die Chancen in Nachtlokalen schlecht.

Auch Ihr Lieblingscafé oder die neue In-Bar sind keine gute Wahl. Schon gar nicht, wenn Sie dort gemeinsam mit Ihrer besten Freundin einen Aperol nach dem anderen trinken und gemeinsam über die Männerwelt herziehen.

Begeben Sie sich stattdessen in eine Umgebung, die Ihre Interessen widerspiegelt. Gemeinsame Themen und ähnliche Vorstellungen vom Leben sind die beste Grundlage für eine glückliche Beziehung. Suchen Sie deshalb vor allem Orte auf, die mit Ihren Vorlieben und Hobbys zu tun haben, Orte, an denen Ihre Leidenschaft aufblüht. Dort stehen die Chancen auf einen Mann, der zu Ihnen passen könnte, weitaus besser als auf dem Dancefloor eines Nachtclubs.

Insgesamt gilt: Versuchen Sie, so aktiv wie möglich zu sein. Lassen Sie sich auf neue Dinge ein und verbringen Sie nicht Tag für Tag und Abend für Abend in der gleichen Bar und mit den gleichen Leuten. Trauen Sie sich aus Ihrer Komfortzone.

Wenn Sie eine Freundin, eine Bekannte oder ein Familienmitglied zu einer Feier, einer Vernissage oder einem Museumsbesuch einlädt, sagen Sie unbedingt zu! Es ist verständlich, dass Sie manchmal ausgelaugt und müde von der Arbeit sind, aber versuchen Sie, so oft es geht, solche Gelegenheiten wahrzunehmen. Sie wissen nie, wen Sie dort kennenlernen werden!

Das muss übrigens nicht immer sofort der künftige Partner sein. Versuchen Sie insgesamt, so oft wie möglich unter Menschen zu kommen. Vernetzen Sie sich, schaffen Sie sich einen größeren Bekanntenkreis. Denn das erhöht die Chancen, den Richtigen kennenzulernen, um ein Vielfaches!

Es gibt unzählige Single-Frauen, die gern einen Partner hätten. Viele fühlen sich einsam und können sich nicht erklären, wieso es noch immer nicht mit der Partnersuche geklappt hat, manche laufen Gefahr, sich bald komplett aufzugeben.

Neben dem Einsatz für den Beruf und die Kinder bleibt vielen Frauen kaum Zeit und Energie für persönliche Bedürfnisse und Aktivitäten. Wo also sollte der neue Mann dann herkommen? Sie können nicht erwarten, dass Sie den Mann fürs Leben am Weg zur Arbeit in der Straßenbahn treffen. Oder an Ihrem Arbeitsplatz, wo es vielleicht seit Jahren keine Neueinstellungen gegeben hat. Nein, so geht das nicht. Sie müssen in Bewegung bleiben, Ihre Freunde treffen und Dinge tun, die Sie erfüllen.

Spielen Sie gern Tennis? Dann melden Sie sich im Tennisclub an! Sind Sie eine begeisterte Kunst-Liebhaberin? Dann gehen Sie regelmäßig ins Museum und buchen Sie am besten eine Gruppenführung. Informieren Sie sich über neue Ausstellungen, gemeinsame Interessen bieten eine perfekte Gesprächsgrundlage! Wenn Sie gern lesen, versuchen Sie es mal mit einem Literaturkreis, anstatt immer nur zu Hause auf der Couch zu lesen. Machen Sie gern Yoga? Besuchen Sie ein Studio, statt die Übungen vor Ihrem Computer zu machen. Es kann schon sein, dass Sie Mr. Right nicht beim Yoga oder im Literaturkreis antreffen – aber die Menschen, die Sie dort kennenlernen, erweitern Ihren Bekanntenkreis. So schaffen Sie wieder neuen Raum für interessante Begegnungen.

Der soziale Kontakt hilft Ihnen außerdem nicht nur dabei, eventuell jemanden kennenzulernen, er sorgt auch dafür, dass Sie nicht vereinsamen und mit sozialen Situationen nicht überfordert sind. Sehen Sie es als Training an – irgendwann werden Sie ganz bestimmt davon profitieren.

Ebenso wie neue Bekannte sind auch die alten eine Chance. Deshalb empfehle ich: Reaktivieren Sie alte Freundschaften! In den vergangenen Jahrzehnten habe ich interessanterweise beobachtet, dass das Reaktivieren alter Freundschaften ein sehr intelligenter Ansatz für die Partnersuche sein kann. Dadurch, dass Sie ähnlich aufgewachsen sind und Sie viel miteinander verbindet, können solche Beziehungen sehr gut funktionieren.

Eine Bekannte von mir ist zum Beispiel heute wieder mit einem alten Kindheitsfreund zusammen und ist glücklicher denn je. Ihre Eltern waren damals mit seinen Eltern eng befreundet. Sie haben ihre Kindheit gemeinsam verbracht und der kleine Lausbub hatte schon damals zur Mutter meiner Bekannten gesagt: »Irgendwann werde ich deine Tochter heiraten.« Während des Studiums verloren sich die beiden allerdings, wie es so oft passiert, aus den Augen. Jeder lebte sein Leben, beide waren in Beziehungen und hatten mehr als zwanzig Jahre keinen Kontakt.

Dann bekam sie eines Tages eine Facebook-Nachricht von ihm – und die beiden verliebten sich. Mittlerweile sind sie seit mehr als zwei Jahren ein Paar und strahlen eine tiefe Zufriedenheit aus. Ein ähnlicher Background, übereinstimmende Werte, die ihnen von den Eltern mitgegeben wurden, und das ähnliche soziale Umfeld tragen wohl einen großen Teil dazu bei, dass sie nun so perfekt zueinanderpassen.

Melden Sie sich doch mal bei Ihren alten Schulfreunden. Ich bin sicher, es gibt ein paar Singles unter ihnen. Vielleicht kann man um der alten Zeiten willen während eines netten Abendessens gemeinsam über die ehemaligen

Lehrer herziehen oder über gemeinsame Erinnerungen lachen. Wer weiß, was sich daraus entwickeln könnte.

Ebenfalls vielversprechend: der eigene Freundeskreis. Dabei geht es nicht nur darum, ob es in Ihrer Clique einen potenziellen Traummann gibt – auch wenn das natürlich absolut denkbar ist. Freundschaft ist eine wunderbare Ausgangsbasis für eine spätere Beziehung! Aber Ihr Freundeskreis hat noch einen anderen Vorteil: Hier müssen nicht nur Sie arbeiten, Sie können es auch Ihren Freunden überlassen! Das funktioniert allerdings nur, wenn Ihre Freunde auch wissen, dass Sie auf der Suche sind.

Vermeiden Sie den Kardinalfehler:
Sagen Sie keinesfalls all Ihren Freunden, dass Sie ein glücklicher Single sind und überhaupt keinen Mann an Ihrer Seite haben wollen.

Sie würden nicht glauben, wie viele Frauen das machen. Ich verstehe natürlich, dass es etwas mit Stolz zu tun hat, aber das ist unnötig. Während der Partnersuche dürfen Sie keinesfalls, unter keinen Umständen, Ihren Freunden den Eindruck vermitteln, dass Sie an einer Beziehung eigentlich überhaupt nicht interessiert sind. Denn so minimieren Sie Ihre Chancen auf viele potenzielle Verehrer und verlieren Dutzende Helferlein da draußen, die es wahrscheinlich lieben würden, Ihnen interessante Männer vorzustellen!

Überzeugen Sie Ihren gesamten Freundeskreis davon, dass Sie gar niemanden an Ihrer Seite haben wollen, dann werden Sie auch so schnell niemanden finden. Denn dann wird niemand in Ihrem Umfeld daran denken, Ihnen jemanden vorzustellen. Wenn ein Freund über seinen Willen, eine anständige Frau zu finden, spricht, sollen Ihre Bekannten doch unbedingt als Erstes an Sie denken!

Der Großteil aller Beziehungen, 28 Prozent, entstehen über den gemeinsamen Freundeskreis. Wenn Sie nicht dazu stehen, an einer Beziehung interessiert zu sein, verringert sich Ihre Aussicht auf einen Partner also um fast ein Drittel.

Streichen Sie also folgende Aussagen ersatzlos aus Ihrem Sprachgebrauch:

»Ich bin so happy, Single zu sein.«

»Männer können mir gestohlen bleiben, ich möchte mich ab jetzt nur noch auf mich selbst fokussieren.«

»Das Singleleben ist so cool. Darauf will ich nie wieder verzichten.«

»Wer braucht schon einen Mann, wenn es Tequila gibt?«

Ich verstehe, dass Sie als Single-Frau stark wirken und Ihren Freunden und Ihrem Umfeld beweisen möchten, dass Sie es auch allein schaffen. Ihre Freunde wissen das aber ohnehin, Sie müssen niemandem etwas beweisen. Sagen Sie ganz offen, dass Sie gern einen Partner hätten oder dass Sie sich ab und zu einsam fühlen, und warten Sie ab, was Ihre Freunde alles so für Sie bereithalten!

Ich möchte an dieser Stelle noch über einen anderen Punkt sprechen, der in der Liebe eine wichtige Rolle spielen kann. Vielleicht hilft er Ihnen nicht unmittelbar bei Ihrer aktuellen Partnersuche, aber ich möchte trotzdem auf die Rolle der Eltern beim Liebesglück ihrer Kinder eingehen.

Bevor ein Kind geboren ist, steht heute meist schon der Kindergarten, die Schule, vielleicht sogar die Karriere fest. Alles ist geplant und durchgetaktet. Die Eltern unterstützen in allen Bereichen: Sie zeigen ihren Kindern die Welt, lassen sie Klavier lernen, ermöglichen Tennisunterricht und versuchen, sie so gut wie möglich auf das Erwachsenenleben vorzubereiten.

Nur ein Punkt wird oft vergessen: Die Kinder schon in jungem Alter gesellschaftlich zu vernetzen. Damit meine ich nicht, dass Eltern ihre Kinder verkuppeln sollen. Aber aktives Vernetzen führt dazu, dass junge Menschen bereits einen viel größeren Bekanntenkreis haben, mit einer entsprechend höheren Wahrscheinlichkeit, dort dann auch den passenden Partner zu finden. Denn ein ähnliches soziales Umfeld und ähnliche Werte ergeben sich so ganz von selbst. Dieses Netzwerk an Freunden, das bereits durch die Eltern gewährleistet wurde, breitet sich dann, je älter die Kinder werden, immer weiter aus. Gesellschaftlich aktive Eltern, die versucht haben, sich mit anderen Eltern gleichaltriger Kinder zu umgeben, legen für die Zukunft sehr wichtige Grundsteine. Nicht nur für das Liebesleben – schließlich kann ein großes Netzwerk in vielen Lebensbereichen Vorteile bringen. Wenn Sie also selbst vielleicht schon Mutter sind, behalten Sie das im Hinterkopf!

Jagen und jagen lassen

Ich erwähne ja immer wieder den »Dating-Dschungel«. Um im Bild zu bleiben: In jedem Dschungel gibt es Jäger und Gejagte. Und auch wenn Sie vielleicht denken, dieses Rollenmuster sei überholt:

Ein Mann braucht das Gefühl, der Jäger zu sein.

Ich verstehe, wenn Sie mir an dieser Stelle widersprechen möchten. Zum einen leben wir in modernen Zeiten: Frauen sind keine Trophäen, die es zu erlegen gilt, sondern selbstbestimmt und klug (zumindest in den meisten Fällen). Zum anderen sind es in Wahrheit die Frauen, die entscheiden, was im Dschungel passiert. Sogar wenn sie nicht selbst als Jägerinnen in Aktion treten, sind es die Frauen, die entscheiden, von wem sie sich erobern lassen und von wem nicht. Trotzdem hat es viele Vorteile, Männern das Gefühl zu geben, sie müssten eine Frau von sich überzeugen.

Erinnern Sie sich an die Anwältin, die am Ende eines erfolgreichen ersten Dates den Terminkalender ausgepackt hat und die nächsten Wochen bereits gemeinsam mit ihrem Datepartner durchplanen wollte? Sie hat den Mann verschreckt. Obwohl er sie eigentlich anziehend fand und auch das Date gut verlaufen ist, kam es zu keinem zweiten Treffen.

*Männer wollen das Gefühl haben,
den Hauptpreis zu gewinnen. Und für den
Hauptpreis muss man sich anstrengen.*

Sobald ein Mann das Gefühl hat, er sei der Gejagte, verliert er das Interesse und wendet sich ab. Schalten Sie deshalb einen Gang runter, wenn Ihnen ein Mann gefällt. Versprochen: Ein Mann traut sich schon, sich zu melden oder den nächsten Schritt zu machen. Das müssen Sie ihm nicht abnehmen. Manchmal dauert es eben und erfordert Geduld. Aber sich einzureden, dass er nur zu schüchtern sei und Sie deshalb aktiv werden müssen, ist falsch. Sie können bei einem Single-Mann nicht den gleichen Takt angeben wie Sie es vielleicht als Chefin in Ihrer Firma oder als Mutter bei Ihren Kindern machen. Männer sind manchmal langsam. Und Männer mögen es nicht, aufgerissen zu werden. Das mag antiquiert klingen, aber das ist die Realität – nutzen Sie dieses Wissen zu Ihrem Vorteil!

Natürlich dürfen Sie auch nicht komplett abweisend und desinteressiert wirken, nur wenige Männer rennen einer Frau hinterher, die so gar kein Interesse zu haben scheint. Aber lassen Sie ihm das Gefühl, er hätte das Steuer in der Hand – auch wenn Sie ganz genau wissen, dass es in Wirklichkeit genau andersherum ist.

*Begegnen Sie einem Mann also zugewandt,
aber rennen Sie ihm niemals, niemals hinterher.
Locken Sie ihn auf die subtile Art: Machen Sie ihn
glücklich – und machen Sie es ihm leicht.*

Ich verrate Ihnen, wie das geht: Sind Sie wirklich an einem Mann interessiert, dann versuchen Sie in der Kennenlernphase vor allem eine schöne, unbeschwerte Zeit mit ihm zu verbringen. Setzen Sie ihn niemals unter Druck und lassen Sie ihm viel Freiraum. Wenn er den Abend mit Ihnen genossen hat, meldet er sich und fragt nach einem zweiten, keine Sorge.

Aber wenn Sie zu früh zu viel geben, wirkt das abschreckend auf einen Mann. Auch wenn es Ihnen schwerfällt, versuchen Sie sich nicht zu oft zu melden und lassen Sie den Ball bei ihm. Auch wenn Sie ihn vermissen, geben Sie ihm unbedingt das Gefühl, dass Sie auch gut ohne ihn zurechtkommen! Immerhin haben Sie ihn gerade erst kennengelernt und auch vor ihm schon ein Leben gehabt.

Wenn Sie ihm plötzlich das Gefühl geben, all Ihre Aufmerksamkeit liege bei ihm, kann das schnell uninteressant für ihn werden. Es ist keine Jagd, wenn sich die Beute auf dem Silbertablett präsentiert. Geben Sie ihm also nicht das Gefühl, dass Sie nach den ersten Treffen bereits ihm gehören. Machen Sie ihm klar, dass Sie etwas Besonderes sind und er Sie erst erobern muss! Auch wenn Sie am liebsten gleich nach dem ersten Date jede freie Minute mit ihm verbringen würden, üben Sie sich in Geduld und machen Sie sich zwischendurch auch mal rar.

Diese Taktik empfehle ich übrigens auch, falls Sie zum Beispiel auf einer Veranstaltung einen Mann sehen, der Ihnen zusagt. Bleiben Sie ruhig. Warten Sie auf den richtigen Moment, wenn Sie jemanden ansprechen wollen. Unterbrechen Sie niemals, unter keinen Umständen ein Gespräch – das ist unhöflich und kommt in den meisten Fällen nicht sehr gut an. Nutzen Sie eine gute Gelegenheit und zeigen Sie sich dann selbstbewusst und zugänglich, aber keinesfalls zu offensiv. Sind Sie zu schüchtern, um eigenständig auf einen Mann zuzugehen? Dann schenken Sie ihm ein paar Blicke, lächeln Sie, suchen Sie subtil Nähe – er wird von ganz allein zu Ihnen kommen.

Ich habe eingangs ja schon gesagt, wie stolz wir Frauen auf uns sein können. Der Bildungsaufstieg, den wir alle zusammen in den vergangenen Jahren und Jahrzehnten geschafft haben, ist fantastisch. Aber gerade für Frauen mit einer glänzenden Karriere ist die Partnersuche oft nicht leicht – und das hat auch mit dem Thema Jagen und Jagen lassen zu tun.

Ein Mann darf nicht von Ihnen eingeschüchtert sein.

Egal, wie erfolgreich Sie sind, wie viel Geld Sie verdienen, oder was Sie alles geleistet haben: Ein Mann sollte sich neben Ihnen nicht kleiner fühlen. Sie müssen Ihrem Partner auf Augenhöhe begegnen, auch wenn er weniger verdient, oder eine weniger prestigeträchtige Position hat als Sie. Das ist überhaupt kein Problem.

Ein gutes Beispiel für eine funktionierende Beziehung zwischen einer Powerfrau und einem Ehemann, der sich allerdings keineswegs »klein« fühlt, ist die Ehe der ehemaligen deutschen Bundeskanzlerin Angela Merkel. Sie stand im Rampenlicht, sie war eine der mächtigsten Frauen der Welt – trotzdem war ihr Mann, Joachim Sauer, nie von ihrem Erfolg eingeschüchtert.

Schieben Sie also Ihre Männerlosigkeit nicht auf Ihre Karriere. Seien Sie stolz auf Ihren Erfolg! Aber er rechtfertigt keinesfalls eine arrogante Haltung gegenüber einem beruflich weniger glänzenden oder weniger vermögenden Partner.

Ich treffe immer wieder sehr vermögende Damen, die zu mir sagen: »Ich will einen gleichaltrigen Mann, der mindestens genauso viel besitzt wie ich.« Anzumerken ist dabei, dass diese Frauen oft nicht nur durch ihren alleinigen, beruflichen Erfolg monetär gut ausgestattet sind, sondern sie haben oft sehr gut geerbt, zwanzig Zinshäuser von den Eltern zum Beispiel – und erwarten jetzt, dass ihr Zukünftiger mit ihrem Imperium mithalten kann.

Ein Partner, der als »Normalverdiener« gilt, kommt für sie nicht infrage. Ich finde, es gibt nichts Schlimmeres in einer Beziehung, als sich zu vergleichen und den Partner kleinzumachen. Das gilt nicht nur für finanzielle Aspekte. Ob Karrierefrau oder nicht. Begegnen Sie Ihrem Partner immer auf Augenhöhe und mit Respekt. Entmannen Sie ihn nicht!

Gerade, wenn Sie im Job oft sagen, wo es langgeht, kann das schwerer sein, als man denken würde. Auch ich selbst erschrecke manchmal über den Tonfall, den ich meinem Mann gegenüber an den Tag lege. Ich entschuldige mich natürlich sofort, aber ich weiß, darauf muss ich achten. Andere Powerfrauen geben ihrem Mann oft das Gefühl, er sei nur Nebenfigur in ihrem Leben.

Der Partner einer einflussreichen Unternehmerin erzählte mir von ihren gemeinsamen Autofahrten: Er sitzt am Steuer, sie telefoniert grundsätzlich während der ganzen Fahrt und gibt ihm das Gefühl, ihr Chauffeur zu sein. Manchmal sind solche Dinge nicht zu vermeiden, aber versuchen Sie auch als gestresste Karrierefrau, das Wesentliche nicht zu vergessen: Verschieben Sie auch mal einen Call, um Zeit für Zweisamkeit mit Ihrem Partner zu haben.

Lassen Sie die Zielstrebigkeit, die Sie im Job voranbringt, nicht Ihre Partnerschaft beeinflussen. Und: Seien Sie offen für Männer, die tolle Persönlichkeiten sind, aber einen anderen Karriereweg als Sie eingeschlagen haben!

Vor vielen Jahren kam ein Weinbauer in meine Agentur. Er hatte kein großes Weingut, aber diese Hands-on-Mentalität. Viele meiner Klientinnen hätten ihn vielleicht abgelehnt, er war kein Akademiker. Aber ich konnte ihn mit einer Frau zusammenführen, die seine Qualitäten sofort erkannt hat. Sie ließ sich nicht von irgendwelchen Titeln blenden und bald war Liebe im Spiel. Und die beiden waren auch geschäftlich ein perfektes Duo, sie machten aus dem kleinen Weingut ein kleines Imperium. Denn sie war ein Profi in Betriebswirtschaft und Marketing und er ein fantastischer Winzer. Die beiden sind bis heute glücklich verheiratet, haben Kinder und sind erfolgreicher denn je.

Nehmen Sie sich ein Beispiel an dieser Möglichkeitsdenkerin. Sie können nicht erwarten, dass jeder Mann den gleichen Weg wie Sie gegangen ist, den Master hier und einen LLM dort gemacht hat. Konzentrieren Sie sich auf Potenzial und Persönlichkeit eines Mannes, nicht auf Statussymbole und Abschlüsse. Ich habe zudem beobachtet, dass Frauen sich oft sehr nach Männern mit praktischen Qualitäten sehnen. Sie wollen einen Mann an ihrer Seite, der mit der Bohrmaschine umgehen, den Griller anheizen und ein Regal montieren kann.

Diese Männer sind oft viel spannender als der Jurist, der perspektivenlos in einem Ministerium seinen Nine-to-five-Job absitzt. Versuchen Sie, Männern mit anderen Karrierewegen gegenüber offen zu sein, und haben Sie keine Angst davor, dass diese von Ihrem Erfolg eingeschüchtert sein könnten: Ob Sie einen Mann einschüchtern oder nicht, liegt an Ihrem Verhalten und nicht an Ihrem Beruf.

Betrüger und Taugenichtse: Wann Sie Ihre Zeit verschwenden

Wir haben nun schon darüber gesprochen, dass es sich lohnt, auch einem Mann eine Chance zu geben, der nicht auf den ersten Blick genauso ist, wie Sie ihn sich schon immer ausgemalt haben – und darüber, dass Liebe manchmal auch Zeit braucht. Dennoch gibt es natürlich auch das Gegenteil: Männer, die nur Ihre Zeit verschwenden.

Erinnern Sie sich an Ihre Jugend: Bei der einen oder anderen Liebschaft war Ihnen sicher bewusst, dass das keine Beziehung für die Zukunft ist, aber Sie haben dennoch daran festgehalten, den Moment genossen und sich keine großen Gedanken darüber gemacht, was irgendwann kommen wird. Nun, für solche Spielereien haben erwachsene Frauen keine Zeit mehr – und sollten sich diese auch nicht nehmen. Zeit ist kostbar, nicht nur dann, wenn Sie auf den letzten Drücker noch eine Familie gründen wollen. Verschwenden Sie Ihr Leben nicht mit Männern, die Sie gar nicht verdienen.

Um zu sehen, ob eine Bekanntschaft eine Zukunft haben kann, braucht es normalerweise nicht mehr als einige Monate. Meine Grundregel ist: Wenn sich die Beziehung nach sechs Monaten nicht weiterentwickelt hat, dann vergessen Sie die Sache und ziehen Sie weiter. Sechs Monate sind nur ein grober Richtwert und Sie müssen nach dieser Frist natürlich keineswegs verlobt oder schwanger sein. Sie sollten allerdings in dieser Zeitspanne eine Entwicklung Ihrer Beziehung beobachtet haben. Ist das nicht der Fall, laufen Sie Gefahr, Ihre Zeit zu verschwenden. Wenn Sie nicht glücklich sind oder wenn Sie spüren, dass der Mann sich nicht zu Ihnen bekennen will, lassen Sie es sein.

Wobei ich dazu sagen möchte: Die größte Zeitverschwendung ist es, zu Hause zu hocken und sich darüber Gedanken zu machen, ob er denn zu Ihnen passt. Ich erlebe immer wieder Frauen, die stundenlang auf ihrem Sofa vor sich hin analysieren. Sie müssen einen Mann immer wieder treffen, ihn kennenlernen und dann in sich hineinhören. Freuen Sie sich darauf, ihn wiederzusehen? Sind Sie gern mit ihm zusammen? Sind Sie ein gutes Team? Haben Sie das Gefühl der inneren Zufriedenheit und kein Bedürfnis, jemand anderes zu daten? Vielleicht sind Sie sogar schon richtig verliebt und haben Schmetterlinge im Bauch. Wunderbar! Allerdings können Sie Ihre Zeit auch dann verschwenden, wenn Sie bereits auf Wolke Sieben schweben. Beispielsweise, wenn Sie viel mehr geben als er.

Lieben Sie nur, wenn Sie geliebt werden.

Ein Mann kann noch so toll sein: Keiner ist es wert, sich lächerlich zu machen. Wenn Sie einem Mann wie ein Schoßhündchen hinterherrennen müssen, nur um ein wenig seiner Aufmerksamkeit zu bekommen, ist er mit Sicherheit der Falsche. Schenkt er Ihnen über Monate hinweg kaum Zeit, speist Sie alle paar Wochen mit einer lieblosen Nachricht oder einem kurzen Treffen ab und erwartet, dass Sie immer bereitstehen, wenn es ihm gerade passt, dann ist er es nicht wert.

Ich sehe wahnsinnig oft, wie Frauen sich krampfhaft an einen Mann klammern, ihn mit Liebe und Zuneigung überschütten, obwohl er ihnen nicht einmal ansatzweise etwas Vergleichbares zurückgibt. Kennen Sie das Gefühl, viel mehr in eine Beziehung zu stecken als Ihr Gegenüber? Das ist nicht schön – und Sie haben mehr verdient! Klar, manche Menschen öffnen sich langsamer als andere. Aber wenn Sie sich das Unterfangen einige Wochen lang angesehen haben und er immer noch kein ernsthaftes Interesse an Ihnen zeigt, geben Sie ihm den Laufpass. Verschwenden Sie Ihre kostbare Zeit nicht an einen Mann, der Sie nicht zu schätzen weiß.

Insgesamt gilt: Rechtfertigen Sie niemals das Fehlverhalten eines Mannes.

Manchmal ist es gar nicht so leicht, zu erkennen, wer es ernst meint und wer nicht. Manche Männer bemühen die absurdesten Ausreden, wenn sie sich eine Frau »warmhalten« wollen, und viele Frauen, gerade wenn sie auf der Suche nach Liebe sind, glauben diese gern – oder denken sich die Entschuldigungen sogar selbst aus.

Stellen Sie sich folgendes Szenario vor: Sie lernen einen Mann kennen, verstehen sich gut und haben ein oder zwei nette Dates miteinander verbracht. Plötzlich ist er anders. Er ist kalt, meldet sich kaum und schenkt Ihnen so gut wie keine Aufmerksamkeit. Was jetzt? Viele Frauen haben meiner Erfahrung nach nicht den Mut, die Sache zu beenden. Stattdessen fangen sie damit an, das Fehlverhalten ihres Gegenübers zu rechtfertigen. Merken Sie sich: Meldet er sich wochenlang nicht bei Ihnen, dann liegt das nicht daran, dass er gerade so viel Stress in der Arbeit hat, sich karitativ einsetzt, seine schwerkranke Mutter Tag und Nacht pflegen muss oder Ihre Nummer auf mysteriöse Art und Weise verloren hat. Nein, er ist schlicht und ergreifend nicht so interessiert an Ihnen, wie Sie es sich vielleicht wünschen würden.

Ich habe bereits die abstrusesten Entschuldigungen, Rechtfertigungen und Theorien von Frauen gehört, die ihre Bekanntschaften mit allen Mitteln in Schutz nehmen wollten. Ich verurteile sie auch nicht dafür – es ist schwer, sich einzugestehen, dass der vermeintlich tolle Fang wohl doch ein Luftikus ist.

Manche Dame treibt es sogar noch weiter und rechtfertigt sein schlechtes Benehmen mit der Suche nach Fehlern bei sich: Wenn der Mann ihr nicht zuhört, liegt es in ihren Augen daran, dass ihr Geschwafel zu langweilig ist. Lassen Sie das, Sie haben einen besseren Mann verdient. Erwischen Sie sich in Zukunft dabei, sein Verhalten mit absurden Argumenten zu rechtfertigen, halten Sie kurz inne und überlegen Sie, ob sein Verhalten wirklich zu entschuldigen ist. Hinter seiner Gleichgültigkeit steckt leider nicht immer ein triftiger Grund – in den meisten Fällen hat er einfach nicht genug für Sie übrig, um Ihnen die Zeit und Aufmerksamkeit zu schenken, die Sie eigentlich verdient hätten. Im schlimmsten Fall schenkt er Ihnen das Minimum, um sich Sie für schlechte Zeiten warmzuhalten. Wenn Ihnen seine Ausreden seltsam vorkommen, er kaum Zeit in Ihre Beziehung investiert und sich unnahbar gibt, dann liegt das nicht an irgendwelchen äußeren Umständen. Wer nicht will, der hat schon.

Eine Wiener Unternehmerin musste genau das schmerzhaft lernen. Sie war damals 48 Jahre alt und lernte geschäftlich einen blendend aussehenden, erfolgreichen Mann im gleichen Alter aus Deutschland kennen. Sie war von Anfang an begeistert und kommunizierte das auch ziemlich schnell all ihren Freundinnen. Sie hatte sich in seine wunderschönen Augen, seine männlichen Hände, seine Ausstrahlung und sein selbstbewusstes Auftreten blitzverliebt. Er war ihr gegenüber sehr zurückhaltend und hatte nur wenig Zeit, er war viel im Ausland unterwegs. Die Tatsache, dass er mit ihr seine privaten und beruflichen Probleme besprach, die sie sich geduldig anhörte, wertete sie als Vertrauensbeweis seinerseits. Begegnungen gab es nur sehr selten, machten sie aber so glücklich, dass sie sich damit zufriedengab. Mit geschliffen formulierten Nachrichten hielt er die Beziehung am Laufen. Sie öffnete ihr Herz schnell, hatte bereits viele Wünsche und Träume im Kopf, die mit ihm in Erfüllung gehen sollten – und blendete dabei die Realität aus. Er hielt sie sich mit seinen taktisch gut eingesetzten Nachrichten warm, weil er sie zur Erreichung seiner geschäftlichen Ziele benutzen wollte. Leider erkannte sie das erst nach einem Jahr, eine bittere Enttäuschung. In einem langen Gespräch arbeiteten wir heraus, dass das Schönreden von nicht vorhandenen Beziehungen ein wiederkehrendes Muster in ihrem Leben war – und sie verstand, dass solche Konstellationen keine Zukunft haben.

Noch schlimmer als das Festhalten an einem Mann, der offensichtlich gar nicht aufrichtig interessiert ist, ist eine andere Konstellation, über die ich an dieser Stelle mit Ihnen sprechen möchte:

*Die meiste Zeit verschwenden Frauen
mit vergebenen Männern.*

Diese geheimen Beziehungen ziehen sich teilweise über Monate, sogar über Jahre. Es ist die eine Sache, sich einen vergebenen Mann zu angeln – wo die Liebe eben hinfällt. Aber wenn er verspricht, sich bald scheiden zu lassen, und dann Wochen, Monate oder sogar Jahre vergehen, ohne, dass etwas passiert, dann wird er sein Versprechen wohl nie wahr machen und ich kann nur dazu raten, sich dieser Beziehung zu entziehen.

Vielleicht kann Ihnen die Geschichte einer geduldigen Frau helfen, die Reißleine zu ziehen, sollten Sie in Ihrer Zuneigung zu einem liierten Mann feststecken.

Diese heute 55-jährige Frau lernte vor zwanzig Jahren einen erfolgreichen, großzügigen und unglaublich charismatischen Generaldirektor eines großen Konzerns kennen, in den sie sich in kürzester Zeit unsterblich verliebte. Sie hielt ihn für den Mann ihres Lebens, besser als alles, was sie sich je erträumt hatte, das Glück schien perfekt.

Leider stellte sich schnell heraus, dass er verheiratet war und eine Familie hatte. Eigentlich waren vergebene Männer für sie nie interessant gewesen, aber von ihm war sie überwältigt. Von ihm und den gemeinsamen Abendessen, den Geschäftsreisen und Kurzurlauben. Also akzeptierte sie die Heimlichtuerei, immerhin würde er sich ja bald scheiden lassen. Doch die Trennung ließ dann doch auf sich warten und immer, wenn sie versuchte, ihn auf dieses Thema anzusprechen, vertröstete er sie. Es sei gerade »ein schlechter Zeitpunkt«, sagte er dann. Oder »die Kinder maturieren bald, dann ist es so weit«. Oder »ich muss mich momentan auf meine Karriere konzentrieren«. Er signalisierte ihr immer wieder, dass es nicht mehr lang dauern werde. Sie vertraute auf diese Worte und merkte nicht, wie die Jahre vergingen.

Irgendwann versprach er ihr, dass er sich nach seiner Pensionierung scheiden lassen wolle und sie dann endlich ihr gemeinsames Leben führen würden, ganz ohne Versteckspiel. Zu diesem Zeitpunkt hatte sie bereits ihr gesamtes Leben nach diesem Mann ausgerichtet, immer in der Hoffnung, irgendwann gehöre er nur ihr. Sie fing bereits an, die Hochzeit zu planen, endlich gab es ihr Happy End! Dachte sie zumindest.

Der Generaldirektor hielt sein Versprechen tatsächlich, er ließ sich unmittelbar nach seiner Pensionierung von seiner Frau scheiden. Allerdings verliebte er sich dann in eine deutlich jüngere Frau – jünger als seine Ex-Frau und auch jünger als seine langjährige Geliebte. Sie hatte den Großteil ihres Lebens auf einen Mann gewartet, der es nicht wert war, und ihre allerbesten, wertvollsten Jahre mit sinnlosem Warten vergeudet.

Trennt er sich nicht im ersten Jahr,
wird er es wahrscheinlich nie tun.

Merken Sie sich diese Grundregel. Wenn ein Mann zwölf Monate lang keine Zeit gefunden hat, seine privaten Verhältnisse neu zu ordnen, wird er das mit hoher Wahrscheinlichkeit auch nicht in den nächsten drei, sieben oder zehn Jahren tun. Glauben Sie den Ausreden nicht, auch wenn Sie viele zu hören bekommen: Zuerst müssen die Kinder aus dem Haus sein, dann ist da noch das Problem mit den depressiven Phasen seiner Frau, dem gemeinsamen Haus und überhaupt steht seine gesellschaftliche Stellung auf dem Spiel.

Wenn er mit solchen Argumenten kommt, können Sie davon ausgehen, dass er sich einfach nicht trennen will. Frauen verschwenden oft Jahre an vergebene Männer, verpassen die Chance auf eigene Kinder, weil sie ihre besten Jahre mit einem geheimen Verhältnis verschwenden. Machen Sie diesen Fehler nicht. Wenn ein Mann nicht Ihnen allein gehören will, ziehen Sie weiter.

Das gilt übrigens auch dann, wenn Ihre Gefühle für einen Mann nicht ausreichen. Wenn Sie spüren, dass das Fundament Ihrer frischen Beziehung nicht ausreicht, damit Sie sich eine lange und glückliche Zukunft mit diesem Mann vorstellen können, beenden Sie die Sache lieber früher als später. Viele Frauen schleppen sich durch Beziehungen, von denen sie von Anfang an nicht zu hundert Prozent überzeugt waren. Tief im Inneren spüren Sie es doch, oder? Sie lernen jemanden kennen, Sie mögen ihn, es ist lustig und vielleicht läuft es im Bett gut – trotzdem wissen Sie von Anfang an, er ist nicht der Mann fürs Leben. Mit Anfang zwanzig können Sie das noch mitmachen, aber irgendwann wird Zeit kostbar. Verlieren Sie diese nicht in Beziehungen, die kein Zukunftspotenzial haben.

Wenn wir über Zeitverschwendung sprechen, kommen wir auch um das Thema Online-Dating nicht herum. Ich habe bereits angedeutet, dass ich da skeptisch bin, denn durch das Hin- und Hergewische und die vermeintlich endlose Auswahl lernt man meiner Erfahrung nach niemanden gut genug kennen, um überhaupt feststellen zu können, ob er oder sie als Partner in Betracht käme.

Unsere Großmütter und Urgroßmütter, vor allem, wenn sie auf dem Land aufgewachsen sind, sahen sich automatisch in ihrem Umfeld um. Es gab nicht viel Auswahl, wer frei war, fand zusammen – und machte sich nicht viele Gedanken, ob drei Dörfer weiter vielleicht noch ein »Besserer« gewesen wäre.

Online-Dating ist nun das genaue Gegenteil, die Zahl möglicher neuer Bekanntschaften scheint endlos und macht es umso schwerer, sich festzulegen. Das bedeutet nicht, dass es nicht funktionieren kann – aber wenn Sie eine solche Plattform für sich ausprobieren wollen, seien Sie sich des Risikos permanenter Zeitverschwendung zumindest bewusst. Und: Machen Sie sich klar, dass das Internet auch eine Einladung zum Betrug sein kann.

So gibt es beispielsweise Plattformen, bei denen das Senden einer gewissen Anzahl von Nachrichten eine gewisse Summe Geld kostet. Da schreibt nun Max aus München an die, wie er glaubt, wunderschöne Liza aus Amerika – in Wahrheit beantwortet aber ein männlicher Mitarbeiter des Netzwerks die Nachrichten. Das Foto hat er aus einer Datenbank, und während er als falsche Liza dem armen Max Honig ums Maul schmiert, verdient er sich ein schönes Nebeneinkommen.

Bei solchen Plattformen wird die Einsamkeit der Singles eiskalt ausgenutzt und so können sich diese kostenpflichtigen Fake-Unterhaltungen oft über Monate in die Länge ziehen.

»Hallo mein Lieber, ich vermisse dich so, ich will dich endlich kennenlernen!«

»Im Moment geht es gerade nicht, aber ich vermisse dich auch so sehr ...« So ähnlich hören sich die Nachrichten dieser Betrüger an. All die bereits versendeten Nachrichten werden gespeichert, deshalb weiß Liza auch immer, was Max ihr beim letzten Mal erzählt hat.

Während sich solche Betrüger-Netzwerke mit etwas gesunder Skepsis vermeiden ließen, ist das bei anderen schmerzhaften Erfahrungen nicht so einfach. Wurden Sie schon einmal geghostet? Falls Ihnen der Begriff fremd ist, weil Ihnen dieses Schicksal bis jetzt erspart blieb, dann herzlichen Glückwunsch! Sie sind eine von wenigen, denn immer wieder höre und lese ich schlimme Geschichten. Unter »ghosten« versteht man den plötzlichen Kontaktabbruch eines Gesprächspartners oder einer Bekanntschaft. Eine der gemeinsten Arten, eine Beziehung zu beenden, denn der potenzielle Partner verschwindet ohne Nennung von Gründen und ohne ein »Auf Wiedersehen«. Sie haben also online ein nettes Gespräch mit einem Mann geführt, ihn getroffen und vielleicht noch gemeinsam eine schöne Nacht verbracht, und dann hören Sie nichts mehr von ihm. Absolut gar nichts. Für viele Frauen ist das der absolute Horror. Natürlich kann das auch passieren, wenn Sie Ihre Bekanntschaft offline kennengelernt haben, aber gerade in der Online-Welt lässt sich dieser Kontaktabbruch besonders leicht durchziehen. Ein Klick und das Match ist aufgelöst – und es warten ja noch so viele andere da draußen, nicht wahr?

Schlechte Menschen, notorische Lügner und Betrüger treiben sich aber nicht nur im Internet herum. Denken Sie daran: Menschen sind oft nicht die, für die sie sich ausgeben. Treffen Sie auf einen Mann, bei dem Sie das Gefühl haben, alles scheint zu schön, um wahr zu sein, dann treten

Sie einen Schritt zurück, betrachten Sie die Situation von außen und seien Sie vorsichtig.

Wie erkenne ich einen Hochstapler?

Ich habe bereits erwähnt, dass ich bei den Erstgesprächen in meiner Agentur vorgehe wie ein Spürhund. Diesen Job müssen Sie im realen Leben selbst übernehmen. Sollten Sie nur den kleinsten Verdacht haben, Ihr Flirt könnte nicht sein, wofür er sich ausgibt, halten Sie Ihre Augen und Ohren ganz besonders weit offen. Hochstapler zeichnen sich vor allem dadurch aus, dass sie ganz schnell versuchen, in eine Beziehung zu kommen. Diese Männer geben vor, alles zu sein, was sich Frauen wünschen. Sie sehen gut aus, sind fantastisch gekleidet, haben perfekte Umgangsformen und sind auch noch charmant und vermeintlich erfolgreich. Dann legen sie Ihnen die Welt zu Füßen und wollen am liebsten sofort eine Beziehung eingehen. Das sollte Ihnen verdächtig vorkommen!

Eine meiner Kundinnen wurde in der Vergangenheit bereits geblendet, wie sie mir während unseres Kennenlernens erzählte. Auch ihr Verehrer konnte es kaum abwarten, endlich eine Beziehung mit ihr einzugehen, sie war verliebt und ahnte nichts Böses, als sie sich auf diesen vermeintlichen Traummann einließ. Zu Beginn war der Hotelier charmant, zuvorkommend und überhäufte sie mit kleinen Aufmerksamkeiten. Als sich dann herausstellte, dass der Herr gar nicht der Besitzer des Hotels, sondern lediglich ein Concierge war, war ihre Zuneigung tatsächlich stark genug, um über diese »kleine« Lüge hinwegzusehen. Sie stand zu ihrem Mann, egal, ob Unternehmer oder Angestellter – immerhin ging es ihr nie um Geld, sondern um die wahre Liebe. Tja, er wäre kein Hochstapler gewesen, wenn das schon alles gewesen wäre. Plötzlich wollte er nicht mehr arbeiten. »Für die paar Euro, für die ich mich abplagen muss, das lohnt sich doch gar nicht«, rechtfertigte er sich. Er könnte doch stattdessen die Tage in ihrer Villa verbringen, sich nützlich machen und seine ganze Aufmerksamkeit ihr widmen.

Ich ahnte an dieser Stelle ihrer Erzählung schon, worauf ihre Geschichte hinauslaufen würde. Plötzlich wurden die Wünsche immer größer. Ein teurer Anzug, eine schöne Uhr, ein Luxus-Auto. Meine Kundin hat zum Glück erkannt, dass es hier nicht um Liebe ging. Als sie seine Wünsche nicht mehr erfüllte, war er plötzlich gar nicht mehr so charmant – und sie wusste, es war Zeit, ihn aus ihrem Leben zu streichen.

Jede von uns kann auf einen Blender reinfallen. Das hat nichts mit Dummheit oder Naivität zu tun, wir glauben eben an die Liebe und sehen das Gute im Menschen. Eine gewisse Skepsis tut aber uns allen gut. Die Annahme, dass nur vermögende Frauen, die im Geld schwimmen, Gefahr laufen, von einem Betrüger ausgenommen zu werden, stimmt nämlich nicht. Betrüger ist Betrüger und Betrüger sind skrupellos.

Eine Prise Skepsis ist eine hervorragende Grundlage, um unehrlichen Männern auf die Schliche zu kommen. Passen seine Aussagen zusammen? Kann er ins Detail gehen, wenn es um Job oder Familie geht? Reicht Ihnen das nicht, so können Sie natürlich, und das empfehle ich jeder Frau, nach dem ersten Date eine kleine Recherche starten. Checken Sie Google, Facebook und Instagram, aber auch

Profile wie LinkedIn oder Xing. Achten Sie wenn möglich darauf, dass Ihre eigenen Privatsphäre-Einstellungen so konfiguriert sind, dass er nicht informiert wird, dass Sie sein Profil angesehen haben.

Aber Vorsicht, nicht alles, was im Internet steht, ist auch wahr – das gilt im Guten wie im Schlechten. Geht es allerdings um seinen Job oder auch nur um die Frage, ob er seinen richtigen Namen verwendet, können diverse Suchmaschinen einen guten ersten Überblick verschaffen. Passen Sie nur auf, nicht zu tief zu graben. Sie müssen nicht jede Ex-Freundin auf Facebook ausfindig machen und seine Social-Media-Aktivitäten permanent mitverfolgen. Ein kurzer Blick sollte ausreichen, um ein Bild zu erhalten. Den Rest finden Sie lieber persönlich heraus.

Vorbereitung ist alles: Wie man ein erstes Date plant

Auf wie vielen ersten Dates waren Sie bereits in Ihrem Leben? Zwei, fünf, sieben, zwanzig? Nun, ich war auf mehr als tausend. Vertrauen Sie mir deshalb, wenn ich Ihnen sage: Vorbereitung ist alles.

Ich denke, vielen Singles ist die Bedeutung eines ersten Dates nicht bewusst. Dieser Abend kann den Grundstein für eine lebenslange Liebe legen, er kann Aufschluss über eine frische Bekanntschaft geben, er kann aber auch im reinsten Chaos enden. Natürlich können Sie nicht jeden Aspekt eines Dates planen und kontrollieren, aber ich kann Ihnen einige Ratschläge mit auf den Weg geben, um die Chancen auf einen gelungenen Abend zu maximieren. Vielleicht finden Sie es unnötig, sich penibel auf ein erstes Date vorzubereiten. Dann möchte ich Ihnen widersprechen: Sie gehen ja auch nicht unvorbereitet und mit ungewaschenen Haaren zu einem beruflichen Vorstellungsgespräch, oder? Eben. Wenn Sie sich also von Ihrer besten Seite präsentieren, um einen neuen Job zu ergattern, dann sollten Sie es doch erst recht tun, wenn Sie nach Ihrem Lebenspartner Ausschau halten! Ich weiß, dass viele Damen heute die Vorstellung hegen, ein Mann müsse sie doch so lieben, wie sie wirklich sind. Nun, das stimmt natürlich. Und es geht bei einer Verabredung auch keineswegs darum, sich zu verkleiden oder etwas vorzutäuschen, was Sie nicht sind. Aber damit ein Mann Ihre inneren Werte entdecken kann, müssen Sie ihm schon die Gelegenheit dazu geben – bei einem wunderbaren Abend, an dem Sie sich von Ihrer besten Seite präsentieren.

Beginnen wir mit der richtigen Location: Das erste Date soll ein ungezwungener, lustiger und entspannter Abend werden. Um das sicherzustellen, ist das Ambiente unglaublich wichtig. In der Regel ist es heute immer noch so, dass der Mann die Location des ersten Dates aussucht. Die Wahl, die ein Mann für diesen Abend mit Ihnen trifft, sagt mehr über ihn aus, als Sie vielleicht annehmen. Entscheidet er sich für ein alteingesessenes Kaffeehaus, sein absolutes Lieblingsbeisl, die heruntergekommene Taverne gleich neben seiner Wohnung, oder – Gott bewahre – für einen Würstelstand, können Sie daraus erste Rückschlüsse ziehen. Wenn Sie beide nicht zufällig eine romantische Anekdote mit Würstelständen verbindet, dann hat er sich weder Gedanken darüber gemacht, wo es Ihnen gefallen könnte, noch scheint er daran interessiert, Ihnen zu imponieren. Zudem ist er offenbar nicht bereit, Geld oder Zeit in das Treffen mit Ihnen zu investieren. Sie müssen deshalb nicht sofort absagen, vielleicht ist das Organisieren von netten Verabredungen ja seine einzige Schwäche – aber allzu hohe Erwartungen sollten Sie an ein Treffen in einem solchen Rahmen nicht haben.

Ein Mann wiederum, der sich für ein nettes Restaurant mit angenehmer Atmosphäre und kulinarischer Qualität entscheidet, hat gegenüber dem Herrn, der nur einen schnellen Espresso ausgibt, bei weitem die Nase vorn. Wenn Sie merken, dass er sich Gedanken über die Wahl der Location gemacht hat, können Sie schon eher davon ausgehen, dass er ernste Absichten mitbringt.

Wenn Sie entscheiden, wo es hingeht, dann gilt für Sie das Gleiche: Schleppen Sie ihn nicht in Ihr Stammrestaurant und auch nicht in die Karaokebar, in der Sie es jeden Samstag krachen lassen.

Kürzlich erst habe ich Feedback zu einem ersten Date bekommen. Der Herr hatte einen Tisch in einem exzellenten Fischrestaurant reserviert, allerdings schien er dort ziemlich bekannt zu sein. Seine Date-Partnerin erzählte mir danach, dass es eigentlich ein schöner Abend hätte werden können, allerdings hatten sie ihn zu dritt verbracht: Die Chefin des Restaurants hatte sich zu den beiden an den Tisch gesetzt und stundenlang über ihre Probleme in der Pandemie, den Personalmangel und die Inflation geklagt. Offensichtlich war sie mit dem Datepartner meiner Klientin gut bekannt und hatte darin kein Problem gesehen, aber für die beiden gab es so gar keine Möglichkeit, sich intensiv auszutauschen und kennenzulernen. Vermeiden Sie also Orte, an denen Sie mit hoher Wahrscheinlichkeit Ihren Arbeitskollegen, Ihren besten Freundinnen, oder Ihrem gesamten Pferdesportverein über den Weg laufen. Ein erstes Date ist für zwei gedacht, da braucht es keine Statisten.

Auch Nachtclubs, Discos, Konzerte oder sehr laute Bars sind keine gute Wahl für ein erstes Date. Sie wollen einander kennenlernen, und dazu muss man den anderen verstehen können. Gemeinsam tanzen und singen können Sie auch später noch!

Verabschieden Sie sich auch von der Idee, nicht zu reservieren oder überhaupt gar nicht zu planen. Es gibt nichts Schlimmeres, als mit Ihrem Date-Partner planlos herumzuirren und nicht zu wissen, wohin. Wenn die Location gut geplant ist, wird es viel einfacher, sich ganz entspannt kennenzulernen!

Wenn geklärt ist, wo Ihr Date stattfinden soll, kommen wir zum zweiten Teil der Vorbereitung: Ihrem Styling. Ich kann nicht oft genug betonen, wie wichtig Ihr Auftreten ist. Sie haben nur dieses eine »erste Mal« – überzeugen Sie nicht, wird es mit diesem Mann auch kein zweites Date und keine weiteren Chancen mehr geben. Nehmen Sie sich deshalb für das Styling vor dem ersten Date genügend Zeit. Wissen Sie schon im Vorfeld, dass Sie an dem vorgeschlagenen Abend direkt von der Arbeit zum Date huschen müssten, dann verschieben Sie es! Wählen Sie einen Tag, einen Abend und eine Uhrzeit aus, die Sie nicht unter Druck setzen. Nichts ist schlimmer, als abgehetzt und mit den Überresten des Make-ups vom frühen Morgen zu einem Date zu erscheinen. Überlegen Sie also unbedingt, wie viel Zeit Sie vor dem Date für Ihr Styling und Ihre Nerven benötigen, und planen Sie entsprechend.

Eine meiner Klientinnen hätte vor einigen Jahren auch etwas mehr Aufmerksamkeit auf ihr Zeitmanagement legen sollen. Sie war eine erfolgreiche Unternehmerin und kam damals völlig abgehetzt direkt vom Flughafen zu ihrem Date. Sie hatte einen Morgenflug von Wien nach Frankfurt und einen Rückflug am Abend des gleichen Tages hinter sich. Dazwischen lag ein anstrengender Tag vollgepackt mit Meetings. Ihr Styling stammte noch von fünf Uhr morgens und war um 19 Uhr abends natürlich eine Katastrophe. Der anstrengende Tag war ihr überdeutlich anzusehen, diese sonst so strahlende Schönheit sah müde, erledigt und nicht gerade frisch aus. Die Begeisterung ihres Datepartners hielt sich jedenfalls in Grenzen. Die beiden haben dennoch einen interessanten und kurzweiligen Abend miteinander verbracht, aber zu einer zweiten Verabredung kam es nicht. Die Erschöpfung meiner Klientin, ihre leicht durchgeschwitzte Bluse und das mangelnde Styling waren nicht besonders hilfreich für eine mögliche Verbindung.

Am nächsten Tag habe ich gemeinsam mit dieser tollen Business-Frau besprochen, wie die Vorbereitung auf ein künftiges Date laufen sollte. Wir wählten für das nächste Treffen keinen Wochentag, sondern einen Samstag. Sie hatte Zeit, ging im Vorhinein sogar zu einer Visagistin, stattete ihrem Friseur einen Besuch ab und legte sich ein neues Outfit zu, wunderschöne High Heels inklusive. Sie erschien zu ihrem nächsten Date derart verändert, dass ich sie beinahe nicht wiedererkannt hätte. Ihre Mühen machten sich bezahlt, ihr zweiter Datepartner war sehr angetan von ihr.

Nehmen Sie also das Styling und die Vorbereitung auf Ihr nächstes Date ernst, die Optik ist unglaublich wichtig. Sie ist die Eintrittskarte zu einem wunderbaren Abend, an dem Sie Ihr Gegenüber dann von Ihrer Persönlichkeit überzeugen können.

Vielleicht fragen Sie sich nun, wie genau Ihr Styling denn aussehen soll. Würden Sie jetzt persönlich vor mir sitzen, könnte ich Ihnen sofort konkrete Veränderungen vorschlagen, die Ihnen schmeicheln würden. Ein paar Grundregeln gelten aber auf jeden Fall. Wann waren Sie zuletzt beim Friseur? Ein anstehendes Date ist eine wunderbare Gelegenheit, sich mal wieder um sich selbst zu kümmern. Ich halte es grundsätzlich für wichtig, Self-Care nie aus den Augen zu verlieren. Aber gerade, wenn Sie eine Verabredung haben, gilt: Bringen Sie sich auf Hochglanz! Ein frischer Haarschnitt, Maniküre, Pediküre und vielleicht sogar ein Besuch bei einer Stylistin schaffen nicht nur die besten Voraussetzungen für Ihr Date, sondern tun auch der Seele gut. Sie werden mit einem völlig neuen Selbstbewusstsein in den Abend starten!

Sind Sie keine Salon-Liebhaberin oder ist das Budget gerade knapp, können Sie sich auch zu Hause selbst in Schuss bringen. Waschen Sie sich die Haare am besten direkt vor dem Date, nehmen Sie Föhn, Glätteisen oder Lockenstab zur Hand und zaubern Sie sich eine schicke Mähne. Auf Youtube gibt es unzählige Tutorials für Frisuren, die leicht zu stylen sind und aussehen wie frisch aus dem Salon.

Das Gleiche gilt beim Make-up: Tragen Sie nicht zu dick auf, Sie wollen nicht aussehen wie zugekleistert und angemalt. Aber scheuen Sie nicht davor, mit dem ein oder anderen Trick etwas nachzuhelfen und sich diesen gewissen Glow zu zaubern. Sind die Augen sehr stark betont, halten Sie sich mit dem Lippenstift zurück. Setzen Sie hingegen auf ein dezentes Augen-Make-up, dann können Sie den Mund stärker in Szene setzen. Falls Sie so gar keine Ahnung vom Schminken haben, holen Sie sich Rat von einer Freundin. Vielleicht kann auch diese Sie schminken, bevor Sie losziehen. Sie müssen nicht immer alles allein auf die Reihe bekommen!

Auch bei der Wahl des Outfits kann eine zweite Meinung hilfreich sein. Denken Sie auf jeden Fall schon ein paar Tage im Vorfeld darüber nach, was Sie anziehen könnten, damit Sie nicht in letzter Sekunde merken, dass Ihr Lieblingsstück in der Wäsche ist oder erst gebügelt werden muss. Wenn es in Ihrem Kleiderschrank nichts gibt außer Business-Outfits und in die Jahre gekommene Sportkleidung, dann gehen Sie shoppen! Sie müssen gar nicht viel Geld ausgeben, aber eine neue Bluse, ein neuer Rock oder eine schöne neue Hose können gut kombiniert einen gewaltigen Unterschied machen. Nichts ist schlimmer, als dreißig Minuten vor einer Verabredung verzweifelt vor dem Schrank zu stehen und nichts Passendes zu finden.

Ein Date ist etwas Besonderes und viele Frauen erleben so eine Situation nicht jede Woche – deshalb kann es oft überfordern. Nehmen Sie sich also genügend Vorlaufzeit, um sich entsprechend vorzubereiten, und holen Sie für die Outfitfrage gern auch den Rat einer modebewussten Freundin, Ihrer Tochter oder Nichte ein. Übertreiben Sie es aber nicht: Natürlich möchten Sie sich von Ihrer besten Seite präsentieren, und ja, Männer stehen auf Frauen, die sexy sind. Geben Sie sich dennoch nicht zu freizügig. Ist der Ausschnitt zu tief oder das Kleid zu kurz, vermittelt das schnell den falschen Eindruck. Sie sind auf der Suche nach einer ernsthaften Beziehung und nicht nach einem One-Night-Stand. Betonen Sie Ihre Vorzüge, aber präsentieren Sie diese nicht wie in einem Schaufenster. Und vor allem: Entscheiden Sie sich für einen Körperbereich, den Sie unterstreichen. Wählen Sie einen aufregenden Ausschnitt, weil Ihr Dekolleté zu Ihren Vorzügen gehört, kombinieren Sie dazu keinesfalls einen Minirock. Zeigen Sie Ihre Beine, halten Sie sich im Gegenzug beim Oberteil zurück. High Heels kommen übrigens immer gut an! Sie müssen gar nicht besonders hoch sein, aber etwas Absatz schmeichelt jeder Frau und ist bei Männern immer gern gesehen. Ausnahme: Wenn Sie sonst niemals Absätze tragen, fangen Sie nicht bei Ihrem Date damit an. Wenn Sie sich auf Stöckelschuhen bewegen wie ein unbeholfener Storch, wirkt das alles andere als anziehend und souverän. In dem Fall setzen Sie doch lieber auf schöne, elegante und flache Schuhe. Und auch wenn Sie wissen, dass Sie nach zehn Minuten in Ihren liebsten High Heels über Blasen klagen und vor Schmerz kaum noch gehen können, dann lassen Sie diese lieber im Schrank. Wer weiß – vielleicht will Ihr Datepartner nach dem Dinner noch einen kleinen Spaziergang durch die Stadt mit Ihnen machen. Dann wollen Sie doch die hoffentlich romantische Stimmung genießen und nicht die ganze Zeit aufpassen, dass Sie sich nicht die Beine brechen.

Das Wichtigste ist, dass Sie sich wohlfühlen. Verkleiden Sie sich nicht, aber versuchen Sie, Ihre Vorzüge so gut wie möglich in Szene zu setzen!

Kluge Themen und prickelnde Flirts: Die Kunst eines guten Gesprächs

Egal, wie hinreißend Sie aussehen, eine ungeschickte Gesprächsführung kann einen Abend vollkommen ruinieren. Um das zu vermeiden, gibt es einige Grundregeln, die schon bei der Themenauswahl beginnen. Die Wichtigste lautet: Das erste Date soll positiv in Erinnerung bleiben! Deshalb haben negative Themen hier nichts zu suchen. Verkneifen Sie sich also jede Jammerei über Ihr ach so schweres Leben oder den ungeliebten Job – und vor allem: Streichen Sie Hass-Tiraden über den Ex aus Ihrem Wortschatz! Natürlich ist es wunderbar, wenn Sie etwas über sich selbst erzählen, aber übertreiben Sie am ersten Abend nicht mit den Details. Es geht darum, eine lockere Atmosphäre zu schaffen, also richten Sie die Aufmerksamkeit auf positive Themen. Das gilt auch für Ihre unmittelbare Umgebung. Wenn Sie zusammen über die Straße schlendern und ihn nur auf die trockenen Bäume, die dreckigen Gehsteige und die Überreste des toten Vogels auf der Fahrbahn aufmerksam machen, hinterlässt das nichts als negative Stimmung. Das Ziel jedes ersten Dates ist aber, eine schöne, gemeinsame Zeit zu verbringen. Sie werden es nicht schaffen, am ersten Abend alle Ihnen wichtigen Themen zu behandeln, und das ist auch gut so. Lassen Sie sich mit den schwereren, ernsteren Themen etwas Zeit und versuchen Sie, viel gemeinsam zu lachen.

Es gibt unzählige Themen, die wunderbar zu einem ersten Date passen können, ganz nach Interesse, Charakter und Geschmack der Beteiligten. Das ist sehr individuell. Um die Stimmung hochzuhalten, möchte ich Ihnen aber von einigen Themen explizit abraten. Hier kommt die Liste der absoluten Stimmungskiller:

Die Ex-Akten

Wer hört schon gern endlose Geschichten über die Verflossenen eines potenziellen neuen Partners? Genau, niemand. Trotzdem schaffen es viele Menschen nicht, sich dieses Thema zu verkneifen. Viele werden dabei richtig ausschweifend und reden ohne Punkt und Komma. Ich kann Ihnen versichern: Während die Frau am Esstisch über ihren Ex philosophiert, erzählt, wo sie ihn kennengelernt hat, wieso sie sich getrennt haben und wie er so im Bett war, denkt ihr Gegenüber garantiert nur darüber nach, wie er so schnell wie möglich das Date verlassen kann, ohne unhöflich zu wirken. Geschichten über die letzte Beziehung gehören nicht zu einem ersten Abend mit einem möglichen neuen Partner. Denn egal, ob es Hassreden darüber sind, wie schrecklich es mit dem Ex – oder überhaupt mit allen Männern der Vergangenheit – war, oder ob Sie Lobeshymnen darüber singen, wie toll der Verflossene gewesen ist: Beides können Sie sich sparen. Es ist keine gute Idee, diese Themen zu besprechen, also lassen Sie es. Wenn

Sie einander intensiver kennenlernen, ist natürlich irgendwann mal die Zeit für die Ex-Geschichten gekommen, aber das erste Date ist eindeutig der falsche Moment dafür. Das gilt übrigens auch umgekehrt: Haben Sie es mit einem Mann zu tun, der die ganze Zeit nur von seiner Ex redet oder – noch schlimmer – darüber, dass alle seine vergangenen Partnerinnen eigentlich Psychopathinnen waren, sollten Sie skeptisch sein. Die Wahrscheinlichkeit ist hoch, dass eigentlich er derjenige ist, der mit der Vergangenheit nicht abschließen kann, sich in den Beziehungen Fehltritte geleistet hat oder beides.

Kinder, Kinderwunsch und Haustiere

Ohne Zweifel, Kinder sind hinreißend. Vor allem, wenn Sie bereits welche haben, sind Kinder natürlich der Mittelpunkt Ihres Lebens. Wie also könnten Sie nicht über Ihre kleinen süßen Lieblinge sprechen? Nun, ich verstehe, dass Sie stolz auf Ihren Nachwuchs sind, das ist wunderbar. Dennoch sollten Sie die Kinder für ein paar Stunden außen vor lassen, wenn Sie jemanden kennenlernen. Sie suchen schließlich eine neue Liebe und keine Kinderbetreuung! Bei einem Date geht es um Sie und Ihr Gegenüber. Nicht um seine und auch nicht um Ihre Kinder. Also: Auch wenn Sie noch so gern davon erzählen würden, dass Ihr Kleinster im Judo allen die Show stiehlt und die Große gerade mit dem Hockeyspielen angefangen hat, halten Sie sich zurück. Hat Ihr Date-Partner auch Kinder, müssen Sie nicht ganz so strikt sein, dann können Sie sich kurz austauschen – lassen Sie das Thema aber nicht ausufern.

Ist er selbst noch kinderlos, seien Sie besonders streng zu sich selbst, denn gerade der kinderlose Mann findet Ihre stolzen Mama-Geschichten vermutlich nicht gerade prickelnd. Dieser Abend ist eine Zeit der Romantik! In die Töpfchen-Problematik können Sie ihn noch früh genug einweihen.

Diese Richtlinie lässt sich übrigens ganz leicht auch auf Hunde, Katzen oder Ihren Goldhamster übertragen. Sollten Sie eine leidenschaftliche Tier-Mama sein, ist das wunderbar, aber quälen Sie Ihr Umfeld nicht mit Ach-wie-süß-er-ist-Geschichten oder mit Dutzenden Fotos auf Ihrem Handy. Erwähnen Sie, wenn es sein muss, dass Sie einen tierischen Begleiter im Leben haben, das reicht dann aber auch schon. Kein Mann ist interessiert an einer verrückten Katzen- oder Hunde-Lady. Wenn Sie also tief im Inneren eine von dieser Sorte sind: Verschleiern Sie das mindestens bis zum zweiten, besser noch bis zum dritten Date. Wenn er bis dahin Gelegenheit hatte, zu sehen, was für eine tolle Frau Sie sind, sieht er vielleicht auch über Ihre überdimensionale Zuneigung zum Haustier hinweg.

Die Damen, die sowohl kinder- als auch tierlos sind, tendieren vielleicht dazu, das Thema Kinderwunsch beim ersten Date anzusprechen. Auch das sollten Sie sich während des ersten Kennenlernens verkneifen. Natürlich ist es wichtig, dieses entscheidende Thema früher oder später anzuschneiden, immerhin wollen Sie ja keine Zeit verschwenden. Trotzdem kann das auch auf das zweite Date verschoben werden. Männer sind schnell eingeschüchtert, wenn Sie gleich beim ersten Date mit den großen Geschützen auffahren.

Sorgen, Ängste und Krankheiten

In Wien mag es vielleicht eine liebgewonnene Tradition sein, sich über das Wetter, das Essen und seine Mitmenschen gekonnt zu beschweren, hier auch als »granteln« bekannt, aber selbst in dieser Stadt kommt so eine Haltung beim ersten Date, wie überall sonst auch, nicht gut an. Selbst wenn Sie gerade ein emotionales Wrack sind und normalerweise jede Gelegenheit nutzen, ein normales Gespräch in Ihre persönliche Therapiestunde zu verwandeln, halten Sie sich während des ersten Abends zurück. Auch das typische »Ach, ich will schon so lang Sport machen, aber ich habe es bis jetzt einfach nicht geschafft« ist tabu. Seien Sie nicht weinerlich, das ist unsexy. Zeigen Sie sich stark. Männer lieben starke Frauen, die selbstbewusst auftreten und den Eindruck vermitteln, ganz gut mit sich selbst und ihrem Leben klarzukommen.

Sollte es zwischen Ihnen funken, kann er sich noch früh genug darum kümmern, mit Ihnen die toxische Beziehung zu Ihrem Vater zu analysieren. Auch Ihre gerade überstandene Blasenentzündung hat keinen Platz am Esstisch. (Wenn Sie jetzt denken, das sei ja wohl selbstverständlich – wunderbar! Aber ich habe wirklich schon von vielen misslungenen Gesprächen gehört, glauben Sie mir.) Grundsätzlich gilt: Überfordern Sie Ihren Gesprächspartner nicht, indem Sie in den ersten zehn Minuten schon alle Bomben platzen lassen, die in Ihnen schlummern. Er wird sich bestenfalls wundern, wieso Sie einem eigentlich wildfremden Mann – immerhin ist es das erste Date – bereits so tiefe Einblicke in Ihre Seele, Ihre Vergangenheit und Ihre Sorgen gewähren. Was soll er auch groß dazu sagen?

Wenn er nicht zufällig Psychotherapeut ist, wird er keine Lösungsansätze für Sie parat haben, und Sie haben die Stimmung völlig umsonst ruiniert.

Esoterik und Religion

Menschen sind in spirituellen Fragen sehr unterschiedlich, um nicht zu sagen: Wir alle sind auf unsere Art und Weise schrullig. Wollen Sie Ihren Glauben – oder Ihre Erfahrungen mit Pendel und Wünschelrute – besprechen, bewegen Sie sich beim ersten Date deshalb auf gefährlichem Terrain. Lassen Sie aus einem entspannten ersten Abendessen also kein religiöses Streitgespräch werden. Besonders alles, was in die Richtung von Esoterik und Übernatürlichem geht, können Sie an einem anderen Abend besprechen. Viele Männer sind doch eher Rationalisten, die mit spirituellen Themen, Esoterik und Astrologie eher wenig anfangen können. Gönnen Sie ihm also eine Schonfrist, bevor Sie ihm die Karten legen oder aus der Hand lesen wollen.

Shopping

Sie treffen Ihr Date in einem Lokal. Sie begeben sich gemeinsam nach ein wenig Smalltalk zum Tisch, und er sagt: »Wow, das ist aber ein umwerfendes Kleid.« Jetzt liegt es an Ihnen. Sie können lächeln und »Danke« sagen. Ihm vielleicht sogar ein Kompliment zurückgeben. Oder Sie schweifen ab. Wieso Frauen manchmal den Eindruck gewinnen, es interessiere Männer, wo sie wann welches Kleidungsstück um wie viel Geld gekauft haben, ist mir bis heute ein Rätsel. Aber viele können sich bei diesem Thema nicht zurückhalten. Eine meiner Kundinnen etwa hat einst auf das nett gemeinte Kompliment über ihr Kleid wie folgt geantwortet: »Ich beschäftige mich intensiv mit den neuesten Trends, meine Freundinnen ziehen mich eigentlich immer als Style-Beraterin heran. Dieses Kleid habe ich übrigens in Mailand gekauft, meine Lieblingsstadt fürs Shoppen.« Während sie vor sich hin erzählte, konnte ich zusehen, wie die Aufmerksamkeit des Mannes immer geringer wurde. Aus Höflichkeit versuchte er den Eindruck zu vermitteln, er würde noch zuhören, aber an seinem leeren Blick sah ich, dass der Abend für ihn gelaufen war.

Die Anforderungsliste

Wir haben ja bereits darüber gesprochen, dass Sie am besten gar keine oder maximal eine winzige Liste an Anforderungen für einen künftigen Partner haben sollten. Ich hoffe, dass Sie auf mich gehört haben, aber in jedem Fall gilt: Was auf Ihrer Anforderungsliste steht, ist als Gesprächsthema tabu – und Sie sollten auch nicht heimlich Punkt für Punkt zu erfragen versuchen, inwieweit Ihr Datepartner Ihren Idealvorstellungen nahekommt. Versuchen Sie, die Liste einen Abend lang zu vergessen, und verbringen Sie einfach nur eine schöne Zeit miteinander.

Inwieweit ein Mann zu Ihren Vorstellungen passt oder nicht, stellt sich ohnehin erst im Lauf des weiteren Kennenlernens heraus, denn auch Männer zeigen sich während der ersten Dates möglichst von ihrer besten Seite. Was dahinter steckt, zeigt sich bei den möglichen nächsten Treffen. Es hat also keinen Sinn, Ihrem Gegenüber das Gefühl zu geben, er säße im Kreuzverhör – seien Sie einfach eine aufmerksame Zuhörerin. Das kommt gut an und gibt Ihnen für den ersten Abend genug Gelegenheit, um einen Eindruck zu bekommen, mit wem Sie es zu tun haben.

Ihre Vorzüge

Gerade Menschen, die bereits Niederlagen oder Rückschläge beim Dating einstecken mussten, tendieren oft dazu, sich mit allen Mitteln und Wegen ins beste Licht rücken zu wollen. Möchten Sie Ihrem Gegenüber unbedingt vermitteln, was für ein toller Fang Sie sind, kann sich die Atmosphäre allerdings plötzlich nicht mehr nach ungezwungenem Kennenlernen, sondern nach einem Sales Pitch anfühlen. Auch wenn Sie im Job auf Ihre Verkaufsstrategien stolz sein können: Versuchen Sie sich niemals während eines Dates selbst zu vermarkten. Er wird durch nette Gespräche, echte Emotionen und Gelassenheit bestimmt von selbst feststellen, dass Sie ein Hauptgewinn sind.

Nach meiner Liste von Tabuthemen sind Sie jetzt vielleicht besorgt, keinen Gesprächsstoff mehr zu finden. Keine Sorge, das wird nicht passieren – im besten Fall läuft ein Gespräch ganz von selbst und Sie müssen gar nicht über mögliche Themen nachdenken. Dennoch gibt es einen Geheimtipp, der jedes Gespräch wieder in Gang bringt, wenn es doch mal ins Stocken geraten sollte: Stellen Sie offene Fragen. Also solche, die Ihr Gegenüber nicht einfach mit

Ja oder Nein beantworten kann. Ein Beispiel wäre etwa »Wie verbringst du dein Wochenende nach einer harten Arbeitswoche?« oder »Welchen Traum in deinem Leben möchtest du dir unbedingt noch erfüllen?«. Vielleicht auch »Wenn du einen Wunsch frei hättest, in welches Land würdest du gern reisen?«. Man nennt die offenen Fragen auch »W-Fragen«, weil sie immer mit einem Fragewort beginnen: wie, was, wann, wer, warum. Dann muss ihr Gegenüber zumindest mit einem halben Satz antworten. Das ist auch für Sie doppelt praktisch: Sie können sehr effizient viel über Ihr Gegenüber in Erfahrung bringen – und Sie vermeiden durch das Nutzen von offenen Fragen, dass Sie unbeabsichtigt selbst zu ausschweifend werden und ihn kaum zu Wort kommen lassen.

Als Richtlinie können Sie sich merken: Geben Sie immer wieder nur kleine Dosen von sich preis. Legen Sie nicht gleich alles auf den Tisch, bleiben Sie bis zu einem gewissen Grad geheimnisvoll. Seien Sie zudem eine aktive Zuhörerin – wiederholen Sie also hie und da, was er sagt, dann hat er das Gefühl, dass Sie ihm auch tatsächlich zuhören. Es lohnt sich übrigens auch, auf Kleinigkeiten zu achten, etwa, wenn er von seinem nahenden Geburtstag oder seiner Familie spricht. Solche Informationen können künftig noch von Vorteil sein.

Nun ist ein gutes Gespräch aber noch kein Flirt – und gerade Frauen, die schon etwas länger Single sind, haben oft Angst, das Flirten verlernt zu haben. Dabei ist das gar nicht so schwer.

Das Geheimnis des Flirtens ist der Blickkontakt. Der gleiche Satz kann eine vollkommen andere Wirkung haben, je nachdem, ob Sie Ihrem Gegenüber dabei direkt in die Augen schauen oder nicht. Wir sprechen dabei selbstverständlich von einem natürlichen, offenen, herzlichen Blickkontakt. (Wenn Sie jemanden in einer Bar penetrant anstarren oder selbst angestarrt werden, ist das kein Flirt und wird auch keiner werden.) Dabei gilt: Nicht zu forsch! Es soll etwas Leichtes, Vielversprechendes, aber auch Unverbindliches in Ihrem Blick liegen – so wie über dem ganzen Abend.

Was Sie sonst noch brauchen: Ihr strahlendes Lächeln. Ein Lächeln kann für einen Mann noch viel attraktiver sein als ein perfekter Body oder ein sexy Outfit. Lächeln Sie aber nicht nur, lachen Sie auch! Humor kann wunderbar verbinden. Gemeinsam zu lachen ist der schnellste Weg ins Herz eines anderen Menschen. Präsentieren Sie sich als ein positives Wesen, das auch einmal über sich selbst lachen kann und sich nicht allzu ernst nimmt. Zeigen Sie, dass man mit Ihnen Spaß haben kann. Wichtig: Lachen Sie keinesfalls, niemals, über ihn – Männer sind in dieser Hinsicht viel empfindlicher, als viele Frauen glauben würden. Aber lachen Sie mit ihm!

Seien Sie außerdem ehrlich und authentisch. Wenn Sie beim Date so nervös sind, dass Sie kaum einen geraden Satz herausbekommen, dann sagen Sie ruhig: »Also, wenn ich jetzt ganz ehrlich bin, ich bin total aufgeregt«, und Sie werden merken, Sie schaffen dadurch sofort eine lockere Atmosphäre. Wir sind immer noch Menschen und keine Roboter, Ihre ehrliche, direkte Art und der Mut, diese Nervosität offen anzusprechen, wird ihm imponieren und die Gesamtsituation auflockern.

Liebe hat auch immer eine körperliche Dimension, das gilt – in homöopathischer Dosis! – auch fürs Flirten. Versuchen Sie, herauszufinden, wie er darauf reagiert, wenn Sie kurz seinen Arm streifen, oder eine sanfte Berührung initiieren. Damit können Sie quasi testen, ob er sich schon zu Ihnen hingezogen fühlt oder ob doch noch etwas Distanz zwischen Ihnen herrscht. Wenn er zusammenzuckt, sobald Sie ihn auch nur dezent berühren, wird er wahrscheinlich in naher Zukunft keinen Körperkontakt zu Ihnen suchen. Achten Sie auch auf seine Blickrichtung. Es gibt meiner Meinung nach nichts Elenderes als einen Mann, der seine Augen überall anders, nur nicht bei Ihnen hat. Sind die Umgebung im Restaurant, die vorbeilaufende Kellnerin oder das Gespräch am Nebentisch interessanter als Sie, muss man an seinem Interesse zweifeln. Schafft er es nicht einmal, seine Aufmerksamkeit für ein paar Stunden nur auf Sie zu richten, wird er sich mit hoher Wahrscheinlichkeit auch in Zukunft nicht nur Ihnen widmen. Das ist auch eine Frage des Respekts – welches Bild will er Ihnen vermitteln? Wenn er sich bereits beim ersten Treffen nach jeder halbwegs gutaussehenden Frau umdreht, verspricht das für die Zukunft nichts Gutes.

Umgekehrt gilt auch: Achten Sie darauf, wie Sie sich fühlen und verhalten, wenn er Körperkontakt zu Ihnen sucht – Sie etwa im Gespräch kurz am Arm berührt. Das ist von seiner Seite aus ein gutes Zeichen. Wenn Ihnen seine Berührung angenehm ist, könnte das ein wunderbarer Abend werden!

Die Karte bitte: Das Menü, die Rechnung und andere Fallstricke

Sie glauben gar nicht, wie viel in Sachen Speis und Trank beim ersten Date schiefgehen kann. Ob es nur die Tischmanieren Ihres Gegenübers sind, die falsche Auswahl beim Menü oder die vertrackte Sache mit der Rechnung – manchmal können Kleinigkeiten für den Fortgang eines Abends entscheidend sein.

Fangen wir also mit der größten Falle an. Sie heißt Alkohol. Wir haben ja bereits über die Nervosität gesprochen, die gerade beim ersten Date eine Rolle spielt. Diese Nervosität tritt oft schon mehrere Stunden vor Beginn der Verabredung auf. Klar, es gibt auch routinierte Daterinnen, die kaum aus der Ruhe zu bringen sind, aber viele kriegen beim Gedanken an den bevorstehenden Abend buchstäblich weiche Knie – und bei der Ankunft in der Location wird es noch einmal schlimmer. Viele lassen sich in dieser Lage zu einem sogenannten »Beruhigungsgläschen« verführen. Ein klassischer Fehler.

Damit es keine Missverständnisse gibt: Ich bin keinesfalls gegen ein gemeinsames Glas Prosecco oder Champagner am Beginn des Abends, im Gegenteil! Aber eilig runtergekippte Cocktails oder andere harte alkoholische Getränke sind ein absolutes No-Go. Das gilt im Besonderen, wenn Sie noch allein zu Hause sind oder vor Ihrem Datepartner an der Location angekommen sind. Aber selbst wenn Sie gemeinsam mit Ihrem Gegenüber ein Glas genießen, passen Sie auf, dass daraus nicht plötzlich drei, vier oder sieben Gläser werden. Mit steigendem Alkoholspiegel fallen die Hemmungen – und das wollen wir beim ersten Date unbedingt vermeiden.

Wenn sie zu viel getrunken haben, werden die meisten Menschen automatisch lauter und launischer – und halten sich selbst für lustiger, als sie tatsächlich sind. Das ist nicht gerade anziehend. Achten Sie also auf Ihren Konsum. Trinken Sie zudem keinesfalls auf leeren Magen. Wenn Sie den ganzen Tag über nichts außer einem Golden-Delicious-Apfel gegessen haben und dann noch schnell ein paar Drinks runterkippen, ist das Chaos vorprogrammiert. Ihr Gegenüber wird sich zwei Fragen stellen, wenn er Sie so sieht: Ob Sie ihn sich schöntrinken müssen und ob Sie immer so trinkfreudig sind. Was er sich hingegen ganz sicher nicht fragen wird: Ob Sie seine Traumfrau sein könnten.

Da wir nun sichergestellt haben, dass Sie nicht durch Ihr Date torkeln werden, sprechen wir über den Vorgang des Bestellens. Vielleicht wundern Sie sich, warum das eine Erwähnung wert ist – ich sage Ihnen, es gibt mehr Fallstricke, als Sie denken. Die Situation hat aber auch Vorteile: In einem Restaurant bekommen Sie einen wunderbaren ersten Eindruck von einem Mann und seinem Verhalten: Ist er freundlich zum Kellner, stehen die Chancen gut, dass er auch sonst respektvoll mit Menschen umgeht. Benimmt er sich wie ein Rüpel, dann passiert Ihnen das mit diesem Mann womöglich öfter.

Ideal ist es natürlich, wenn Sie mit einem Mann dinieren, der etwas von Kulinarik und Etikette versteht. Kommt der

Kellner mit der großen Getränkekarte an und Ihr Gegenüber macht Ihnen einen netten Vorschlag, wie der Franzose, der mit dem Rosé-Champagner genau richtig gelegen hat, kann das der Situation die Anspannung nehmen. Ist er weniger routiniert und sagt »Such dir was aus«, sind Sie auf sich allein gestellt. Sollen Sie Alkohol bestellen oder lieber doch nur ein Wasser? Ich kann nur empfehlen, sich einander anzupassen. Wenn Sie unsicher sind, fragen Sie ihn, was er gern trinken möchte, und wenn Sie auf einen Nenner kommen, dann bestellen Sie gemeinsam.

Erst vor kurzem stand eine meiner Klientinnen während des Dates vor der Herausforderung, sich für eine Sorte Gin für ihren Gin Tonic zu entscheiden. Immerhin hatte sie bereits angemerkt, dass sie gern Gin trinken würde, was ihrem Gegenüber auch gefallen hat – als der Kellner allerdings gefragt hat, welchen der 15 Sorten, die das Haus anbot, sie denn gern hätte, war sie überfordert. Kurzerhand drehte ich mich zum Kellner: »Welchen würden Sie empfehlen?« Das ist in solchen Situationen immer ein zuverlässiger Ausweg. Es ist auch keineswegs peinlich, nicht 15 verschiedene Sorten Gin zu kennen – es geht nur darum, sich in solchen Situationen nicht stressen zu lassen.

Haben Sie die ersten Gespräche und die anfängliche Aufregung gut überstanden, bewegt sich Ihr Date wahrscheinlich in Richtung Essen. Was ich von zu Hause mit auf den Weg bekommen habe, gilt auch heute noch: Bestellen Sie nie das billigste und nie das teuerste Gericht auf der Karte. Sind Sie unschlüssig, dann können Sie auch Ihr Gegenüber fragen, was er nimmt, oder was ihn anlacht. So eröffnen Sie ein Gespräch und finden gleichzeitig etwas über seinen Geschmack heraus. Sind Sie komplett planlos, was Sie bestellen sollen, können Sie auch seiner Wahl zustimmen und sich anschließen.

Auf die ewige Kalorienzählerei sollten Sie an diesem Abend übrigens lieber verzichten. Kaum kommt die Kellnerin mit der Speisekarte, fangen viele Frauen an, die Gerichte und deren Inhaltsstoffe von oben bis unten zu studieren und jede Kalorie jedes Gerichts einzeln zu zählen. Das ist absolut unattraktiv, lassen Sie das. Auch Ausschweifungen über diverse Intoleranzen und Unverträglichkeiten sollten nicht unbedingt beim ersten Date besprochen werden. Der einzige Mann, der von Ihren Darmbeschwerden wissen muss, ist Ihr Gastroenterologe. Wissen Sie schon im Vorhinein, welche Gerichte Ihren Magen-Darm-Trakt vielleicht reizen könnten, dann treffen Sie lieber eine magenschonende Wahl, immerhin kann der Abend ja noch ein paar Stunden dauern.

Versuchen Sie, Ihrem Date das Gefühl zu vermitteln, dass Sie gern mit ihm essen und den Abend genießen. Stellt sich der Single-Mann ein nettes Dinner vor und hat für Sie ein dreigängiges Menü geplant, dann bestellen Sie nicht nur einen Blattsalat mit einem Glas Mineralwasser. Es könnte ihn kränken, immerhin hat er sich Gedanken gemacht.

Von Schweinsripperln, Hummer oder Chicken-Wings, also allem, was nicht elegant verspeist werden kann, rate ich ebenso ab. Ansonsten wählen Sie, was Ihnen schmeckt und worauf Sie Lust haben. Probieren Sie gern auch etwas Neues, seien Sie aber nicht übertrieben experimentierfreudig. Sie wollen schließlich keinen vollen Teller zurückgehen lassen. Vergessen Sie nicht: Es geht darum, einen positiven Abend zu gestalten, jammern ist verboten. Das gilt auch für Beschwerden über das Essen oder den Service. Lächeln Sie kleine Fehler weg und schicken Sie ein Gericht nur bei wirklich schwerwiegenden Mängeln zurück. Achten Sie auf Ihre Tischmanieren – falls das Ihre Schwachstelle ist, informieren Sie sich schon vor dem Date über die Standards. Ein guter Trick ist es auch, schon vorab die Speisekarte des Restaurants online zu checken. Dann verschaffen Sie sich einen Überblick und sind bei der Auswahl nicht überfordert. Und: Gehen Sie nie völlig ausgehungert zum ersten Date! Sie wollen ja nicht wie ein hungriger Tiger über das Essen herfallen, sondern sich elegant und stilsicher präsentieren.

Es scheint mir nun ein guter Moment zu sein, über die absoluten No-Gos zu sprechen – Verhaltensweisen, mit denen Sie jedes Date zielsicher zunichtemachen. Da wäre zunächst: das Handy. Kurz gesagt: Lassen Sie während Ihrer Verabredung die Finger davon. Absolut und komplett. Das sollte eigentlich selbstverständlich sein, dennoch sehe ich immer wieder erwachsene Frauen, die sich an ihr Smartphone klammern wie ein Ertrinkender an einen Rettungsring. Manche Damen treiben es so weit, dass sie während des Abends unzählige Selfies von sich machen, eine halbe Stunde auf die Toilette verschwinden, um dort den Spiegel für weitere Fotos zu nutzen, und zum Grandefinale dann auch noch tatsächlich ihren Date-Partner bitten, ein Foto von ihnen in der netten Location zu knipsen. Andere wiederum entpuppen sich als notorische Essens-Fotografinnen. Der Herr will gerade anfangen, zu essen, doch die Amateur-Food-Bloggerin bittet ihn, zu warten, bis sie die beiden Teller so richtig in Szene gesetzt hat. Zehn Minuten, dreihundert Fotos und zwei kalte Mahlzeiten später darf er dann endlich zu Gabel und Messer greifen und sich seinem Essen widmen – das dann zwar kalt, aber immerhin perfekt abgelichtet ist. Im Ernst: Lassen Sie Ihr Handy im Idealfall gleich zu Beginn des Abends in ihrer Handtasche verschwinden, stellen Sie es stumm oder in den Flugmodus und widmen Sie Ihre ganze Aufmerksamkeit diesem Abend.

Auf andere Weise aber nicht minder fatal: das Küssen. Das mag verwirrend klingen, schließlich kann ein Kuss der Gipfel der Romantik sein – aber er sollte keinesfalls von Ihnen initiiert werden, schon gar nicht am Ende des ersten Dates. Warten Sie, bis er den richtigen Zeitpunkt findet. Sollte er wirklich unglaublich schüchtern sein, und Sie merken nach ein paar Treffen, dass zwar die Anziehung da ist, aber nichts von ihm kommt, können Sie auch gern die Kontrolle übernehmen. Das erste Date ist aber der falsche Zeitpunkt dafür.

Und dann gibt es noch dieses berühmte Dilemma, das zu jedem Date gehört. Die Sache mit der Rechnung. Ich sage es Ihnen ehrlich: Ich finde es gut, wenn der Mann am ersten Abend bezahlt. Sich die Rechnung aufzuteilen finde ich erbsenzählerisch. Ich weiß aber, dass viele Frauen das heute anders sehen. Während es manche als charmant empfinden, wenn der Herr bezahlt, finden es andere unangenehm und altmodisch. Vielleicht gefällt Ihnen dieser Kompromissvorschlag: Wenn Sie wissen, dass Sie ihn wiedersehen wollen, dann lassen Sie sich beim ersten Date einladen – und revanchieren Sie sich an einem anderen Abend. Ich gebe meinen Klientinnen immer den Tipp mit auf den Weg, beim zweiten oder dritten Date die Planung – und dann auch die Rechnung – komplett zu übernehmen. Sie können das zum Beispiel nach dem zweiten Treffen schon andeuten, indem Sie sich bedanken und dann sagen: »Das nächste Mal lade ich dich ein.« Und dann überlegen Sie sich etwas Nettes, eine kleine Überraschung. Vielleicht hat er während der ersten beiden Treffen über eine Spezialität oder von der Küche eines Landes gesprochen, die er besonders mag. Reservieren Sie einen Tisch in einem passenden Lokal und laden Sie ihn am Ende des Abends ein. Es kann auch ein Restaurant sein, das Sie schon sehr lang testen wollten, oder ein Gericht, für das Sie ihn begeistern wollen. Hauptsache Sie haben sich ein paar Gedanken dazu gemacht. Die Eigeninitiative und die Kreativität werden ihrem Verehrer ganz bestimmt imponieren.

Ich erinnere mich noch gut an ein Gespräch mit einem Klienten. Er berichtete vom zweiten Date, die beiden waren bei einem guten Italiener zum Essen verabredet und als sie sich für ein kleines Menü entschieden hatten, meldete sich die Weinkennerin plötzlich mit leuchtenden Augen zu Wort: »Auf dieser Weinkarte gibt es einen ganz besonderen Rotwein, den ich schon seit langem verkosten möchte und bis jetzt nie gefunden habe. Und darauf lade ich dich heute ein!« Sie ließ ihm gar keine Chance zur Widerrede und bestellte diese Rarität. Er war sichtlich begeistert von dieser Aktion. »Frau Kinauer-Bechter, ich bin so erstaunt, immer wieder lade ich Frauen ein. Aber dass eine Frau mich einlädt, das hatte ich noch nie«, schwärmte er.

Es muss kein teurer Wein und auch keine Einladung in ein Hauben-Restaurant sein, es geht um die Geste. Wir haben das Dankesagen verlernt. Dabei kann das so wunderbar romantisch sein!

Nach dem Date ist vor dem Date – vielleicht

»Vielen Dank für die Einladung.« Ist das nicht ein wunderbar einfacher Satz? Nutzen Sie ihn. Eine kurze Nachricht am nächsten Tag, in der Sie sich bei Ihrem Date-Partner für den netten Abend und die Einladung vom Vorabend bedanken, kommt immer gut an. Es zeigt, dass die Einladung in Ihren Augen keine Selbstverständlichkeit war, was sie ja auch nicht ist, und dass Sie den Abend genossen haben. Übertreiben Sie es nicht, schreiben Sie keine langen Absätze oder Liebesbekundungen, bedanken Sie sich kurz. Vielleicht ergibt sich daraus gleich eine Gelegenheit, das nächste Treffen zu planen, vielleicht auch nicht. Überlassen Sie diese Entscheidung dem Mann, dann laufen Sie nicht Gefahr, im Überschwang der Gefühle zu viel Druck zu machen und einen möglicherweise tollen Mann zu verschrecken, der Sie in drei Tagen ohnehin von selbst nach einem zweiten Date gefragt hätte.

In den Stunden und Tagen nach dem ersten Date beginnen die Nachwehen einzusetzen. Das Gehirn beginnt zu rattern, und wenn Sie eine pathologische Overthinkerin sind, analysieren Sie gedanklich wahrscheinlich jeden einzelnen Moment des vorangegangenen Abends. Ich muss Ihnen nicht sagen, dass Sie das lieber lassen sollten! Aber weil sich Gedanken schwer kontrollieren lassen, möchte ich Ihnen zumindest einige Richtlinien mitgeben. Die

Wichtigste: Halten Sie sich vor Augen, dass Ihnen Ihr Gehirn möglicherweise einen Streich spielt. Viele Frauen finden immer einen Grund, eine Beziehung zu beenden, bevor sie überhaupt begonnen hat. Geben Sie diesem Impuls nicht nach! Wenn Sie einen schönen Abend verbracht haben, bleiben Sie offen für das, was in Zukunft passiert. Zu der Erkenntnis, dass dieser Mann nicht der Richtige ist, können Sie später immer noch kommen.

Vielleicht tendieren Sie dazu, Begegnungen mit Männern bis ins kleinste Detail zu analysieren und gedanklich womöglich sogar Schulnoten zu vergeben. Das ist der absolute Killer einer beginnenden Beziehung. Wenn Sie jedes seiner Worte auf die Waagschale legen, werden Sie Fehler finden, wo es eigentlich gar keine gibt. Schnell wird er zum Workaholic, weil er seinen Job gern macht, plötzlich ist die beste Freundin Ihre größte Konkurrentin, immerhin hat er sie am Rande einer Geschichte kurz erwähnt. Konzentrieren Sie sich in dieser frühen Phase eher auf die positiven Aspekte des Treffens. Sehen Sie das Glas halb voll, nicht halb leer, und ziehen Sie noch keine voreiligen Schlüsse. Bedenken Sie, dass Zeit ein wichtiger Faktor für die Liebe ist.

Schmetterlinge brauchen Zeit, um zu schlüpfen!

Es mag sein, dass es beim ersten Date nicht gefunkt hat. Es gab kein Feuerwerk, kein Kribbeln, der Abend und die Gespräche waren aber trotzdem nett. Schreiben Sie ihn keinesfalls ab. Manchmal braucht es eben Zeit, bis es sich so anfühlt, als hätten Sie einen Schwarm Schmetterlinge im Bauch. Auch das mussten viele meiner Klientinnen erst lernen, sie kamen nach ihren Dates zu mir und sagten sinngemäß: »Eigentlich war es ein wunderbarer Abend. Wir haben uns gut unterhalten, die Gespräche waren auf Augenhöhe, und er ist ein äußerst interessanter Mann. Ich bin allerdings nicht verliebt. Ich habe keine Schmetterlinge im Bauch, also macht es keinen Sinn, ihn ein weiteres Mal zu treffen.« Dass sie sich mit dieser Haltung gute Männer entgehen ließen, war ihnen zu diesem Zeitpunkt nicht bewusst. Ich predige immer: Ein zweites Date tut niemandem weh. Wenn eigentlich alles gepasst hat, aber einzig und allein dieser besondere Funke fehlt, heißt das nicht, dass das Feuer nicht auch noch nach dem zweiten oder dritten Date entfacht werden kann.

Viele meiner Klientinnen haben es dann doch gewagt und den Mann ein zweites Mal getroffen. Sogar die Rechtsanwältin, die wegen ein paar Zentimetern fehlender Körpergröße kein zweites Date wahrnehmen wollte, entschied sich um und hat diese Entscheidung nie bereut. Bedenken Sie: Ziel des ersten Dates ist es nicht, sich sofort unsterblich zu verlieben. Werfen Sie also nicht alles hin, nur weil Sie nicht schon nach dem ersten gemeinsamen Essen Hochzeitspläne schmieden. Geben Sie der Bekanntschaft einfach eine Chance. Versuchen Sie, diesen Mann besser kennenzulernen. Nur so können wahre Gefühle entstehen.

Natürlich kann es dennoch vorkommen, dass entweder einer oder beide Singles keine Lust auf ein zweites Treffen haben. Vielleicht hat die Chemie wirklich nicht gestimmt oder Sie merken schon jetzt, dass diese Beziehung keine Zukunft hätte. Interessanterweise drücken sich Frauen, zumindest meiner Erfahrung nach, viel ehrlicher und klarer aus, wenn Sie eine Abfuhr erteilen. Frauen haben meistens kein Problem damit, zu sagen, dass Sie zwar eine gute Zeit mit jemandem verbracht haben, aber sich auch nicht mehr vorstellen können. »Ich finde dich total sympathisch, wir hatten einen guten Austausch, aber ich kann mir nicht vorstellen, dass meine Schmetterlinge zu fliegen beginnen«, ist eine ganz gute Formulierung. Männer sind in so einer Situation oft nicht ganz so direkt. Sie erfinden teils unfassbare Geschichten. »Ich habe in der Stadt zufällig meine Schulfreundin getroffen, die ich dreißig Jahre nicht gesehen habe und bin plötzlich wieder total verliebt«, oder »Ich versuche es doch noch einmal mit meiner Ex« sind typische Ausreden, die Männer nutzen, um sich einer Situation oder einer Bekanntschaft zu entziehen.

Wenn es aber doch eine Chance gibt, dass aus einer Bekanntschaft mehr werden könnte, spielt auch die Geschwindigkeit eine große Rolle. Menschen haben oft sehr unterschiedliche Vorstellungen davon, wie schnell sich eine Beziehung entwickeln kann oder sollte.

Erst vor kurzem war einer meiner Klienten, ein erfolgreicher Unternehmer und schneller Entscheider, bereits nach dem zweiten Date total begeistert von seiner neuen Bekanntschaft. Er war sicher: Die ist es. Für ihn gab es keine Zweifel, keine Einwände, er hätte wohl am liebsten bereits nach dem Treffen den Rest des gemeinsamen Lebens geplant. Ich hatte im Vorfeld bereits einige Gespräche mit ihm geführt, denn er tendierte dazu, manchmal ein bisschen zu euphorisch zu sein. Die offene und spontane Art, die ihm die Dame während des ersten Kennenlernens gezeigt hatte, motivierte ihn wohl, beim zweiten Date aufs Gaspedal zu steigen. Während er also beim zweiten Date auf der Überholspur mit 200 km/h dahinbretterte, bewegte sie sich hinter ihm mit

70 km/h im Kriechtempo. Er suchte ihre Nähe, versuchte, ihre Hand zu halten, war einfach ein wenig zu schnell unterwegs. Für sie war das irgendwie unangenehm, weil sie grundsätzlich mehr Zeit braucht, um Gefühle für jemanden zu entwickeln. Auch wenn er es gar nicht böse meinte, zerstörte seine Eile die Chance auf ein weiteres Kennenlernen, denn sie wollte ihn danach nicht noch einmal treffen.

Versuchen Sie immer, sich in Ihr Gegenüber hineinzufühlen. Achten Sie auch auf die Körpersprache, so können Sie in vielen Fällen bereits erahnen, ob Ihr Gegenüber noch etwas auf Distanz ist oder ob Sie schneller vorangehen können. Jeder nimmt Zeit anders wahr, vor allem in der Kennenlernphase. Was bedeuten zwei oder drei Dates? Für den einen gar nichts, nur ein seichtes Kennlernen und die Möglichkeit, herauszufinden, ob der Grundstein denn überhaupt gelegt werden kann. Für andere Singles wiederum können zwei Dates weitaus mehr bedeuten, so auch für unsere zielstrebigen Unternehmer.

Egal, ob Sie emotional schnell oder langsam unterwegs sind, Ihr Gegenüber teilt Ihr Tempo möglicherweise nicht. Nur weil er vielleicht die Dinge etwas langsamer angehen lassen möchte, heißt das nicht, dass er kein Interesse hat! Sie dürfen ihn in so einem Fall nur nicht unter Druck setzen oder versuchen, ihn sich schnellstmöglich irgendwie zu krallen. Geben Sie ihm die Zeit, die er braucht, um sich zu öffnen. Mag ja sein, dass Sie nach dem ersten Date Hals über Kopf verliebt sind, bereits seine gesamte Lebensgeschichte im Internet recherchiert haben und sich mithilfe von Photoshop Pärchenbilder mit ihm basteln. Wenn er aber noch etwas Zeit braucht, um sich seiner Gefühle bewusst zu werden, akzeptieren Sie das und schalten Sie einen Gang runter (oder zwei). Ist die Situation umgekehrt, lassen auch Sie sich nicht unter Druck setzen. Kommunizieren Sie offen, wenn Ihnen seine Euphorie zu viel ist, und bitten Sie um etwas Geduld. Es ist nicht zu viel verlangt, Ihnen ein wenig Zeit zu geben. Das Tempo muss nicht von Anfang an immer das Gleiche sein, um am Ende gemeinsam über die Ziellinie zu rauschen.

Unterschiedliche Erwartungen gibt es übrigens auch oft beim Thema Geschenke. Viele meiner Klienten fragen mich schon im Vorfeld der ersten Verabredung, ob sie ihrem bis dahin ja noch unbekannten Gegenüber etwas mitbringen sollen. Das ist nett gemeint, aber ich rate tendenziell davon ab. Gerade beim ersten Date sollten sich Geschenke, Mitbringsel, Blumen und sonstige Überraschungen eher im Hintergrund halten. Einer meiner Kunden zum Beispiel hat es vor einigen Jahren wirklich übertrieben. Das Date fand an einem kalten, verschneiten Dezemberabend kurz vor Weihnachten statt. Ich war bereits bei der Location angekommen und sah plötzlich, wie er mit zwei riesigen Weihnachtssternen auf mich zukam. Einer für mich, einer für sein Date. Eine wirklich nette Geste, allerdings war die übergroße Aufmerksamkeit ziemlich unpraktisch. Ich hatte es ja noch leicht, ich stand mit meinem Auto in der Tiefgarage. Die beiden wiederum wollten noch in ein Restaurant spazieren, vielleicht danach noch in eine Bar gehen. Was sollte die Dame also den ganzen Abend mit diesem Weihnachtsstern machen? Um die Situation zu retten, habe ich beide darauf aufmerksam gemacht, dass sie ihn ja gegebenenfalls an der Rezeption abgeben und später wieder holen könnten.

Ich rate meinen Klienten immer, beim ersten Date erst einmal gar nichts mitzubringen außer Offenheit, tolles

Auftreten und gute Stimmung. In Ordnung sind Aufmerksamkeiten, die so klein sind, dass sie in die Handtasche der Frau passen. Kleinigkeiten wie Mozartkugeln, wenn er aus Salzburg kommt, oder Sprüngli-Pralinen, wenn er Schweizer ist. Notwendig ist es jedenfalls nicht.

Was ich allerdings gern empfehle, ist, am nächsten Tag oder nach einigen Treffen Blumen zu schicken. Es kommt natürlich auf das wechselseitige Interesse an, ich persönlich finde, es geht nichts über einen zugesandten Strauß weißer Rosen. Schickt er die Blumen in Ihr Büro, kann das eine nette Geste sein. Vielen Frauen, gerade in größeren Betrieben, könnte diese Überraschung aber auch etwas peinlich sein. Eine Klientin rief mich mal völlig aufgebracht an, es war kurz nach ihrem zweiten Date mit einem Mann, den ich ihr vorgestellt hatte. »Frau Kinauer-Bechter, Sie können sich nicht vorstellen, was passiert ist!« Sie erzählte mir von der Zustellung, die Sie erhalten hatte. Geliefert wurde nicht nur ein Strauß roter Rosen, sondern auch ein Opernsänger, der vor all ihren Kollegen »Nessun Dorma« für sie schmetterte. Dazu eine Einladung in die Mailänder Scala. Das ist ein wirklich ungewöhnlicher Fall von »zu schnell, zu viel, zu groß«.

Erfreulicherweise haben diese beiden mittlerweile geheiratet und sind überglücklich. Sie konnte nach dem ersten Schreck doch über die übertriebene Geste hinwegsehen und fand seine Aktion im Nachhinein sogar eigentlich sehr charmant – immerhin hatte er sich gemerkt, dass sie Puccini liebte.

Geschenke können ganz unterschiedlich wirken, vieles hängt mit der Originalität und dem Gedanken dahinter zusammen. Überschüttet er Sie bereits nach einem Treffen mit Geschenken, ohne Sie richtig zu kennen, müssen Sie seine Beweggründe hinterfragen. Finden Sie seine Gesten durchdacht und stilvoll – perfekt!

Aber auch wenn ich immer dazu rate, der Liebe erstmal eine Chance zu geben, gibt es dennoch Situationen, in denen Sie auf ein zweites Date verzichten sollten. »Red Flags« nennt das die Jugend heute, also Warnzeichen, dass Ihr Gegenüber vermutlich kein Traumprinz ist. Wenn Sie also beim ersten Treffen bemerkt haben, dass einer oder gar mehrere der nachfolgenden Punkte auf den Herrn zutreffen, rate ich von weiteren Begegnungen ab.

Er ist mit seinem gesamten Umfeld zerstritten.

Berichtet er davon, dass er mit all seinen vier Geschwistern zerstritten ist, auch mit seinen Eltern seit mehr als zehn Jahren kein Wort mehr gewechselt hat und all seine Freunde Verräter sind, dann sehen Sie das als nette Geste: Dieser Mann schwenkt seine Red Flag förmlich für Sie! Bedenken Sie: Es ist doch recht unwahrscheinlich, dass sein gesamtes Umfeld nur aus Missetätern besteht. Er ist die Konstante. Sie wissen also, dass Sie mit diesem Mann nichts Gutes erwartet.

Er ist ein Erbsenzähler.

Bestellt er eine Piccolo-Flasche Sekt für zwei anstelle einer normalen Flasche Prosecco oder zwei Gläser Wein für den gesamten Abend, sträubt sich, noch ein Dessert anzubieten, und will im Anschluss auch noch die Rechnung teilen, dann ist er mit hoher Wahrscheinlichkeit ein Erbsenzähler. Es geht dabei gar nicht um Geld, es geht um die grundsätzliche Haltung. Um einen offensichtlichen Mangel an Großzügigkeit. Wenn er beim ersten Date jeden Cent umdreht, ist er mit Sicherheit kein großzügiger Mann – oder er hat Geldprobleme. Beides spricht nicht unbedingt für ihn.

Er wechselt ständig seinen Job.

Auch das ist kein gutes Zeichen. Spricht er darüber, dass seine früheren Chefs alle inkompetent waren und der Fehler nie bei ihm gelegen hat, ist das ähnlich wie bei seinen familiären Problemen: Vermutlich liegt es an ihm. Ersparen Sie sich das.

Er wohnt im Hotel Mama.

Er ist fünfzig, ledig und wohnt noch immer bei seiner Mutti? In den meisten Fällen ist mit dem ewigen Junggesellen, der sich im Hotel Mama bekochen lässt, nicht viel anzufangen. Vielleicht gibt es spezielle Gründe für die familiäre Wohngemeinschaft, aber die Chancen sind hoch, dass er sehr unselbstständig ist und irgendwann Sie die Rolle der Mama übernehmen müssen. Wollen Sie das wirklich?

Er schimpft über die Ex.

Lässt er kein gutes Haar an seinen vorherigen Partnerinnen und gibt ihnen die alleinige Schuld für das Scheitern der Beziehungen, dann ist er mit Sicherheit nicht reflektiert genug, um den Fehler auch bei sich zu suchen. Es ist nur menschlich, dass wir alle Fehler machen, Trennungen passieren. Wer reflektiert genug ist, kann daraus lernen. Ein Mann, der gleich beim ersten Date seine Ex-Partnerinnen schlechtredet, gehört wahrscheinlich nicht zur reflektierten, jedenfalls aber nicht zur stilsicheren Sorte.

Er hat keinen Kontakt zu seinen Kindern.

Hat er keinen Kontakt zu seinen Kindern, so gilt es sofort zu hinterfragen, woran das liegt. Es muss nicht zwingend seine Schuld oder sein alleiniger Fehler sein, es ist allerdings ein großes, großes Alarmzeichen. Gehen Sie dem unbedingt nach.

Wir gehen nun aber davon aus, dass Ihr Date-Partner nicht durchgefallen ist, sondern Sie sich eine zweite Begegnung mit ihm wünschen. Ein kurzer Tipp noch dazu: Schaffen Sie Magic-Moments! Überlegen Sie sich gemeinsam mit Ihrer Bekanntschaft, was Sie bei der zweiten Verabredung machen möchten. Schaffen Sie gemeinsame Erlebnisse – das verbindet! Auch für das dritte und das vierte Date empfehle ich gute Planung. Überlassen Sie die Treffen nicht dem Zufall! Eine beginnende Beziehung ist wie ein fragiles Pflänzchen. Sie müssen der Liebe die optimalen Bedingungen zur Entwicklung geben. Dann kann sie erblühen!

Was Smartphones und Social Media mit der Liebe machen

Hätte ich dieses Buch vor zwanzig Jahren geschrieben, wäre dieses Kapitel nicht notwendig gewesen. Heute aber hängen wir alle die ganze Zeit an unseren Smartphones, posten, liken und verschicken Nachrichten. Unsere Art zu kommunizieren hat sich in den vergangenen Jahren vollkommen verändert – und das hat auch Folgen für unsere Beziehungen. Leider nicht nur gute. Ich sehe in diesem Zusammenhang zwei wichtige Faktoren, über die wir sprechen sollten. Einer ist der Umgang mit sozialen Medien wie Instagram oder Facebook. Der zweite sind die Nachrichten, die Sie an einen potenziellen neuen Partner schicken und von ihm empfangen.

»Nachricht. Gesendet: 7:35 Uhr. Gelesen: 7:42 Uhr.«

Die neuen technischen Mittel machen es, anders als früher, heute möglich, nahezu rund um die Uhr zu kommunizieren. Das heißt aber keinesfalls, dass Sie das auch tun sollten! Ein Klient erzählte mir vor einiger Zeit Folgendes: »Ich habe mich irgendwie unter Druck gesetzt gefühlt, eine Art Schlinge wurde mir um den Hals gelegt. Obwohl es ja eh nur ein paar Nachrichten waren.« Damit erklärte er mir, warum er eine beginnende Beziehung als sehr erdrückend empfunden hatte und deshalb beenden musste.

Dabei wollte die Dame – eigentlich hätte sie wunderbar zu ihm gepasst! – lediglich freundlich kommunizieren und sich nach seinem Wohlergehen erkundigen.

Das sah bei ihr so aus: Zum Aufstehen gab es gleich einen Guten-Morgen-Text von ihr: »Guten Morgen, hast du gut geschlafen? Wie sieht dein Tag heute aus?« Zur Mittagszeit trafen schon die nächsten Nachrichten ein. Sie erkundigte sich, ob sich ein After-Work-Drink ausgeht. Am Abend folgte dann: »Heute koche ich mir was Feines – Grüße aus der Küche!« Spätestens am Mittwoch fragte sie nach seinen Wochenendplänen. »Hast du am Wochenende schon was vor? Wir könnten ja kurz telefonieren und einen Tag gemeinsam planen?« Sie hielt ihn also den ganzen Tag über auf dem Laufenden, bevor schließlich noch eine Gute-Nacht-Nachricht um 23 Uhr kam.

Zu Beginn antwortete er noch auf jede Nachricht. Er freute sich sogar, dass sie sich bei ihm meldete, aber je mehr Nachrichten über den Tag verteilt in seinem Postfach landeten, desto eingeengter fühlte er sich. Die ständige Kontaktaufnahme erschien ihm zu erzwungen und passte auch nicht zu seiner Handynutzung und seinem Tagesablauf. Außerdem kannten sich die beiden noch nicht allzu lang, die vielen Nachrichten fühlten sich also nicht natürlich an. Obwohl er mir bestätigte, dass er sie eigentlich nett fand und sich anfangs auch wohl bei ihr gefühlt hatte, nahmen diese positiven Gefühle aufgrund des fehlenden Freiraums immer weiter ab. Die gerade erst begonnene Beziehung war dadurch bald beendet. Hätte die Dame seine zwischenmenschlichen Signale besser gedeutet und ihre Nachrichtenfrequenz reduziert, wer weiß? Vielleicht wären die beiden heute noch zusammen.

Was ich Ihnen ans Herz legen möchte: Versuchen Sie, Ihr Handy bewusst zur Seite zu legen, wenn er Ihnen mal wieder im Kopf herumschwirrt. Üben Sie sich in Geduld. Je weniger penetrant Sie sind, je weniger Nachrichten Sie verschicken, desto eher meldet er sich ganz von selbst. Ich verhänge kein Schreibverbot, aber ich bin der Meinung, dass gerade in der anfänglichen Kennenlernphase von zu vielen Nachrichten abzuraten ist. Wenn er den ersten Schritt macht, vielleicht selbst gern über WhatsApp und Co kommuniziert und Sie das nicht stört, können Sie natürlich darauf eingehen. Seien Sie allerdings nicht allzeitbereit und immer verfügbar. Antworten Sie ihm immer in der gleichen Sekunde, in der Sie die Nachricht erhalten haben, wirkt das, als ob Sie nur darauf gewartet haben und nichts anderes zu tun hätten. Aber vergessen Sie nicht: Sie sind ein Hauptgewinn! Und den Hauptgewinn bekommt man nicht einfach so serviert. Versuchen Sie einfach, sich in Bezug auf die Art und vor allem die Häufigkeit Ihrer Nachrichten ein wenig aneinander anzupassen. Für den einen reicht eine Nachricht am Tag, um zufrieden zu sein, andere wiederum möchten mehr Kontakt. Das ist übrigens nicht nur von der Beziehung zwischen zwei Menschen abhängig, sondern auch von vermeintlich banalen Dingen wie dem Tagesablauf und dem Workload. Nehmen Sie es also nicht allzu persönlich, wenn er mal länger mit dem Antworten braucht. Solang er sich zurückmeldet, besteht kein Grund zur Sorge.

Komplizierter ist die Lage, wenn wir zu den sozialen Medien kommen. Die können sich gewaltig auf eine beginnende Beziehung auswirken – oft ohne, dass es einer der beiden Partner überhaupt bemerkt. Ich bin schon generationsbedingt keine Expertin für Social-Media-Fragen, allerdings fallen mir immer wieder die gleichen Fehler im Umgang mit diesen Plattformen auf.

Bedenken Sie: Soziale Medien sind heutzutage so etwas wie unsere Visitenkarte, eine digitale Eigenwerbung. Was Sie auf diesen Plattformen vermitteln, hat Einfluss darauf, wie Sie wahrgenommen werden – und zwar nicht nur im beruflichen, sondern auch im privaten Kontext. Überlegen Sie also, wie Sie sich einem möglichen Partner präsentieren wollen! Vergessen Sie nicht: Ein paar Minuten mit Dr. Google reichen heutzutage, um jede Schandtat aus Ihrer frühesten Jugend ans Licht zu bringen, die je den Weg ins Internet gefunden hat. Fotos vom Feiern, Drink in der einen, Zigarette in der anderen Hand und mittendrin im Wet-T-Shirt-Contest? Ich verstehe, wenn das eine lustige Erinnerung ist, die Sie aus nostalgischen Gründen auf Ihrem Profil haben – aber es ist jetzt Zeit, Ihre digitale Präsenz aufzuräumen. Wenn Sie auf der Suche nach einer seriösen Beziehung sind, dann geben Sie sich auch im Internet entsprechend. Wenn Ihr Profil voll ist mit Party- und Bikini-Schnappschüssen, wird das bestimmt Männer anlocken, allerdings die falschen. Ein Mann mit ernsten Absichten wird davon hingegen eher irritiert sein.

Wenn Sie am Anfang einer möglichen neuen Beziehung stehen, seien Sie zudem sehr zurückhaltend mit Informationen, die Sie diesbezüglich im Netz posten. Manche Menschen teilen ja wirklich ihr gesamtes Leben mit ihren Followern und Facebook-Freunden. Angefangen beim Frühstück, über die Operation der Katze bis zum abgebrochenen Fingernagel. Nur logisch, dass dann die Versuchung groß ist, die frisch entfachte Liebe sofort auf allen

Kanälen zu teilen. Blöd allerdings, wenn die Flamme nach zwei Tagen schon wieder erloschen ist, oder?

Lassen Sie sich mit dem »öffentlich machen« einer frischen Beziehung in den sozialen Medien ruhig etwas Zeit. Ändern Sie Ihren Facebook-Beziehungsstatus nicht bereits nach den ersten Treffen und teilen Sie keine Schnappschüsse vom ersten gemeinsamen Wochenende im Netz.

Soziale Medien können für eine frische Verbindung sehr störend sein. Einer meiner Klienten erzählte mir einmal vom Treffen mit einer sehr hübschen jungen Frau, die er kurz zuvor bei einer Veranstaltung kennengelernt hatte. Er lud sie zu sich nach Hause ein, wollte für sie kochen und ihr einen schönen Abend bereiten. Er verbrachte einige Zeit in der Küche, und als er sie gerade fragen wollte, welchen Wein sie bevorzugte, bemerkte er, dass die Angebetete gerade dabei war, sein Penthouse zu fotografieren. Am nächsten Tag fand er die Fotos auf diversen Social-Media-Plattformen. Ihre Caption: »Schaut mal, wen ich mir geangelt habe.« Ein zweites Treffen zwischen diesen beiden gab es jedenfalls nicht mehr.

Und noch etwas: Machen Sie sich nicht nur Gedanken darüber, was Sie posten, sondern lassen Sie sich umgekehrt auch nicht zu sehr beeinflussen von dem, was sie selbst bei Facebook oder Instagram sehen. Viele Unsicherheiten entstehen vor allem bei Frauen durch falsche Bilder, die im Netz vermittelt werden. Die sozialen Medien präsentieren inszenierte Scheinwelten, vergessen Sie das nicht! Es mag auf diesen Plattformen so aussehen, als wären viele Frauen Power-Mom, erfolgreiche Business-Frau, perfekte Ehegattin und Familienmanagerin zugleich. Als wären ihre Häuser Traumvillen, der Garten immer prachtvoll und grün und der Teint makellos. Zudem scheint es, als hätten diese Frauen unglaublich viel Freizeit, die sie für Reisen, Besuche in den teuersten Restaurants und ausgiebige Shopping-Touren nutzen. Um es deutlich zu sagen: Das ist nicht real. Jeder hart arbeitenden Karrierefrau, jeder Mutter und jeder selbstständigen Single-Lady muss klar sein, dass es diese Scheinwelten nicht gibt. Dennoch tendieren viele Frauen dazu, sich mit diesen unerreichbaren Inszenierungen aus dem Internet zu vergleichen. Daraus entsteht oft Unzufriedenheit mit dem eigenen Leben oder die Sorge, mit diesen vermeintlichen Superfrauen nicht mithalten zu können. Und diese Unsicherheit wirkt sich dann auch auf die Beziehung zu einem Mann schnell negativ aus. Lassen Sie das nicht zu, besinnen Sie sich auf Ihre Vorzüge und Qualitäten und vor allem: Strahlen Sie! Und zwar im echten Leben. Eine Beziehung entsteht und wächst über reale Treffen. Nachrichten zwischendurch können ganz nett sein und ein verstohlener Blick auf seine Profilseite im Internet hie und da ist nicht verboten, aber die Liebe gedeiht ohne Bits und Bytes. Sie braucht vor allem gemeinsame Zeit jenseits des Bildschirms.

Sex

Sex ist sehr wichtig. Ich sage das so deutlich, weil es immer wieder die Vorstellung gibt, Sex sei eine unbedeutende Nebensächlichkeit, für den Erfolg einer Beziehung nicht ausschlaggebend oder der Wunsch danach irgendwie moralisch zweifelhaft. Das Gegenteil ist der Fall. Nach Tausenden Gesprächen, die ich mit Männern und Frauen jeden Alters über ihre Träume und Wünsche geführt habe, kann ich Ihnen versichern: Ein glückliches Sexualleben ist für den Großteil der Menschen sehr wichtig und für eine funktionierende Beziehung unabdingbar. Allerdings gehen die Vorstellungen darüber, was ein glückliches Sexualleben konkret bedeutet, weit auseinander. Kein Wunder, dass Sex einer der Hauptgründe für Trennungen ist.

Sex darf kein Tabuthema sein. Vor allem nicht, wenn Sie auf der Suche nach einer neuen Liebe sind, denn früher oder später kommen Sie Ihrer Bekanntschaft – hoffentlich – etwas näher. Und auch wenn sich die Welt des Datings in den vergangenen zwanzig Jahren unglaublich viel verändert hat, eine Frage treibt die Menschen heute noch genauso um wie früher.

Wann ist der beste Zeitpunkt für den ersten Sex mit einem neuen Partner?

Nun, es kommt natürlich darauf an, was Sie wollen. Suchen Sie Sex oder Liebe? Ich gehe ja davon aus, dass Sie an einer ernsthaften Beziehung interessiert sind. Geht es Ihnen aber vor allem um Sex, spricht nichts dagegen, bereits nach dem ersten Date in die Kiste zu hüpfen, wenn Ihnen beiden danach ist. Jedem sei sein Spaß vergönnt. Wollen Sie allerdings eine Grundlage für eine langfristige, ernsthafte Beziehung schaffen, ist es ein No-Go, gleich beim ersten Treffen intim zu werden. Egal, wie magisch der Moment ist, egal, wie sehr Sie die Lust packt und egal, wie nah seine Wohnung an der Date-Location liegen mag: Bleiben Sie stark.

Verkaufen Sie sich nicht zu früh. Das klingt wie eine Regel aus Großmutters Zeiten, aber im Kern ist nun mal etwas Wahres dran: Lassen Sie ihn etwas warten. Bleiben Sie geheimnisvoll und begehrenswert. Schließlich sind Sie das Warten wert. Sehen Sie Sex nicht nur als pures Vergnügen, sondern als möglichen Beginn einer langfristigen Beziehung – also überstürzen Sie nichts. So vermitteln Sie ihm das Gefühl, dass Sie nicht irgendeine beliebige Affäre sind, sondern dass Sie sich nicht für jeden hergeben. Warten Sie bis zum dritten oder mit viel Geduld sogar bis zum vierten Rendezvous, dann sind Sie auf dem besten Weg, einen Grundstein für eine ernsthafte, seriöse Beziehung zu legen. Immerhin sucht Ihr möglicher Partner eine Frau, die zumindest theoretisch einmal die Mutter seiner Kinder sein könnte.

Aber auch wenn ich hier predige, dass Sie warten sollen, weiß ich natürlich ganz genau, dass die Zurückhaltung in der Realität sehr schwerfallen kann. Oft passiert es dann doch früher als geplant, nicht zuletzt aufgrund des einen oder anderen Glases Wein. Deshalb ist es wichtig, dass Sie unbedingt und immer auf Sex vorbereitet sein müssen, wenn Sie zu einem Date gehen! Wie wichtig eine gute Vorbereitung für einen gelungenen Abend ist, haben wir ja schon besprochen – und das gilt eben auch für den Fall, dass es doch intimer wird, als Sie erwartet hätten.

Sex lässt sich nicht vorausplanen, manchmal passiert es einfach. Und die gute Nachricht ist, gerade in der heutigen Zeit ist nicht jeder Mann so verklemmt, dass er sofort das Weite sucht, wenn die Frau beim ersten Date offensiv ist und vielleicht doch mit ihm im Bett landet. Was die Stimmung aber kippen lassen kann, ist mangelnde Vorbereitung.

Vor vielen Jahren erlebten zwei meiner Klienten beispielsweise einen wundervollen ersten gemeinsamen Abend. Das Date verlief so gut, und die sexuelle Anziehung war so groß, dass es ihm nicht schwerfiel, sie zu motivieren, noch auf einen Drink mit zu ihm nach Hause zu kommen. Als er dann allerdings in der Hitze des Gefechts ihre Unterwäsche zu Gesicht bekam, war er irritiert. Ihre geblümte, ausgewaschene und ausgeleierte Oma-Unterhose hatte er nicht erwartet. Das Begonnene hat er natürlich dennoch beendet, allerdings erhielt ich am nächsten Tag das Feedback, dass es für ihn völlig unverständlich sei, wie eine so gut gekleidete und gepflegte Frau so wenig Wert auf Ihre Wäsche legen könne.

Liebe Damen, es ist in der heutigen Zeit nicht notwendig, alte, ausgeleierte Unterhosen im Kasten zu haben, geschweige denn, sie bei einem Date zu tragen. Es gibt in jeder Preisklasse sehr gute Wäsche und auch wenn für das erste

Date eigentlich kein Sex auf dem Plan steht, ist es trotzdem ein No-Go, sich nicht auf alle Eventualitäten vorzubereiten. Schon meine Oma hat immer gesagt: »Richte dich so her, dass du dich nicht genieren musst, wenn du im Notfall ins Krankenhaus kommst!«

Wann immer es so weit ist, irgendwann stehen Sie vor der Frage: »Zu dir oder zu mir?« Nun, auf diese Frage gibt es keine richtige oder falsche Antwort. Es geht nur darum, womit Sie sich wohlfühlen. Ist er ein offener Mann, der oft Besuch empfängt, bietet er vielleicht seine Wohnung an. Umgekehrt ist Ihr Zuhause vielleicht Ihr ganz persönlicher Bereich oder die Kinder schlafen gerade – wo Sie gemeinsam landen, hängt nur von der Situation ab. Wenn Sie sich in Ihrer Wohnung am wohlsten fühlen und dort am besten loslassen können, dann kommunizieren Sie das und nehmen Sie ihn mit.

Männer und Frauen haben oft unterschiedliche Bedürfnisse, die nicht immer auf die gleiche Weise befriedigt werden können. Männer brauchen Sex oft zur Entspannung, während Frauen in vielen Fällen nur dann Lust auf das Liebesspiel haben, wenn sie schon entspannt sind. Das kann natürlich schnell zu Widersprüchen führen. Ein Mann denkt: »Ich hatte so einen stressigen, harten Tag. Sex wäre jetzt super, dann bin ich endlich entspannt.« Frauen sagen eher: »Das Letzte, woran ich gerade denken kann, ist Sex. Mein Kopf ist so voll und ich kann mich jetzt nicht fallenlassen.« Das ist natürlich stark verallgemeinernd, ich will damit nur verdeutlichen, dass Grundbedürfnisse stark auseinanderdriften können – und das gilt nicht nur für den Zeitpunkt.

Die Premiere ist nicht immer eine Glanzvorstellung. Das macht auch nichts, denn das erste Mal ist nicht maßgebend für alle intimen Momente, die noch kommen. Machen Sie sich keinen Druck. Die Vorstellung, der erste Sex müsse unbedingt perfekt sein, ist eine Illusion. Sie lernen einander gerade erst kennen, auch körperlich! Solang sich beide Beteiligten wohlfühlen, auf die Bedürfnisse des jeweils anderen eingehen und nicht nur an sich selbst denken, ist die Performance nicht unbedingt ausschlaggebend.

Sollte der erste Sex sehr enttäuschend gewesen sein, kann darüber aber ruhig offen kommuniziert werden. Wichtig ist: Geben Sie dem Ganzen etwas Zeit. Sie müssen sich erst aufeinander einspielen, den Körper und die Bedürfnisse des Anderen kennenlernen, in den richtigen Groove kommen. Früher oder später sollten Sie allerdings doch einen gemeinsamen Nenner finden. Ist der Sex auch nach mehreren Versuchen unbeholfen und unbefriedigend, kann es sein, dass Sie vielleicht doch nicht so gut zusammenpassen. Sex ist in einer Beziehung nun mal wichtig, und wenn Sie nach längerer Versuchsphase keine Fortschritte machen, wird es diese Beziehung schwer haben.

Aber für den Anfang gilt: Bewahren Sie einen kühlen Kopf, setzen Sie sich und Ihr Gegenüber nicht unter Druck. Verzeihen Sie auch mal ein frühzeitiges Ende, fordern Sie allerdings ein, dass auch Ihre Bedürfnisse befriedigt werden. Kommunizieren Sie offen! Sprechen Sie miteinander und haben Sie keine Angst davor, Ihre Gedanken zum Thema Sex zu äußern. Männer mögen offene Frauen, solang Sie die Sache mit dem nötigen Fingerspitzengefühl angehen, kann alles besprochen werden.

Das bedeutet allerdings nicht, dass sie diese Gespräche unmittelbar sofort nach dem Sex führen müssen. Viele Frauen haben das Bedürfnis, während und nach dem Sex sehr viel zu reden – während ein großer Teil der Männer sofort nach dem Akt in einen komatösen Schlaf zu fallen scheint. Seien Sie gnädig, letzten Endes sind seine Hormone dafür verantwortlich, nicht seine Ignoranz. Heben Sie sich die Worte und Fragen für den Frühstückstisch auf und genießen Sie den Moment. Aber egal, ob Minuten oder Stunden danach: Überfallen Sie den Mann keineswegs gleich nach dem ersten Mal mit Gesprächen über Zukunft, Hochzeit, Haus und Kinder. Oft brauchen Männer mehr Zeit für solche Gedanken. Drängen Sie ihn daher bitte nicht bereits nach der ersten gemeinsamen Nacht zu Beziehungsgesprächen und Liebesgeständnissen.

Wenn die erste gemeinsame Nacht spontan verlaufen ist und keine Vorbereitungen hinsichtlich des Übernachtens getroffen wurden, sind viele Frauen zunächst ohnehin mit anderen Fragen beschäftigt. Bei ihm übernachten, gemeinsam frühstücken oder doch lieber nach ein paar netten Stunden nach Hause fahren und in trauter Umgebung übernachten?

In jungen Jahren hätten Sie sich vielleicht noch keine Gedanken darüber gemacht, wie Sie am nächsten Morgen neben einem Mann aufwachen und welchen Anblick Sie Ihrem Verehrer dann bieten. Mit zunehmendem Alter kann es schon vorkommen, dass Sie vielleicht lieber erst 15 Minuten im Bad haben möchten, mit Ihrer Pflegeroutine und ein bisschen Make-up, um sich wohlzufühlen. Jede von uns hat andere Gewohnheiten. Wenn ich mich vor dem Schlafengehen nicht mit meinen speziellen Produkten abschminke und morgens nicht meine kurze Pflegeroutine anwenden kann, fühle ich mich sehr unwohl und finde mich nicht unbedingt attraktiv. Wollen Sie Ihrem

Verehrer Schmetterlinge zum Frühstück servieren, seien Sie also gut vorbereitet. Verschwinden Sie kurz unauffällig ins Badezimmer, während er noch schläft, ziehen Sie Ihr Kurzprogramm durch, und genießen Sie aufgefrischt ein gemeinsames Frühstück. Er wird sich denken »Wow, die sieht sogar nach dem Aufstehen umwerfend aus« und muss ja nicht wissen, dass wir unsere kleinen Helferlein im Einsatz hatten. Es braucht ja nicht viel: Ein bisschen Concealer gegen die Augenringe, ein dezentes Lipgloss und etwas Mascara benötigen nicht viel Platz in der Handtasche und können wahre Retter für den »Morgen danach« sein.

Wenn es ernst wird – und wann

Ich möchte Ihnen gratulieren, wir sind fast am Ziel. Haben Sie die ersten Dates gut überstanden und vielleicht auch schon den ersten gemeinsamen Sex erlebt, haben Sie bereits einen sehr guten Grundstein für eine mögliche Beziehung gelegt. Wenn Sie gut gewählt und es mit einem Mann zu tun haben, der liebenswert, großzügig und treu ist, bewegt sich diese Bekanntschaft vermutlich langsam in Richtung Beziehung. Entscheidend ist, ob er Ihnen das Gefühl gibt, gern Zeit mit Ihnen zu verbringen, und ob umgekehrt auch Sie ihn gern um sich haben. Wenn Sie das Gefühl haben, ihn zu kennen und zu wissen, wie er tickt, und Sie sich von ihm verstanden fühlen, dann können Sie sich jetzt zurücklehnen und die gemeinsame Zeit genießen.

Ich habe Ihnen viele Regeln, No-Gos, Tipps und Beispiele mit auf den Weg gegeben, und ich weiß: Es kann in der Kennenlernphase richtig anstrengend werden. Dating ist harte Arbeit. Haben Sie aber ein hoffentlich passendes Gegenstück gefunden, gibt es nun keinen Grund mehr, sich zu stressen. Das gilt auch im Hinblick auf die Definition Ihrer neuen Liebe. Viele Frauen wollen den Dingen immer möglichst schnell ein Label verpassen. Ist er jetzt mein Partner? Ist er mein Freund? Sind wir ein Paar?

Ich glaube, Sie spüren, wenn es so weit ist. Nicht jeder Lebenssituation muss ein Etikett verpasst werden. Auch wenn einige Paare ihr Liebesglück sofort beim Namen nennen wollen, auf Facebook ihren Beziehungsstatus ändern und allen Bekannten erzählen, jetzt endlich in einer offiziellen Beziehung zu sein, gibt es doch noch andere Kriterien, die wichtiger sind. Meiner Meinung nach befinden sich zwei Menschen in einer Beziehung, wenn sie im »Wir« denken, statt noch im »Ich« und im »Du«. Ändert sich Ihre Perspektive und beinhalten mehrere Lebensbereiche und Planungen nicht nur Sie selbst, sondern auch einen Partner, befinden Sie sich in einer Beziehung. Immer vorausgesetzt, Ihrem Partner geht es genauso.

Entscheidend ist die Frage, ob Sie beide aufgehört haben zu suchen. Wir haben ja schon zu Beginn dieses Buches über die vermeintlich unendliche Auswahl an Singles in der heutigen Zeit gesprochen. Wenn Sie beide sich nicht mehr für Alternativen interessieren, ist das ein sicheres Zeichen dafür, dass Sie verliebt und auf dem Weg in eine feste Beziehung sind. Sie merken es ja selbst: Vielleicht haben Sie sich längst von allen Dating-Apps abgemeldet oder wimmeln automatisch alle Verehrer ab, die auf Sie zukommen, wenn Sie mit Ihren Freundinnen ausgehen. Es gibt nur mehr einen, der Sie interessiert? Dann herzlichen Glückwunsch. Wir hoffen selbstverständlich, dass es umgekehrt genauso ist. Natürlich können Sie ihm nicht in den Kopf schauen, aber Ihr Instinkt wird Sie nicht täuschen. Stressen Sie sich nicht, wenn die Annäherung ein wenig dauert. Bei den einen geht es schneller, bei den anderen dauert es etwas länger. Es gibt keinen Zeitplan, den Sie einhalten müssen – entscheidend ist nur, dass Sie den richtigen Mann ausgewählt haben. Die Integration in das Leben des jeweils anderen erfolgt in kleinen Schritten und es gibt keinen Grund zur Eile.

Wenn Sie Ihren Liebsten Familie und Freunden vorstellen und umgekehrt auch seine wichtigsten Menschen kennenlernen wollen, ist das allerdings ein ziemlich großer Schritt. Aus meiner Sicht gibt es dabei drei Stufen.

Beginnen Sie mit Ihren Freunden, das ist Stufe eins. Schweben Sie auf Wolke Sieben, haben Sie wahrscheinlich ohnehin Lust, diesen tollen Mann auch den Menschen vorzustellen, die wichtig für Sie sind. Es ist auch eine gute Gelegenheit, die Reaktion Außenstehender auf Sie beide als Paar zu testen. Und es ist praktisch: Kennt er Ihre Freunde, können Sie an den Wochenenden Ihre Zeit mit den Freunden und dem Mann kombinieren und sind flexibler. Ihre Freunde werden sich außerdem mit ihrer Meinung nicht hinter dem Berg halten – wenn Sie noch unsicher sind in Bezug auf Ihre Wahl, kann deren Reaktion also auch hilfreich sein.

Übertreiben Sie es aber nicht: Stellen Sie einen Mann grundsätzlich erst dann Ihrem Umfeld vor, wenn Sie wirklich Chancen auf eine langfristige Verbindung sehen. Sie wollen nicht alle paar Wochen mit einem anderen auftauchen, das werden selbst sehr gute Freunde irgendwann seltsam finden. Und auch wenn die Rückmeldungen Ihrer Freunde natürlich spannend sind, geben Sie Meinungen von außen nicht zu viel Bedeutung. Wenn Sie sich in Ihrer Wahl sicher sind, ist nur Ihr Gefühl entscheidend. Sie können es im Leben nie allen recht machen, das gilt auch bei der Wahl eines neuen Partners.

Einzige Ausnahme: Sagen alle, wirklich alle Ihre Freunde, dass mit dem neuen Mann an Ihrer Seite etwas nicht stimmt, dann sollten Sie das ernst nehmen. Aber ansonsten gilt: Machen Sie aus Ihrer Partnerwahl keine demokratische Abstimmung. Freuen Sie sich, wenn er gut in Ihren Freundeskreis passt, mehr ist nicht notwendig.

Wenn die neue Liebe in Ihre Clique integriert ist, ist es Zeit für *Stufe zwei: die Vorstellung bei Eltern, Geschwistern und anderen Familienmitgliedern*. Dabei gilt: Sie sind kein Teenager mehr, Ihre Familie muss Ihre Wahl nicht absegnen. Aber es ist natürlich bedeutend leichter, wenn der Mann an Ihrer Seite ausreichend soziale Kompetenz mitbringt, um einen Abend mit Ihrer Familie unfallfrei zu überstehen. Gehen Sie nach und nach mit Familienmitgliedern essen – das macht es einfacher, als ihn im Rahmen einer großen Feier allen auf einmal vorzustellen.

Erst wenn das alles geklappt hat, ist es meiner Ansicht nach Zeit für *Stufe drei: die Kinder*. Mit diesem Schritt lassen Sie sich bitte so viel Zeit wie möglich. Nichts ist schlimmer, als den eigenen Kindern ständig neue Freunde, Partner, Ersatz-Papas oder One-Night-Stands vorzustellen. Erst wenn Sie sicher sind, dass Sie mit diesem Mann Ihre Zukunft verbringen wollen, dürfen Ihre und seine Kinder involviert werden.

Einige Menschen sind der Meinung, der Partner müsse dann erst den »Kids-Test« überstehen. Von dieser Einstellung halte ich nichts. Bevor die Kinder ihn kennenlernen dürfen, sollten Sie sich als Paar miteinander sicher fühlen und auch möglichen kleinen Gegenangriffen gewachsen sein. Wenn ein Paar kein eingespieltes Team ist, kann es schwierig sein, ein gutes Verhältnis zu den Kindern aufzubauen. Kinder sind nicht immer einfach, das müssen sie ja auch nicht sein. Zwei Klienten von mir zum Beispiel hatten beide jeweils zwei Kinder im Teenageralter. Als sie die Familien zusammengeführt haben, ließ das totale Drama nicht lang auf sich warten. Die Kinder haben alles versucht, um die beiden auseinanderzubringen und die Beziehung zu sabotieren. Die zwei Verliebten hatten aber lang genug gewartet und waren ein starkes Team. Gut so, denn sonst wäre die Beziehung womöglich an den anfänglichen Tyranneien der Kinder gescheitert.

Wichtig im Umgang mit den Kindern Ihres Partners: Lassen Sie sich niemals auf einen Wettbewerb ein. Diesen Kampf verlieren Sie sicher. Gegen ein Kind haben Sie keine Chance, das ist auch gut so. Versuchen Sie also gar nicht erst, sich zwischen einen Mann und sein Kind zu stellen. Die Liebe zum Nachwuchs ist eine völlig andere Art der Zuneigung, als wir sie für einen Partner oder eine Partnerin empfinden. Sie dürfen nicht erwarten, dass Sie in seinem Leben die alleroberste Priorität sind, vor allem nicht, wenn er Vater ist. Und ganz wichtig: Spielen Sie sich nicht als Mama auf! In der Regel haben die Kinder schon eine Mutter, für diese Rolle brauchen sie Sie also nicht. Sie sind die Freundin ihres Vaters und im besten Fall bauen Sie auch zu den Kindern ein freundschaftliches Verhältnis auf. Das genügt. Für die Erziehungsarbeit sind Sie nicht zuständig.

Ist die Familienintegration geglückt, geht es nun darum, Ihre Liebe zu bewahren und gemeinsam eine schöne Zeit zu verbringen. An dieser Stelle möchte ich Ihnen ein Geheimnis verraten, das ich für entscheidend halte, um eine Beziehung über viele Jahre glücklich zu halten: Versuchen Sie einem Mann das Leben so leicht wie möglich zu machen. Damit meine ich nicht, dass Sie ihm die Welt zu Füßen legen oder ihn von vorn bis hinten bedienen müssen. Es geht darum, für Sie beide ein Leben voller Leichtigkeit zu schaffen. Verbringen Sie so viele unbeschwerte, fröhliche Stunden zusammen wie möglich! Das hält Ihre Liebe frisch.

Das hat oft viel mit Organisation zu tun. Ich sage Ihnen ein Beispiel. Müssen Frauen heutzutage eigentlich noch kochen können, um einen Mann glücklich zu machen? In meinen Augen gibt es im Hinblick auf die Küchenfrage drei Optionen. Entweder Sie haben das Glück, bei Ihrer Mama oder der Oma das Kochen gelernt zu haben. Dann haben Sie mit hoher Wahrscheinlichkeit eine Leidenschaft für die gute Küche und können eine Vielzahl an Gerichten ohne Rezept oder komplizierte Hilfsmittel auf den Tisch zaubern. Die zweite Option ist ein eingeschränktes Repertoire an soliden Gerichten, die nicht unbedingt höchste Kochkunst erfordern. Und die dritte Variante ist: Sie sind gut organisiert. Etwas anderes kommt für mich nicht infrage.

Ich selbst gehöre zur dritten Kategorie. Ich bin keine ausgezeichnete Köchin. Mittlerweile beherrsche ich zumindest ein kleines Repertoire, aber als ich meinen Mann kennenlernte, konnte ich nicht einmal eine gute Pasta zubereiten. Ich war Studentin, meine Mutter hat früher immer hervorragend für uns gekocht, aber für die Geschehnisse in der Küche habe ich mich in meiner Jugend nie sonderlich interessiert. Die Ex-Frau meines Mannes konnte allerdings seinen Erzählungen zufolge spektakulär gut kochen. Immer wieder schwärmte er von ihren exzellenten Fischgerichten und den kreativen mehrgängigen Menüs – eine mir bis dahin völlig fremde Welt. Ich liebe qualitativ hochwertiges Essen, bin aber beim Verspeisen deutlich begabter als bei der Herstellung. Irgendwann war Tag X gekommen, eine Verabredung bei mir zu Hause. Ich musste mir also etwas einfallen lassen, denn ich wollte mich keinesfalls blamieren – und Lieferdienste gab es damals nicht wie heute. Glücklicherweise hatte ich mich bereits Monate zuvor mit der Haushälterin meines Nachbarn angefreundet. Eine nette Dame, der ich wohl auch sympathisch gewesen sein muss, denn als ich ihr von meinem Dilemma erzählte, bot sie sofort ihre Hilfe an. Sie kochte alles vor und sagte mir genau, was wie aufgewärmt oder fertig gestellt werden musste. So habe ich meinen Mann durch die ersten Monate »gekocht«.

Irgendwann musste ich natürlich gestehen, dass ich gar nicht kochen kann. Und ich habe später auch verstanden, dass ich gar keine Spitzen-Köchin sein muss: Wenn man die richtigen Produkte kauft und auf Qualität setzt, können selbst die einfachsten Gerichte wahre Gaumenfreuden sein. Denken Sie an einen einfachen Tomaten-Mozzarella-Salat. Oder Spaghetti mit Basilikum-Pesto. Beide Gerichte können mit billigen Zutaten, geschmacklosen Tomaten, wässrigem Mozzarella und einem Discounter-Pesto ziemlich langweilig und öde schmecken. Entscheiden Sie sich aber für die richtigen Produkte, reife Ochsenherztomaten, einen frischen Büffelmozzarella aus Apulien, Premium-Spaghetti und ein selbstgemachtes Pesto, spielt das Gericht in einer anderen Liga. Auch wenn Sie eine gestresste Business-Frau sind, können Sie es schaffen, Ihrem Liebsten ab und zu ein gutes Essen zu zaubern – oder es aufzutreiben. Auch der Lieferdienst ist völlig legitim, wenn Sie wissen, wo Sie bestellen.

Warum erzähle ich Ihnen das? Weil es in der Liebe darum geht, Magic Moments zu schaffen. Kein Mann wird von Ihnen unbedingt erwarten, dass Sie eine gute Köchin sind, aber jeder Mann freut sich über gutes, gesundes und selbstgemachtes Essen. Es geht darum, ihm hin und wieder diese Freude zu machen, ganz egal, ob Sie eine begnadete Köchin sind oder, so wie ich, eher nicht.

Das Geheimnis einer langen Liebe ist Romantik.

Leider leben wir in sehr kopfgesteuerten Zeiten. Lernen Sie unbedingt, Romantik wieder zuzulassen, sie neu zu entdecken. Das kann schon damit beginnen, ein schönes Restaurant auszusuchen. Manche Lokale haben diese gewisse Atmosphäre, die das Feuer zwischen Ihnen und Ihrem Partner wieder entzünden kann. Haben Sie zu Hause ein Dinner vorbereitet, so ist das auch sehr romantisch. Mit dem passenden Licht, guter Musik und einem Glas Wein ist die Atmosphäre sofort verändert.

Romantik ist natürlich etwas sehr Individuelles, oft sind es nur kleine Gesten, die zeigen, dass der Partner sich Gedanken gemacht hat und Ihnen eine Freude bereiten will. Wenn ein Mann Ihnen zuliebe etwas macht, das er eigentlich nicht ausstehen kann, ist das auch romantisch. Ich finde es romantisch, wenn mir mein Mann gelegentlich eine Kleinigkeit aus der Stadt mitnimmt und auf einmal ein kleines Päckchen auf dem Tisch steht. Egal, ob das Pralinen sind oder dieser eine Badeanzug, der mir beim letzten Schaufensterbummel so gefallen hat – Hauptsache es kommt von Herzen. Eine delikate Salami aus Italien für die Jause bei der nächsten gemeinsamen Wanderung finde ich auch sehr romantisch. Es geht um kleine Gesten der Aufmerksamkeit, die das Knistern im Alltag bewahren. Schaffen Sie solche Momente! Und, ganz wichtig: Würdigen Sie romantische Gesten Ihres Partners. Wenn er kein guter Koch ist, aber ganz genau weiß, wie Sie immer von dem Risotto al limone schwärmen, das Sie beide auf Capri gegessen haben, und sich dann in die Küche stellt und versucht, das Risotto für Sie zuzubereiten, ist das Romantik pur. Auch wenn die Küche danach einem Schlachtfeld gleicht und das Risotto nicht so gut schmeckt wie auf der Insel – der Gedanke und der Aufwand allein sind Geste genug. Auch das klassische Frühstück ans Bett ist immer eine tolle Idee. Versuchen Sie einfach, Ihrem Partner eine Freude zu machen und gemeinsam romantische Momente zu erleben. Nehmen Sie Ihr Glück nicht für selbstverständlich, dann stehen die Chancen gut, dass Sie es lang bewahren können.

Es gibt auch Dinge, die echte Romantik-Killer sind. Vor dem schlimmsten möchte ich Sie warnen: Nehmen Sie niemals das Wort Heiratsantrag in den Mund! Setzen Sie einen Mann mit diesem Thema nicht unter Druck. Wenn Sie immer wieder die Ehe ansprechen oder sogar nach einem Heiratsantrag fragen, dann hören Sie sofort damit auf. Wenn er Sie heiraten möchte, wird er schon den Mut haben, das zur richtigen Zeit anzusprechen. Gerade in den ersten Monaten des Kennenlernens ist das Antragsthema tabu. Womöglich schlagen Sie einen tollen Mann in die Flucht, der bloß etwas mehr Zeit gebraucht hätte. Sind Sie schon mehrere Jahre ein Paar und wünschen sich eine Hochzeit, von ihm kommt aber nichts, dann dürfen Sie das Thema natürlich ansprechen, um herauszufinden, wieso er den nächsten Schritt nicht wagen möchte. Aber am Beginn einer Beziehung ist dieses Thema der absolute Romantik-Killer. Belasten Sie Ihre junge Liebe nicht damit.

Resümee

Wir haben nun ein beachtliches Stück des Weges miteinander zurückgelegt und egal, ob Sie bereits einen vielversprechenden Partner in Aussicht haben oder noch auf der Suche sind: Dating ist anstrengend. Das haben Sie bestimmt festgestellt. Aber der Preis für all den Aufwand ist das schönste Gefühl der Welt. Ein Partner, der Sie versteht, der mit Ihnen die Schwierigkeiten des Alltags meistert und die schönen Seiten des Lebens noch schöner macht, wird all Ihre Mühen wert sein.

Es ist toll, dass Sie bereit sind, diesen Weg zu gehen! Eine Beziehung, das habe ich versucht, Ihnen zu verdeutlichen, kann erst dann funktionieren, wenn Sie mit sich selbst zufrieden sind. Ein Partner darf niemals ein Retter sein, der Sie aus Ihrer Misere holen und endlich glücklich machen soll. Das ist Ihre Aufgabe. Sie müssen sich selbst glücklich machen, erst dann sind Sie bereit für dieses schöne Extra der Liebe. Dieses Zuckerl, das das Leben süßer macht.

Während Ihrer Suche gilt: Lassen Sie sich auch auf Männer ein, die auf den ersten Blick nicht unbedingt in Ihr Beuteschema passen, wenn Sie interessant und sympathisch wirken. Versuchen Sie, aus Mustern, die Sie in den vergangenen Jahren aufgebaut haben, auszubrechen – und machen Sie das Beste aus sich! Sie müssen keinen Super-Model-Body haben, um die Liebe zu finden, aber achten

Sie auf sich. Innerlich und äußerlich. Wenn Sie mit sich zufrieden sind, werden Sie strahlen.

Wählen Sie klug: Ein intellektueller Austausch ist in einer Beziehung unglaublich wichtig, genauso wie gemeinsame Werte, Interessen, Ziele und Wünsche – und Humor! Sie müssen das Potenzial sehen, ein unschlagbares Team zu bilden, das gemeinsame Visionen entwickeln und realisieren kann. Versuchen Sie, Ihre Zeit nicht zu lang an einen Mann zu verschwenden, der von Anfang an kein Zukunftspotenzial für Sie hat. Wenn Sie sich nun also auf die Suche machen, versuchen Sie durch einige Dates und intensive Gespräche herauszufinden, ob er zu Ihnen passen könnte. Fokussieren Sie sich dabei auf die wirklich wichtigen Dinge: Ihr künftiger Partner soll ein gutes Herz haben. Alles andere ist Verhandlungssache.

Warten Sie nicht, sondern fangen Sie an – jetzt!

Danksagung

Es ist mir ein Anliegen, mich bei all den Menschen zu bedanken, die einen wichtigen Beitrag zu der Entstehung meines Buches geleistet haben. Vielen Dank an meinen Freund Thomas Brezina, der mich ermutigt und motiviert hat, mein Wissen und meinen Erfahrungsschatz zu teilen. Für die großartige Zusammenarbeit bedanke ich mich beim Verlag edition a, insbesondere bei Bernhard Salomon, Angelika Slavik und Sophia Volpini. Bei meiner langjährigen Mitarbeiterin und Vertrauten Nicole Trinkl möchte ich mich für ihren unendlichen Einsatz und den inspirierenden Austausch bedanken.

Der allergrößte Dank gehört meinem wunderbaren Mann Peter Kinauer, der mich uneingeschränkt unterstützt und großes Verständnis dafür gezeigt hat, dass die zeitlichen Ressourcen für unser Privatleben dieses Jahr verschwindend klein waren. Deshalb möchte ich ihm auch dieses Buch widmen. Ohne dich, lieber Peter, würde es dieses Buch nicht geben, weil ich ohne dich nicht der Mensch wäre, der ich heute bin.

Bamberg

für alte und neue Freunde

Ein Führer durch die Stadt von
Karin Dengler-Schreiber

„Apfelweib“, Türknauf in der Eisgrube

Die Öffnungszeiten von Museen, Dom usw.
siehe Seite 75 ff.

Bildnachweis:

Sternenmantel (Diözesanmuseum Bamberg)
Die hl. Kunigunde (Reinhold Eckert)
Brückenrathaus (Umschlag vorne), Kaisergrab (Peter Eberts)
Blick über Bamberg (Umschlag hinten), Schloss Concordia (Verlagsarchiv)
Alle anderen Fotografien: Alfred Weinkauf

Bibliografische Information Der Deutschen Bibliothek

Die Deutsche Bibliothek verzeichnet diese Publikation in der der Deutschen Nationalbibliografie; detaillierte bibliografische Daten sind im Internet über http://dnb.ddb.de abrufbar.

6. überarb. Auflage 2005
Heinrichs-Verlag GmbH, Bamberg

Umschlag: Britta Schweinsmann
Herstellung: Bayerische Verlagsanstalt Bamberg
Druck und Verarbeitung: Haßfurter Druck & Verlag GmbH
Printed in Germany
ISBN 3-89889-014-7

Stadtgeschichte

Stadtbesichtigung

Das Sternbild der Zwillinge vom Sternenmantel Kaiser Heinrichs II., den der apulische Fürst Melos 1020 bei seinem Besuch in Bamberg dem Kaiser schenkte. Dieses einzigartige Zeugnis aus der Anfangszeit Bambergs ist im Diözesanmuseum ausgestellt.

Stadtgeschichte

Der Zauber der Geschichte – an nicht allzuvielen Orten ist er so intensiv erlebbar wie in Bamberg. Die Mauern sind vollgesogen mit Geschichte und Geschichten. Einige wollen wir zum Sprechen bringen: Wer die Zusammenhänge kennt, wird auch die einzelnen Kunstwerke verstehen, wird erleben, was das Wesen und den Reiz dieser Stadt ausmacht. Wer sich zu Fuß durch die Straßen und Gassen treiben lässt, kann neben den bedeutenden und unzählige Male fotografierten Kunstwerken viele kleine Entdeckungen machen: ein Kamel als Hausfigur und verrostete barocke Türangeln, Köpfchen als Fensterladenhalter und den Domreiter im Tätowierladen, geschnitzte Treppengeländer und Gartenzwerge im Klostergarten. Dieses Büchlein soll ein roter Faden für Spurensucher sein.

Anfänge

Die Geschichte reicht weit zurück in Bamberg. Ausgrabungen auf dem Domberg zeigen, dass dort schon im 7. Jahrhundert eine Burg stand, in der Slawen und Franken friedlich beieinander wohnten. Sie lag auf einer Anhöhe über der Regnitz und bewachte den Flussübergang und zwei wichtige Straßen: die eine, die sich in nord-südlicher Richtung durch das karolingische Reich zog, verlief östlich des rechten Regnitzarmes; die andere kam von Würzburg im Westen und führte über den Jakobsberg zur Burg und ging weiter in Richtung Forchheim.

7. Jahrhundert. Eine Burg der Slawen und Franken

In dieser Burg fand im Jahr 718 ein großes Fest statt. Im Bericht darüber findet sich die früheste Erwähnung Bambergs. Die junge Bilihilt hatte in Würzburg den Herzog Hetan geheiratet. Das Paar kam nun „nach Bamberg, wo viele vergnügliche Festlichkeiten statt-

9. Jahrhundert. Babenberger

Heinrichs Morgengabe an Kunigunde

fanden und die Stämme der Franken ihnen huldigten." Die Burg war im 9. Jahrhundert in der Hand der Babenberger, die namengebend für Bamberg wurden. Nach dem tragischen Ende dieser Familie fiel sie an den deutschen König. Kaiser Otto II. schenkte sie 973 dem Bayernherzog Heinrich d. Zänker. Von dessen Sohn, dem späteren Kaiser Heinrich II. (1002–1024), wird erzählt, dass er schon Kind diesen Platz sehr geliebt habe. Als er sich 997 mit Kunigunde von Luxemburg vermählte, schenkte er ihr Bamberg als Morgengabe.

Hauptstadt des Reiches

Bistumsgründung

Der erste Bischof

Das „neue" Rom

Nachdem Heinrich 1002 zum deutschen König gewählt worden war, beschloss er, hier ein Bistum zu gründen. Neben seiner persönlichen Vorliebe waren religiöse und v. a. politische Motive ausschlaggebend für diesen Entschluss. Damals waren die Bischöfe die wichtigsten Beamten des Königs, die auch von ihm eingesetzt wurden. Bamberg lag zwischen den beiden Machtblöcken des Herzogtums Sachsen und des Herzogtums Bayern und nahe der Ostgrenze des Reiches. deshalb musste der König dort einen zuverlässigen Mann zu seiner Verfügung haben. Der erste Bamberger Bischof, Eberhard (1007–1040), war zugleich Kanzler des Reiches, also dessen oberster Verwaltungsbeamter. Heinrichs Überlegungen machten sich auf Dauer bezahlt: Die Reichstreue war eine der Konstanten der bambergischen Politik.

Kaiser Heinrich II. hatte aber auch noch einen weit darüber hinausgehenden Plan. Die imperiale Ausstattung, die er dem Bistum und dem von ihm erbauten Dom gab und andere Indizien lassen darauf schließen, dass er vorhatte, in Bamberg die symbolische Hauptstadt des Reiches zu errichten, wie die alte Kaiserstadt Rom auf „sieben Hügeln" und mit einer Peterskirche. Abt Gerhard von Seeon bezeichnete Bamberg als *caput orbis*, Hauptstadt der Welt. Kaiser Heinrich II. und seine Gemahlin Kunigunde hielten sehr oft in Bamberg Hof und schenkten dem Ort vielerlei Besitz: darunter sechs königliche Abteien und Streubesitz in Süddeutschland, im Elsaß und in Kärnten. Bamberg verdankt ihnen jedoch noch mehr: wertvollste Bücher, darunter die des bibliophilen Kaisers Otto III., Reliquien, Kunstwerke und ihre Staatsmäntel; aber auch den Stoff für Legenden. Deren Aufzeichnung war die Grundlage für die Heiligsprechung von Heinrich (1146) und Kunigunde (1200). Die beiden sind noch heute in der Stadt fast allgegenwärtig – auf Altären und Brücken, an Hausfassaden und in Erzählungen.

Heiligsprechung von Heinrich und Kunigunde

Welch herausragende Stellung Bamberg einnahm, beweist die Tatsache, dass hier das Gipfeltreffen der beiden Weltmächte der damaligen Zeit stattfand: Ostern 1020 besuchte Papst Benedikt VIII. Heinrich II. in Bamberg, um sich mit ihm über das Schicksal von Reich und Kirchenstaat zu beraten und bei dieser Gelegenheit auch gleich einige Kirchen zu weihen.

Papstbesuch 1020

Papst Clemens II., Grabfigur im Dom (nach 1225)

Stadt der Bischöfe

Papst Clemens II.

Der zweite Bamberger Bischof, Suidger (1040–1047), wurde auf König Heinrichs III. Wunsch als Clemens II. zum Papst gewählt. „Ich werde alle meine Sorgfalt darauf verwenden, dich, Bamberg, zu schützen, meine Freundin, meine Schwester, meine Braut, meine Taube“, schrieb Clemens II. kurz vor seinem Tod, der den noch jungen Mann nur neun Monate nach seiner Wahl plötzlich ereilte. Er hatte ausdrücklich gewünscht, in Bamberg begraben zu werden. Unter dramatischen Umständen wurde sein Leichnam heimlich in sein Bistum überführt. Im Westchor des Domes befindet sich sein Grab, das einzige Papstgrab nördlich der Alpen.

Domschule: Die Schule des Reiches

Die Nachfolger Kaiser Heinrichs II. vergaßen die Hauptstadtidee. Bamberg wuchs in eine neue Aufgabe hinein: *die* Schule des Reiches zu sein. Wer in Deutschland Karriere machen wollte, musste die Bamberger Domschule durchlaufen haben. Man beherrschte nicht nur die antike und christliche Literatur; Bischof Gunther (1057–1065) vergnügte sich zum Entsetzen mancher Domherren sogar mit deutscher Heldendichtung.

Auf seinen Wunsch hin dichtete der Scholaster Ezzo ein Lied in deutscher Sprache, das in einer vom Latein geprägten Bildungswelt den „Wiederanfang volkssprachlicher Literatur“ darstellt. Die Bamberger Kanoniker waren sehr stolz auf ihre Bildung; einen geschäftstüchtigen, aber ungebildeten Bischof, Hermann I., lehnten sie so vehement ab, dass er schließlich abdanken musste.

Bischof Otto I.

Ungemein beliebt dagegen war Bischof Otto I. (1102–1139). 1189 setzten die Bamberger seine Heiligsprechung durch. Er war ein ungewöhnliches Organisations- und Finanzgenie und ein bemerkenswert sympathischer Mensch. Er brachte es fertig, in einer ungemein kriegerischen Zeit an keinem einzigen Krieg teilzunehmen und trug maßgeblich dazu bei, den verderblichen Streit zwischen Kaiser und Papst um die Einsetzung (Investitur) der Bischöfe zu beenden. Am bekanntesten wurde er als Apostolus Pomeranorum, durch seine zwei Missionsreisen zu den Pommern. Er gründete und reformierte zahlreiche Klöster und ist auch der Bauherr vieler Kirchen, auch in Bamberg.

Die Immunitäten

Dort waren im Lauf des 11. Jahrhunderts in Kreuzform rund um den Dom das Benediktinerkloster St. Michael (1015) und die Kanonikerstifte St. Stephan (1020), St. Gangolf (1057) und St. Jakob (1072) entstanden. Jedes lag in einem größeren, durch Mauern oder Hecken geschützten Gebiet, in dem neben den Geistlichen die „Leute" des Stifts oder Klosters wohnten, Diener und Handwerker und, v. a. am Michelsberg, die Winzer des an seinen Hängen angebauten Weins. Diese sogenannten „Immunitäten" waren eigene Rechtsbezirke, in denen der Abt bzw. Stiftspropst Herrschaftsfunktionen hatte, die in etwa denen eines Bürgermeisters und Richters vergleichbar wären.

Anfänge der Bürgerstadt

Inzwischen hatte sich am Fuß der Dombergs, am Ufer der Regnitz, eine Kaufmannssiedlung entwickelt, der Keim der späteren Bürgerstadt. Ihre Achse bildete die Sandstraße; dort lag der Marktplatz, das Stadtgericht, die bischöfliche Münze und der große Hof der „Zollner", der Zolleinnehmer des Bischofs. Der Bischof war nämlich nicht nur geistlicher Führer des Bistums, sondern auch der weltliche Herr des „Hochstifts Bamberg", eines kleinen „Staa-

Der Bischof als Landesherr

Der „Sand", erste Bürgersiedlung zu Füßen des Dombergs

tes“ mit weitreichenden Besitzungen. Der Bischof war mit allen landesherrlichen Rechten ausgestattet, wie Münze, Zoll und Gerichtsbarkeit. Bis zur Säkularisation 1802 blieb der Bischof Fürst des geistlichen Staates und Herr der Stadt Bamberg.

Die Bürgerstadt

Der bürgerlichen Siedlung war es Anfang des 12. Jahrhunderts im Sandgebiet zu eng geworden, sie hatte sich auf das Gebiet der Insel zwischen den beiden Armen der Regnitz ausgedehnt. Verbunden wurden die beiden Stadtteile durch zwei Brücken („Obere und Untere Brücke“), zwischen denen die Bürger ihr Rathaus erbauten. Unter ihnen hatten sich einige

Patrizierfamilien

große und reiche Patrizierfamilien herausgebildet, die im Lauf des 13. und 14. Jahrhunderts die Geschicke der „stat“ mehr und mehr in die Hand nahmen. Bald nach 1200 bekam die Bürgerschaft ein

Stadtsiegel

Stadtsiegel verliehen. Es zeigt den hl. „Ritter“ Georg mit dem Adlerwappen der Andechs-Meranier. Dieses mächtige Adelsgeschlecht Oberfrankens in der Zeit um 1200 besetzte von 1177 bis 1245 fast kontinuierlich den Bamberger Bischofsthron. In ihrer Zeit entwickelten sich die Rechte der Stadtkommune. Ab 1306 entstand ein Gerichtsbuch, in dem auch ein Stadtrat bezeugt ist.

Auch am geistig-kulturellen Leben waren die Bürger jetzt gewillt teilzunehmen. Um 1300 schrieb der

Hugo von Trimberg

Schulrektor von St. Gangolf, Hugo von Trimberg, einen „Bestseller“, das riesige Lehrgedicht *„Der Renner“*. Er meint, ein richtiger Mann sei nur der, der lateinisch und *deutsch* dichten, lesen und schreiben kann. Hinter der beanspruchten Gleichberechtigung des Deutschen steht unüberhörbar die Forderung nach Bildung des Stadtbürgers und der Öffnung der geistlich-adligen Schulen.

Ihr Kapital investierten die reichen Patrizierfamilien in eine damals ganz innovative Sache: die Son-

Gärtnereien

derkultur des Gemüseanbaus, Gärtnereien, die sie in den Rodungen des Hauptsmoorwaldes östlich des rechten Regnitzarmes ansiedelten. Damit fügten sie

Die heilige Kunigunde auf der Unteren Brücke

Die drei Komponenten Bambergs

die dritte Komponente der noch heute gültigen Struktur Bambergs bei: Diese wuchs zusammen aus der geistlichen Hügelstadt, der bürgerlich-merkantilen Inselstadt und der agrarischen Gärtnerstadt.

Die wachsende Macht des Bürgertums war dem Domkapitel – 32 Domherren, die dem Bischof in geistlichen und weltlichen Dingen zur Seite standen, ihn aber auch immer mehr majorisierten – ein Dorn im Auge. Das Domkapitel hatte auch das Sagen in den Immunitäten, deren Bewohner im Gegensatz zu den Bürgern in der „stat" keine Abgaben zahlen mussten, nicht dem Stadtgericht unterworfen waren, sich nicht am Bauunterhalt von Brücken, Wegen und Türmen beteiligten und deren Märkte frei von Steuern blieben. Diese Bedingungen waren natürlich für die Stadtbürger sehr ungünstig. Dazu kam, dass das

Stadtmauer

Domkapitel den Neubau der Stadtmauer verhinderte, denn eine solch große gemeinschaftliche Aufgabe hatte stets Selbstbewusstsein und Einigkeit der

Hussiten

Kommunen gestärkt. 1430 konnten die Hussiten nur durch die immense Summe von 15 000 Gulden Lösegeld davon abgehalten werden, die ungenügend befestigte Stadt zu plündern und zu verbrennen. 1435 brach zwischen Bischof und Domkapitel einerseits

Muntäterkrieg

und den Stadtbürgern andrerseits der „Muntäterkrieg" aus, den die Bürger verloren. Viele der großen Familien verließen Bamberg und nahmen dabei ihr Kapital mit. Von diesem finanziellen Aderlass hat sich die Stadt lange nicht erholt. Im Hochmittelalter hatte Bamberg alle Anlagen für die Entwicklung zu einer Großstadt, nach 1435 verblieb es die Residenzstadt des Bischofs und Hauptstadt des Hochstifts Bamberg.

Die gute Zeit des späten Mittelalters

Domkapitel und Bischof

Die Wagschale der Macht neigte sich im Spätmittelalter immer eindeutiger auf die Seite des Domkapitels. Der Bischof verzog vom Domberg auf die Altenburg. Seit dem 14. Jahrhundert wurde sie zur kostbar ausgestatteten Wohnung des Bischofs ausgebaut.

Die „Klugen Jungfrauen" vom Hochzeitsportal der Oberen Pfarre (1350)

Blütezeit der Kunst

Geistige Aufgeschlossenheit und Kunstsinn kennzeichneten damals den Bamberger Bischofshof. Bischof, Adel und das reiche Patriziat förderten und bezahlten zahlreiche Künstler, auch aus Gründen konkurrierender Selbstdarstellung. Neben den kleinen Handwerksbetrieben entstanden größere Firmen mit zahlreichen Gesellen, die sich das Studium der europäischen Kunstentwicklung leisten konnten. In der ersten Hälfte des 15. Jahrhunderts erfassten die Bamberger Künstler schneller als anderswo die Neuerungen aus Italien und den Niederlanden. Um 1500 arbeiteten in Bamberg 9 Maler und Bildschnitzer, darunter Wolfgang Katzheimer, Ulrich Widmann, Paul Lautensack, Conrad Bußer und Hans Nußbaum. Doch der begabteste einer Bamberger Malersippe, Hans Pleydenwurff, war damals schon nach Nürnberg abgewandert, im Gefolge Bamberger Patrizierkapitals und mit Vergünstigungen angeworben von der Reichsstadt. Diese Entwicklung dörrt nach 1520 den Kunstmarkt in Bamberg aus.

Maler und Bildschnitzer

Von der bis dahin so reichen Produktion des Spätmittelalters ist in Bamberg heute nicht mehr viel erhalten. Die Zerstörungen des Markgrafen Albrecht Alcibiades und des Dreißigjährigen Krieges, die Barockisierung und die Säkularisation haben die Kunstwerke vernichtet oder zerstreut.

Humanismus

Doch nicht nur die Kunst zeugt vom regen kulturellen Leben Bambergs im 15. Jahrhundert. Unter den Bischöfen Georg I. von Schaumberg (1459–1475) und Georg III. Schenk von Limburg (1505–1522) wurde Bamberg zu einem Mittelpunkt des deutschen Humanismus, der Geistes- und Naturwissenschaften. Zu den bedeutenden Männern am Hofe Georgs III. gehörte Johann von Schwarzenberg (1463–1528), der Verfasser der *„Bambergischen Halsgerichtsordnung"*. Auch an den neuesten Erfindungen war der Bamberger Bischof interessiert. Es

Die Kunst des Buchdrucks

ist also kein Zufall, dass die junge Kunst des Buchdrucks in Bamberg als zweite Stadt nach Mainz ausgeübt wurde. Auch das erste jemals illustriert gedruckte Buch entstand 1460/61 in Bamberg. Der Domherr Albrecht von Eyb (1420–1475) schrieb nicht nur ein Gedicht über die Schönheit der Stadt, sondern auch eines über die des Mädchens Barbara, und in seiner *„Apellatio"* fordern die Bamberger Frauen die Einführung der freien Liebe. Kein Wunder, dass er meinte: „Wenn Nürnberg mein wäre, wollt ich's in Bamberg verzehren!"

Man konnte damals offenbar ganz gut hier leben. In vielen Schriften wird gerühmt, dass die Stadt wie ein fruchtbarer Garten sei; die erfolgreichen Veredelungskünste der Bamberger Gärtner im Obst- und Gemüsebau hatten die Esskultur erheblich verfeinert.

Bierverbrauch

1450 soll der Bierverbrauch pro Kopf jährlich 440 Liter betragen haben.

Auch das Stadtbild verfestigte sich in dieser Zeit. Die alten Siedlungskerne wuchsen zusammen. Ein großer Teil der Häuser in der Altstadt stammen, barock überformt, noch aus dem Mittelalter, ebenso wie der Zuschnitt der Grundstücke, der Verlauf der Straßen und die Anlage mancher Plätze. Mit dem

Petrus Zweidler

Stadtplan des Petrus Zweidler von 1602 fände man sich mit wenigen Ausnahmen noch heute in der Innenstadt zurecht.

Unruhige Zeiten im 16. und 17. Jahrhundert

Unter Bischof Georg III. Schenk von Limburg gab es in Bamberg zahlreiche Befürworter der Reformation. Doch unter seinem Nachfolger Weigand von Redwitz mussten viele von ihnen die Stadt verlassen. Am meisten erboste die Menschen die Verbannung des Custos von St. Gangolf, Johannes Schwanhausen, der mit seinen Predigten über die ungerechte Verteilung der Güter Zuhörer in großer Zahl angezogen hatte. So führten vielerlei Beweggründe – sozialreformerische, reformatorisch, emotionale und der erneute Versuch der Bürgerschaft, die Macht des Domkapitels zu brechen – zum Bamberger Aufstand in der großen deutschen Revolution, die man Bauernkrieg nennt, am 11. April 1525. Die Bürger besetzten die Stadttore, die aufgebrachte Menge plünderte die Höfe der geflohenen Domherren und das Kloster Michaelsberg. Dann kam es zu einer friedlichen Einigung mit Bischof Weigand. Doch nach der Niederlage des Bauernheeres vor Würzburg konnten auch dessen Bitten die Strafexpedition unter dem „Bauernschlächter" Georg von Truchsess nicht verhindern. Das Domkapitel hatte die Truppen hinter Weigands Rücken herbeigerufen. 12 Aufständische wurden in Bamberg hingerichtet und Stadt und Land mit extrem hohen Schadensersatzgeldern diszipliniert.

Reformation

Bamberger Aufstand im Bauernkrieg

Verpasste Reformen muss ein Land meist teuer bezahlen. Die totgeprügelte Revolution von 1525 rächte sich 100 Jahre später. 1618 begann der schreckliche Dreißigjährige Krieg, der 1631 auch Franken erreichte. Das Hochstift Bamberg war als Durchzugsgebiet ganz besonders betroffen, wurde von Freund und Feind, von den Kaiserlichen, den Schweden und den Franzosen gleichermaßen ausgeplündert und zerstört. Es gab Landstriche, die waren zu Ende des Krieges zu 80 % entvölkert, die Menschen erschossen, totgefoltert, verhungert, an Seuchen gestorben. Bamberg mit seinen vielen separaten Stadtteilen und seinen schwachen Mauern war nicht zu verteidigen und wurde wieder und wieder besetzt. Vor dem Krieg

Der Dreißigjährige Krieg

Der Dreißigjährige Krieg

hatte die Stadt etwa 12 000 Einwohner, danach nur noch knapp 7000. 1643 ließ die Regierung die „öden und wüsten Häuser“ aufzeichnen. Von den 660 betroffenen Wohngebäuden standen 25 % leer, 25 % waren zwar bewohnt, aber sehr reperaturbedürftig, 50 % aber waren „totaliter ruiniert“.

Hexenverfolgung

Doch schon vorher hatte Bamberg schwer zu leiden. Verschärft seit 1628 tobten die von der Obrigkeit inszenierten Hexenverfolgungen, denen im Hochstift Bamberg Hunderte von Menschen, v. a. Frauen, aber auch Männer und Kinder, unter unvorstellbaren Qualen zum Opfer fielen. Besonders hervorgetan hat sich hier Bischof Fuchs von Dornheim, der von den Hingerichteten auch noch 500 000 Gulden konfiszierte. Das Mittelalter war nicht finster, aber das 17. Jahrhundert war es.

Hausmadonna, Frauenstraße 3

Die Schönbornzeit

Schönborn-bischöfe

Bürgerlicher Beamtenstaat

Gegenreformation

Das zerstörte Land erholte sich langsam. Unter der Regierung der Schönbornbischöfe – Lothar Franz (1693–1729) und Friedrich Karl (1729–1746) – brach so etwas wie ein Wirtschaftswunder aus. Voraussetzung dafür waren Reformen, die Füstbischof Lothar Franz in Verwaltung und Wirtschaft durchsetzte. Als absolutistisch regierender Fürst schuf er sich einen straff organisierten, gut funktionierenden bürgerlichen Beamtenstab. Der Staat erfasste nun alle möglichen Lebensbereiche und übernahm viele neue Aufgaben. Handel und Handwerk wurden reglementiert, Manufakturen gefördert, Straßen gebaut und versucht, die Armut in den Griff zu bekommen. Hilfreich war die Stabilisierung der katholischen Kirche durch die Maßnahmen der Gegenreformati-

Hausmadonna, Zinkenwörth 6

on. Die Buntheit des Mittelalters mit seinen grellen Farben und tiefen Schlagschatten wich allmählich dem wohlgeordneten und ausgeleuchteten Beamtenstaat.

Nun galt es zu zeigen, wer man war. Die eigene, vielleicht auch nur erträumte Bedeutung zur Schau zu stellen, war Sinn und Zweck gewaltiger Bauten. Nur vor diesem Hintergrund ist die explodierende Bausucht der „Schönbornzeit" zu verstehen. Im 18. Jahrhundert muss Bamberg eine einzige Baustelle gewesen sein. Zahlreiche Monumentalbauten entstanden – allen voran die Neue Residenz des Fürstbischofs, daneben Kirchen, Klöster und Palais. Steuervorteile ermöglichten es auch den Bürgern, ihren Häusern mit barocken Fassaden ein neues Gesicht zu geben. Brunnen, Brücken und Plätze wurden mit Figuren geschmückt. Dahinter stand die städtbauli-

Barockisierung der Stadt

Fachwerkhaus des 16. Jahrhunderts mit barocker Fassade, Kapuzinerstraße 24

che Konzeption der bischöflichen Landesherren. Natürlich ließ sich einer gewachsenen, mittelalterlich kleinteiligen Stadt wie Bamberg kein symetrischer Idealplan überstülpen. Die Stadtplanung der Fürstbischöfe nach den Ideen Balthasar Neumanns sah eine barocke Achse vom Osten der Stadt mit dem Brückenkopf der weitberühmten Seesbrücke (1784 zerstört, heute Kettenbrücke) über die Hauptwachstraße, den Grünen Markt, das Inselrathaus bis hinauf zum Domplatz vor. Entlang dieser Achse entstanden die architektonischen Vorbilder für andere bürgerliche Bauten, versuchte man Blickbeziehungen zu schaffen und Räume, die dem barocken Lebensgefühl entsprachen. Ihr Höhepunkt ist der Eckpavillon der Neuen Residenz, der Bergstadt, Inselstadt und Landschaft optisch verbindet.

Balthasar Neumann

Neue Residenz

Sozialreformen und Säkularisation

Gegen Ende des 18. Jahrhunderts rückten andere Probleme in den Vordergrund: Die soziale Lage wurde immer bedrückender. Mit tiefgreifenden Reformen in Justiz, Bildungs-, Gesundheits- und Armenwesen versuchte Franz Ludwig von Erthal, Fürstbischof von Bamberg und Würzburg (1779–1795), den Missständen abzuhelfen. Er war der Prototyp des „aufgeklärten“ Fürsten, der sich als Diener seines Volkes empfand. Bei größter persönlicher Sparsamkeit verwandte er alle ihm zur Verfügung stehenden Gelder zur Verbesserung der Verhältnisse seiner Untertanen. Damals gab es in Bamberg etwa 21 000 Einwohner, davon 212 Ordens- und 162 Weltgeistliche, 1624 Handwerksmeister, 1003 Gesellen und 208 Lehrjungen, dazu 1400 Dienstboten und 3000 registrierte Arme. Zusammen mit seinem Leibarzt Adalbert Friedrich Marcus baute Franz Ludwig 1789 das damals modernste Krankenhaus Europas. Gleichzeitig schuf er eine Art „Krankenkasse“ für Dienstboten und Gesellen, in die Arbeitgeber und Arbeitnehmer einzuzahlen hatten. Die Organisation des Volksschulwesens sollte seine Untertanen befähigen, ihre Lage aus eigener Kraft zu verbessern.

Franz Ludwig von Erthal (1779–1795)

Krankenversorgung

Schulwesen

Armenwesen

Sein System des Armenwesens galt als so vorbildlich, dass es 1816 vom Königreich Bayern übernommen wurde und in seinen Grundzügen bis zur Bismarckschen Sozialgesetzgebung Gültigkeit behielt.

Säkularisation

Aber Einzelfälle wie er konnten den Umsturz Europas nicht mehr verhindern. Im Gefolge der Napoleonischen Kriege war 1801 die Säkularisation beschlossen worden: Die deutschen Fürsten sollten für ihre Verluste links des Rheins u. a. säkularisierten geistlichen Gebieten rechts des Stroms entschädigt werden. „Wir werden das Stück Tuch abgeben, aus welchem man für Freund und Feind Entschädigungen zurechtschneiden wird", hatte Fürstbischof Franz Ludwig prophezeit. 1802 besetzten bayerische Truppen die Stadt; damit war das Ende des selbstständigen Hochstifts Bamberg gekommen, seitdem gehört Bamberg zu Bayern.

Der Anschluss an Bayern

Bürgeremanzipation und Gründerzeit

Im streng zentralistisch organisierten Bayern war die ehemalige Residenzstadt nur eine Provinzstadt unter vielen. Auch der kleine Hof einer wittelsbachischen Nebenlinie, der die „Neue Residenz" zugeteilt wurde, konnte daran nichts ändern. Die Universität wurde geschlossen, der Sitz der Kreisregierung nach Bayreuth verlegt. Bamberg behielt das Appellationsgericht (heute Oberlandesgericht), Staatsbibliothek und Staatsarchiv. 1817 wurde es zum Erzbistum für Nordbayern erhoben.

Erzbistum für Nordbayern

Das kulturelle Leben wurde bisher vom bischöflichen Hof, dem Domkapitel und den Klöstern getragen worden. Nach deren Auflösung übernahm das Bürgertum diese Rolle, das nun, befreit von traditionellen Zwängen, enorm aktiv wurde. Über 100 kulturelle und gesellschaftliche Vereine entstanden. Ihre Sammlungen und 30 private Sammler fingen in der Säkularisation verschleudertes Kulturgut auf – Altäre, Bilder, goldene und silberne Kelche und Kreuze, Handschriften und Bücher, Möbel und vieles andere. Bürgerinitiativen retteten die Altenburg, die Jakobskirche und die Sebastianikapelle vor dem Abbruch.

Graf Soden

Graf Soden hatte schon 1802 ein stehendes Theater begründet, das stets am Rande des Ruins schwankend, nur mit Schwierigkeiten erhalten werden konnte. E.T.A. Hoffman wurde 1808 als Musikdirektor an dieses Theater verpflichtet. In Bamberg, das als Prototyp einer „romantischen Stadt" galt, sammelte er bis 1813 reichlich Stoff für seine literarische Produktion. Er war befreundet mit Dr. A.F. Marcus, der ihn in das Gesellschafts- und Kulturleben der Stadt einführte, und ihm Studien in der von ihm gegründete „Irrenanstalt St. Getreu" ermöglichte. Der Philosoph Georg F. W. Hegel gab von 1807 bis 1809 hier eine fortschrittliche Zeitung heraus, scheiterte aber an der Zensur, ebenso wie sein Nachfolger, der Dichter Friedrich Gottlob Wetzel. Politisch gehörten

E.T.A. Hoffmann

Georg F. W. Hegel

F. Gottlob Wetzel

E.T.A.-Hoffmann-Haus, Schillerplatz 26, wo der Dichter 1808–13 wohnte

Bamberger, v. a. der Rechtsanwalt Nikolaus Titus zu den Vorkämpfern der demokratischen Bewegung und zu den führenden Köpfen in der Paulskirche. Das Scheitern dieser Bewegung nach 1848, die Verhaftung und Vertreibung ihrer Vordenker ließ alle Aktivitäten in dieser Richtung erlahmen.

Kanal und Eisenbahn

Neue Verkehrswege erschlossen die Stadt. 1841 war der alte Donau-Main-Kanal mit Bamberg als nördlichen Endpunkt fertiggestellt. Schon 1844 erfolgte der Anschluss an das neue Eisenbahnnetz.

Beginnende Industrialisierung

Seit 1870 fasste die Industrialisierung auch in Bamberg Fuß. Es entstanden zwar keine großen Fabriken, aber viele kleine und mittlere Betriebe bildeten und bilden bis heute eine gesunde Grundlage im Wirtschaftsleben der Stadt. Die Bamberger waren z. T. auch sehr stolz auf ihre Industrie: Es gibt Abbildungen, auf denen die Domtürme in einem Wald von Fabrikschloten fast verschwinden. Eine richtige Industriestadt wollte man andererseits aber auch nicht werden; dazu waren die damit verbundenen gesellschaftlichen Veränderungen zu beunruhigend. Die Einwohnerzahl vervielfachte sich bis 1910 auf etwa 50000. Neue Straßen und Viertel wurden angelegt, die Stadt wuchs v. a. nach Süden und Osten.

Einen gewichtigen Anteil am wirtschaftlichen und kulturellen Leben der Stadt hatten die Juden, die

Gartenidyll in Klein-Venedig

nach der Abschaffung der Matrikelgesetze in der Mitte des 19. Jahrhunderts aus der Umgebung in die Stadt zogen. 1933 gab es in Bamberg etwa 1000 jüdische Bürger. Diese große Gemeinde war am Ende des Dritten Reiches völlig ausgelöscht, die Synagoge in der sog. „Reichskristallnacht" verbrannt, fast alle Spuren der Geschichte der Juden in Bamberg getilgt. Erst seit der Öffnung des „Eisernen Vorhangs" wächst die israelitische Kultusgemeinde wieder.

Die jüdische Gemeinde

Die beiden Weltkriege und das Dritte Reich

1330 Gefallene beklagte Bamberg am Ende des Ersten Weltkrieges, der am Äußeren der Stadt spurlos vorbeiging. Als Kurt Eisner am 8. November 1918 in München die Republik ausgerufen hatte, übernahm in Bamberg ein 54-köpfiger Arbeiter-, Bürger- und Soldatenrat die Regierung, ließ aber die staatlichen und städtischen Behörden weiter bestehen. Mit der Bewerbung um den Sitz der Nationalversammlung, der dann nach Weimar ging (Weimarer Republik), knüpfte man bewusst an die Tradition von 1848 an. Doch die Grundhaltung der Bevölkerung blieb konservativ, wie die Landtagswahl vom Januar 1919 zeigte. Dies veranlasste den bayerischen Ministerpräsidenten Johannes Hoffmann und sein Kabinett, am 7. April 1919 nach der Ermordung Kurt Eisners vor den Münchner Unruhen in Bamberg Zuflucht zu suchen. Sie bereiteten hier die Verfassung vor, die am 14. August 1919 angenommen wurde und bis 1933 gültig blieb.

Republik

Verfassung von 1919

Aus den Wahlen der folgenden Jahre ging meist die Bayerische Volkspartei als stärkste politische Kraft hervor, getragen von einem bürgerlichen Grundkonsens, der sich der Tradition und der katholischen Kirche verpflichtet fühlte und in dem Fest zu Kaiser Heinrichs 900. Todestag 1924 einen einprägsamen Feiertag erlebte. In den Reichstagswahlen vom 24. April 1932 aber wurden die Nationalsozialisten erstmals stärkste Partei. Nach der Machtübernahme 1933 fand auch in Bamberg schnell und brutal die sog. „Gleichschaltung" statt. Gegner und Kritiker, wie der ehemalige Oberbürgermeister

Machtübernahme 1933

Gleichschaltung durch den Nationalsozialismus

Weegmann, wurden in Schutzhaft genommen. Die wachsende Opposition der katholischen Kirche machte Bamberg für Hitler zwar zur „unzuverlässigen" Stadt, verhinderte aber nichts mehr. Die jüdische Bevölkerung Bambergs wurde vertrieben oder ermordet, so wie andere, die dem Nationalsozialismus Widerstand leisteten. Ihrer gedenkt eine Mahntafel am Alten Rathaus auf der Unteren Brücke neben einer Gedenktafel für die 3700 Gefallenen und Vermissten des Zweiten Weltkrieges. Die Luftangriffe auf Bamberg 1945 kosteten 378 Menschen das Leben, 6800 wurden obdachlos. Nur zum Vergleich

Zerstörungen im Zweiten Weltkrieg

zu den schrecklichen Zerstörungen, die andere Städte erleiden mussten, kann man sagen, dass Bamberg noch einigermaßen glimpflich davon kam.

Weltkulturerbe und zentraler Ort

Die Struktur der Stadt und ihre wichtigsten Bauwerke aber blieben erhalten. Für ihr heutiges Erscheinungsbild jedoch fast ebenso entscheidend ist die Tatsache, dass die Veränderungen in den Jahren seit 1945, in denen in deutschen Städten und Dörfern mehr Bausubstanz zerstört wurde als durch den Krieg, in Bamberg sehr zurückhaltend blieben. 1981 wurde die Altstadt mit ihren über 2000 denkmalge-

Stadtdenkmal

schützten Gebäuden zum Stadtdenkmal erklärt. Das Bewusstsein vom unersetzlichen Wert dieser alten Stadt ist sehr verbreitet. Mehr als jede andere deutsche Kommune investierten die Bamberger in die Erhaltung ihrer Altbausubstanz. An der Universität gibt es mehrere Lehrstühle im Bereich Denkmalpflege, Bürgerinitativen setzen sich engagiert und unbequem für den Erhalt des baugeschichtlichen

Sanierungsmaßnahmen

Erbes ein. Alle diese Faktoren zusammen führten dazu, dass Bamberg am 11. Dezember 1993 von der Unesco in die Liste des „Weltkulturerbes der Menschheit" aufgenommen wurde, da sie in „einzigartiger Weise die auf frühmittelalterlicher Grundstruktur entwickelte mitteleuropäische Stadt" repräsentiere.

Doch in dem historischen Gewand steckt eine sehr lebendige Stadt mit zentraler Bedeutung für eine ausgedehnte Region. Es ist Verwaltungszentrum mit rund 30 überörtlichen Behörden und Bildungszentrum mit einer Fülle von Fach- und Sonderschulen, 13 Volksschulen, 3 Realschulen, 9 Gymnasien und einer Universität (8 800 Studenten). Es hat ein eigenes Theater, 13 Museen, 26 Orchester, darunter die weltberühmten „Bamberger Symphoniker", und ein bemerkenswertes Angebot von Bibliotheken und Archiven. 1984 wurde das „Klinikum", 1993 die „Konzert- und Kongresshalle" an der Weide und 2001 die Mehrzweckhalle „Forum Bamberg" fertiggestellt, ebenfalls Dienstleistungsmittelpunkte eines weiten Einzugsbereiches.

Verwaltung

Schulen

Kultur

Ein ständig wachsender Wirtschaftsfaktor ist der Fremdenverkehr. 2004 wurden über 300 000 Übernachtungen gezählt, wobei ein vielfaches an Besuchern sich die „Traumstadt" nur auf der Durchfahrt zu Gemüte führt. Hinter dem Bild der „Traumstadt" nicht auf den ersten Blick sichtbar ist die wirtschaftliche Grundlage Bambergs. Über 3 000 Betriebe mit rund 46 000 Mitarbeitern, 17 000 Industriebeschäftigten und etwa 35 000 Berufspendlern machen Bamberg auch zum wirtschaftlichen Zentrum Oberfrankens. Die Produktion ist breit gefächert: Textil- und

Tourismus

Wirtschaft

Dächerlandschaft mit Türmen: St. Stephan, Obere Pfarre, Karmeliten, Altenburg, Dom

Lederverarbeitung, Maschinen- und elektrotechnische Fabriken, Fahrzeugbau u. a. Daneben spielt die Dienstleistung v. a. im Kommunikationsbereich eine immer größere Rolle.

Schon diese wenigen Angaben lassen das größte gegenwärtige und zukünftige Problem der Stadt erahnen: die Bewältigung des Verkehrs. 50 000 in Bamberg zugelassene PKWs überfordern die historischen Straßen hoffnungslos. Die Öffnung des „Eisernen Vorhangs" im Herbst 1989 hat Bamberg aus seiner Randlage wieder in eine Mittlersituation gerückt. Die Rolle als Verkehrsknotenpunkt verschärft die Schwierigkeiten. Es werden viel Phantasie und Mut erforderlich sein, sie in den Griff zu bekommen.

Verkehrslage

Doch die Hoffnung ist nicht abwegig, dass Bamberg einen Weg aus und mit der Vergangenheit in die Zukunft finden wird. Noch ist es ein städtebauliches Juwel zum Anfassen – bewohnbar, erlebbar, mit menschlichem Maß. Es ist ein liebenswertes Kleinod mit Schrammen und Runzeln, in dem die großartigen Werke der Kunst gefasst sind von ausgetretenen Stufen, durchgebogenen Dachfirsten und blankgewetzten Türklinken – all jenen Kleinigkeiten, die der Seele wohltun in unserer Zeit rechtwinkeliger Rationalität.

Barocke Maske am Haus Pfahlplätzchen 2

Stadtbesichtigung

Die Bergstadt

Der *Domplatz* war die Keimzelle Bambergs. Hier stand die Burg der Babenberger, hier errichtete Kaiser Heinrich II. seine Pfalz und seine Kathedrale, hier war der Sitz der Regierung und der geistliche und weltliche Mittelpunkt des Hochstifts Bamberg. Heute vereint er harmonisch die wichtigsten Baustile der deutschen Kunstgeschichte: Hochromanik, frühe Gotik, Renaissance, Barock und Rokoko rund um einen großen, hoheitsvollen Raum, der zu den schönsten Plätzen Deutschlands zählt. **Domplatz**

Der *Dom* St. Peter und Georg steht an Stelle der von Heinrich II. erbauten Kathedrale, die 1012 im Beisein aller Bischöfe des Reiches geweiht worden war. Sie war äußerst reich ausgestattet. In der Osternacht 1081 brannte die Kirche ab. Sie wurde bald wieder hergestellt; vor allem Bischof Otto d. Hl. (1102–1139) tat viel für die Verschönerung des Doms. Doch im Sommer 1185 traf ein neues verheerendes Brandunglück die Kirche und wohl alle Gebäude um sie herum. Bischof Otto II. von Andechs-Meranien (1177–1196) begann bald mit dem Bau eines neuen Ostchores. Sein Neffe, Bischof Ekbert (1203–1237), ließ das Langhaus des alten Heinrichsdomes, das bis dahin stehengeblieben war, abreißen und den heutigen Bau errichten. Dank ihres Reichtums und ihrer guten Beziehungen in ganz Europa konnten sich die Meranier die besten Architekten und Bauhütten leisten, die damals auf dem Markt waren. Vier verschiedene Bauhütten lassen sich stilistisch unterscheiden. Sie bauten eine Pfeilerbasilika mit zwei Chören über Krypten, einem Querhaus **Dom** **Baugeschichte**

Dom

im Westen und 4 Türmen. Bei der Weihe des Doms am 6. Mai 1237 war ihr Werk noch nicht vollendet.

Baustile

Die stürmische Entwicklung in der Kunst jener Zeit – der Übergang von der Romanik zur Gotik – lässt sich an Architektur und Plastik des Doms faszinierend deutlich ablesen. Die für das 13. Jahrhundert „altmodische“ Doppelchörigkeit erinnert an den Dom Heinrichs II., der 1146 heiliggesprochen worden war, die Plastik dagegen ist die progressivste ihrer Zeit.

Der Dom, geweiht 1237. Blick auf den Ostchor

Man begann mit dem Bau der reich geschmückten Ostapsis, die dem Tal und der Stadt zugewandt ist. In den beiden Osttürmen liegen die Alltagseingänge des Doms. Ins südliche Seitenschiff führt als ältestes Domportal die *Adamspforte*, umrahmt von einem Zickzackfries. Die sechs Figuren, die einst unter den Baldachinen standen, sind jetzt im Diözesanmuseum aufgestellt. Das Portal war der Haupteingang für die Wallfahrer zum Grab der Bistumsgründer. Die Statuen der Heiligen Heinrich und Kunigunde empfingen den Besucher. Heinrichs linker Fuß steht erhöht auf einem Stein, Ausgangspunkt einer Sage über eine Jagdverletzung des Kaisers. Er wendet sich an seine Gemahlin, die eine ungewöhnliche, von den übrigen Frauenfiguren des Doms abweichende Gewandung trägt. Kunigunde war 1200 heiliggesprochen worden. Wegen der ihr zugeschriebenen Jungfräulichkeit wurde sie in die Nähe der Gottesmutter gerückt, die damals besonders glühend verehrt wurde. Kunigundes Kult begann allmählich, den Heinrichs zu überstrahlen. So ist sie als wichtigste Figur in die Mitte des linken Gewändes gerückt. Sie reicht dem neben ihr stehenden Stephanus ein Kirchenmodell, das ihre Stiftung der Stephanskirche symbolisiert. Vor dem rechten Gewände standen der Dompatron Petrus und Adam und Eva, die ersten lebensgroßen Aktfiguren der mittelalterlichen Kunst.

Dom

Adamspforte

Das *Gnadenportal* im Nordostturm zeigt im Tympanon die Muttergottes, thronend zwischen den Dompatronen Petrus und Georg und den Gründern Heinrich und Kunigunde. Die kleinen Figuren könnten Mitglieder des Hauses Andechs-Meranien sein: der Bauherr des Ostchors Bischof Otto II., sein Neffe Dompropst Ekbert und zu Füßen der Madonna knieend Herzog Berthold IV., der Heerführer des 3. Kreuzzuges. Die Skulpturen der Gnadenpforte sind die frühesten am Dom und wurden von den Mitgliedern der sog. älteren Werkstatt geschaffen.

Gnadenportal

Die romanischen Metallknöpfe rechts neben der Gnadenpforte veranschaulichen die Maßeinheiten des Doms: eine Elle von 67 cm und einen Fuß von 26,8 cm Länge (Verhältnis 5:2).

Maßeinheiten

Haupttür des Doms für den feierlichen Einzug des Fürstbischofs war das *Fürstenportal* (1224/25). Im

Fürstenportal

Trichter seiner Gewänder stehen die Apostel auf den Schultern der Propheten, Symbol der Verbindung von Altem und Neuem Testament. Sie wurden zu ihrem Schutz im Jahr 2000 ins Diözesanmuseum verbracht und durch Abgüsse ersetzt.

Das Tympanon mit der Darstellung des Jüngsten Gerichts wird beherrscht von Christus als Weltenrichter. Maria und Johannes zu seinen Füßen bitten für die aus ihren Särgen auferstehenden kleinen Gestalten. Hinter Maria drängen die Seligen heran, deren Freude sich in den Gesichtern der drei kleineren Figuren ganz links widerspiegelt. Ein König ist unter den Seligen; Engel bringen die Leidenswerkzeuge herbei. Die Verdammten auf der rechten Seite werden von einem schadenfroh grinsenden Teufel mit einer Kette in den Abgrund gezerrt. Weder Macht noch Reichtum können ihnen helfen: König, Bischof und Papst und auch der Reiche mit seinem Geldsack sind verloren. Die schreiende Verzweiflung in ihren Gesichtern und die leuchtende Freude der Seligen gehören zu den frühesten und eindruckvollsten Darstellungen von Gefühlen in der europäischen Kunst. Doch nicht nur diese Neuerung macht die Plastik am Fürstenportal für ihre Zeit so ungewöhnlich und wegweisend. Auch Details liefern Indizien: Christus, um den Hals herum noch bekleidet, zeigt die Seitenwunde und damit den Übergang vom romanischen Christkönig zum gotischen Schmerzensmann; eine Alltagsgeste wie die Malefizgebärde des verdammten Königs gegen den Teufel wurde so noch nie in der Kunst dargestellt; auch die hierarchischen Proportionen sind über den Haufen geworfen – der Teufel ist größer als Maria und Johannes. Das Fürstenportal macht im Vergleich mit der ruhigen Ordnung der Gnadenpforte die Spannungen jener Zeit mit ihrem Zerbrechen alter Ordnungen „plastisch“ sichtbar.

Veitspforte Zum Querschiff öffnet sich die *Veitspforte*, darüber die zierliche Rosette der Ebracher Bauleute. Die nach dem Vorbild der Kathedrale von Laon gestalteten **Westtürme** Westtürme hatten bis 1766 eine mittlere Turmspitze, umgeben von vier kleinen Turmhelmen, Vorbild vieler fränkischer Kirchtürme.

Fürstenportal, Haupttür des Doms, 1224/25. Im Tympanon das „Jüngste Gericht“

Rundgang durch den Dom

Der Innenraum des Doms wird gehalten von der Spannung zwischen der in sich ruhenden Spätromanik des *Georgenchores* und der himmelstrebenden Frühgotik des westlichen *Peterschores*. Die vermeintliche Einheitlichkeit ist höchst erstaunlich angesichts der Tatsache, dass während der Bauzeit des Domes fast jeden Winter umgeplant wurde. Eine der entscheidenden Fragen dabei war, ob der Dom wie die Kathedrale des heiligen Heinrich eine hölzerne Flachdecke oder ein modernes feuersicheres Gewölbe erhalten sollte. Seit der Restaurierung 1973 haben

Georgenchor

Peterschor

Dom die gereinigten Wände und Pfeiler wieder den hellen Farbton des fränkischen Sandsteins. So sieht die Kirche jedoch erst seit der von König Ludwig I. von Bayern angeordneten „Stilreinigung" aus, die zwischen 1828 und 1837 die gesamte nachmittelalterliche Ausstattung des Doms entfernte.

Stilreinigung 1828–1837

Zur Zeit seiner Entstehung in der ersten Hälfte des 13. Jahrhunderts aber war der Bau leuchtend bunt bemalt. Reste davon sind noch in den *Chorschrankenreliefs* zu erkennen. Die lebhaften Diskussionen, die hier von Aposteln und Propheten geführt werden, erinnern an die geistige Aufbruchstimmung, die ganz Europa erfasst hatte und u. a. zur Gründung der ersten Universitäten führte, an denen die dialektische Methode den strikten Glauben an die alten Autoritäten ablöste. Einige Merkwürdigkeiten der Apostel an den südlichen Chorschranken stammen von den Vorbildern der Plastik in der Malerei: Falten, die nach oben fallen, Säulenbeine, auseinandergeklappte Füße. Der Übergang in die Dreidimensionalität ist erst bei den Propheten im nördlichen Seitenschiff vollendet. An der Darstellung der extremsten Körperdrehungen glaubt man die Freude der Bildhauer darüber ablesen zu können, dass die Figuren sich von der Fläche lösten und jetzt frei beweglich sind.

Chorschranken-reliefs

Papst Clemens II. (Abb. S. 7)

Am linken Pfeiler im nördlichen Seitenschiff steht die Figur von *Papst Clemens II.* († 1047). Das Hochgrab des ehemaligen Bamberger Bischofs auf dem Westchor, das einzige Papstgrab nördlich der Alpen, ist nicht zugänglich. Die Figur lag einst auf der Deckplatte des Grabes. An ihr sind die Reste der ursprünglichen Bemalung besonders deutlich zu sehen.

Elisabeth Maria (Abb. S. 34)

Die Seherin (*Elisabeth*), ihm gegenüber, und *Maria* werden meist als Heimsuchungsgruppe bezeichnet. Diese Deutung, die den Moment darstellen würde, wo Elisabeth Maria begegnet und erkennt, dass sie den Erlöser trägt, ist nicht sehr wahrscheinlich, weil die beiden Figuren, selbst wenn sie sich gegenüber stünden, aneinander vorbeischauten.

Lachender Engel

Dionysius

Der *lachende Engel* freut sich darüber, dem heiligen *Dionysius*, der seinen Kopf im Arm trägt, die Märtyrerkrone bringen zu dürfen. Wir wissen heute nicht mehr, wo diese Figuren ursprünglich standen,

Der „Bamberger Reiter" (nach 1225), vielleicht König Stephan von Ungarn darstellend

zu welchem Figurenprogramm sie gehörten und wer sie schuf. Die Kunsthistoriker unterscheiden eine „ältere" und eine „jüngere" Werkstatt (von der älteren stammt z. B. das Gnadenportal, von der jüngeren etwa die Synagoge; der Übergang fand um 1225 am Fürstenportal statt), die Namen der Bildhauer aber sind nicht überliefert. Wie so vieles unbekannt und rätselhaft ist, was die Entstehung dieser Kirche betrifft, über die wir nur wenige zeitgenössische Nachrichten haben.

Dom

Die „ältere" und „jüngere" Werkstatt

Das größte Rätsel bleibt, trotz der Arbeit vieler Wissenschaftler, die berühmteste Plastik des Doms: der *Bamberger Reiter*. Wir wissen bis heute nicht sicher, wen dieser schöne junge König darstellen soll.

Der Bamberger Reiter

Er gilt als „Idealbild hochmittelalterlichen Rittertums“, was die nationalsozialistische Propaganda für ihre Zwecke ausnutzte. Die meisten Indizien sprechen für den hl. König Stephan von Ungarn, den Gemahl Giselas, der Schwester Kaiser Heinrichs II. Zu dessen Nachfolger Andreas, der mit seiner Schwester Gertrud verheiratet war, hat sich Bischof Ekbert nach dem Mord an König Philipp in Bamberg im Jahr 1208 geflüchtet, als er der Mithilfe beschuldigt wurde. Nach seiner Rehabilitation und Rückkehr aus Ungarn in sein Bistum konnte er den Bau des Domlanghauses in Angriff nehmen. Eine Dankesgeste an die Ungarn entspräche der fürstlichen „Höflichkeit“ der Andechs-Meranier.

Ecclesia und Synagoge

Vor den südlichen Chorschranken stehen die Figuren der *Ecclesia* und der *Synagoge*. Sie flankierten einst das Fürstenportal und wurden, wie der *Posaunenengel* und *Abraham mit den Seligen* neben ihnen,

Die Seherin Elisabeth (nach 1225)

1936 vor weiterer Verwitterung hier geborgen. Die *Ecclesia*, Verkörperung der Kirche, wird durch die Krone als Herrscherin gekennzeichnet. Die *Synagoge* ist als Besiegte dargestellt, mit verbundenen Augen und gebrochenem Stab; aus ihrer wunderschönen linken Hand gleiten die Tafeln des Gesetzes. Sie ist neben der Elisabeth wohl die bewegenste jener berühmten Plastiken aus der ersten Hälfte des 13. Jahrhunderts, die bisher beschrieben wurden.

Dom

Zwischen den Treppen, die zum Ostchor hinaufführen, steht das *Kaisergrab*. Von 1499 bis 1513 haben der Würzburger Bildhauer Tilman Riemenschneider und seine Leute an diesem Hochgrab aus Juramarmor gearbeitet. Auf der Deckplatte ruht das Kaiserpaar Heinrich und Kunigunde unter Baldachinen. Die Reliefs an den Seiten erzählen Legenden, die sich um die beiden Heiligen gebildet haben: die Feuerprobe Kunigundes, als die Kaiserin mit bloßen

Kaisergrab

Die Synagoge, Personifikation des Judentums (nach 1225)

Dom

Füßen über glühende Pflugscharen gehen musste, um ihre Unschuld zu beweisen; das Pfennigwunder beim Bau von St. Stephan, als die Arbeiter aus der von Kunigunde gereichten Schale jeweils nur den „gerechten Lohn" entnehmen konnten; der Tod des Kaisers; die Wägung seiner Seele durch den Erzengel Michael und die Heilung eines Steinleidens, das Heinrich in Monte Cassino befallen hatte, durch den heiligen Benedikt. Die Figuren tragen die modische Kleidung der Zeit um 1500; die Wallfahrer konnten sich unmittelbar mit ihnen identifizieren und in den dargestellten Szenen Probleme aus ihrer eigenen Welt – ungerechte Anklage, die Frage des gerechten Arbeitslohnes, Krankheit, Tod und die Angst vor der Verdammnis – in überhöhter Form trostspendend wiederfinden.

Marienaltar von Veit Stoß

Das Südquerhaus birgt den *Marienaltar*. Dieses reifste, ganz eigenhändige Werk des 75-jährigen Nürnberger Künstlers Veit Stoß zeigt im Schrein die Geburt Christi, weshalb er auch Weihnachtsaltar genannt wird. Die Flügel schildern die Flucht nach Ägypten, die Anbetung der Könige, die Geburt Marias und die Darstellung im Tempel. 1520 hatte Andreas Stoß, Prior des Nürberger Karmeliten-

Kaisergrab von Tilman Riemenschneider, 1513

Marienaltar von Veit Stoß, 1523. Mitteltafel mit der Geburt Christi

klosters, diesen Altar bei seinem Vater bestellt, um dem beim Rat in Ungnade Gefallenen Gelegenheit zu einem großen Werk nach eigenen Vorstellungen zu geben. 1523 hat Veit Stoß den Altar vollendet, der dann nach der Reformation nach Bamberg kam, wohin sich auch Andreas Stoß zurückgezogen hatte. Zu einem unbekannten Zeitpunkt wurde er einiger seiner Teile beraubt, darunter die Predella, die Bekrönung und vier Flügeltafeln, von denen Fragmente im Diözesanmuseum ausgestellt sind. Er war nie gefasst; das ursprünglich honiggelbe Lindenholz wurde später dunkel gebeizt. Der Altar diente in der Oberen Pfarre, wo er bis 1937 stand, lange als Krippe. Jetzt ist die Komposition im Mittelschrein nicht mehr ganz die ursprüngliche. Doch das leise, manchmal traurige Lächeln der Personen rund um Maria wurde dadurch nicht verwischt.

Dom

Weitere Kunstwerke im Dom

Nördliches Seitenschiff

Nördliches Seitenschiff: Relief der Verkündigung (13. Jahrhundert). Kirchengattendorfer Altar (Maria, Katharina und Barbara, um 1520). Muttergottes mit Kind (um 1240). Grabmal Bischof Friedrichs von Truhendingen († 1366). Grabmal Bischof Albrechts von Wertheim († 1421). Heinrichsaltar (Zusammenstellung verschiedener Einzelkunstwerke, darunter Sebastian, Heinrich und Stephan). Mühlhausener Altar (Muttergottes mit Engeln, Ende 15. Jahrhundert).

Mittelschiff

Mittelschiff: Hauptaltar und Ambo (1974 von Klaus Backmund). Petersaltar auf dem Westchor (Figuren von Justus Glesker, 1648). Chorgestühl (14. Jahrhundert).

Südliches Seitenschiff

Südliches Seitenschiff: Grabmal Bischof Friedrichs von Hohenlohe († 1352, eines der besten Kunstwerke im Dom, bemerkenswertes Altersantlitz). Rosenkranzbild in der Sakramentskapelle (um 1520).

Domkreuzgang

Kapitelhaus

Den *Domkreuzgang* südlich der Kirche, heute Teil des Diözesanmuseums, umschließt das 1730/33 erbaute *Kapitelhaus*. Es zeigt das Können des Architekten Balthasar Neumann, einfühlsam und doch eigenständig, mit Respekt vor dem hohen Anspruch des Doms und doch unverwechselbar. (Eines der seltenen in diesem Sinne gelungenen Beispiele unserer Zeit ist das Dompfarrheim westlich des Doms von F. Grammling.) Im Kapitelhaus befindet sich das *Diözesanmuseum*. Die Exponate vereinigen seit 1966 die alte Domschatzkammer mit der Sammlung des Domkapitulars von Pölnitz. Absolut einmalig auf der Welt sind die im Steinsaal ausgestellten Textilien: der *Sternenmantel Kaiser Heinrichs*, den dieser 1020 von dem süditalienischen Fürsten Melos geschenkt bekam, der in Byzanz gewebte sog. *Chormantel Kunigundes*, das *Grabtuch Bischof Gunthers* († 1065), das ihm auf seiner Jerusalemfahrt in Byzanz überreicht wurde, weil man glaubte, er sei der inkognito reisende deutsche König, und der 1942 seinem Grab entnommene *Ornat Papst Clemens II.* († 1047), der älteste fast vollständig erhaltene Papstornat. Die Figuren der Adamspforte wurden ebenso

Diözesanmuseum

(Abb. Seite 4)

wie die Gewändefiguren des Fürstenportals vor weiterer Verwitterung hier im Museum geborgen (s. oben S. 29). Ein Abglanz von Macht und Ansehen des Bistums Bamberg sind die kostbaren Goldschmiedearbeiten und Kunstwerke von der Romanik bis zum Barock, die in den weiteren Sälen ausgestellt sind.

Diözesanmuseum

Einst mit dem Dom verbunden war die *Alte Hofhaltung*. Heinrich II. hatte hier seine Pfalz, die mit der Gründung des Bistums 1007 Bischofshof wurde. Reste des romanischen Gebäudes sind erhalten und werden im Historischen Museum gezeigt. Die Front des Gebäudes zum Domplatz wird vom *Kanzleibau* bestimmt, den sich Bischof Veit II. 1568 von seinem Baumeister Asmus Braun in den Formen der deutschen Renaissance hat errichten lassen. Den Ahnenstolz des Bischofs zeigen die Wappen an dem einst bemalten Erker der Ratsstube, den Stolz des Handwerkers auf seine Arbeit die Figur Brauns an dessen Fuß.

Die Alte Hofhaltung

Kanzleibau

Innenhof der Alten Hofhaltung

Alte Hofhaltung Schöne Pforte

Die *Schöne Pforte* neben dem Kanzleibau schuf 1573 der Bildhauer Pankraz Wagner. Sie wird bekrönt von einem Relief mit Maria, umrahmt von Heinrich und Kunigunde mit dem Dommodell, Petrus und Georg, daneben liegen die Personifikationen von Main und Regnitz. Durch sie betritt man den

Innenhof

malerischen, von Fachwerkbauten umstandenen Innenhof. Im Sommer wird er zur Kulisse für die Freilichtaufführungen der Calderòn-Festspiele. Die Gebäude mit ihren hohen Dächern entstanden unter den Bischöfen Philipp von Henneberg 1479 (Wappen mit Jahreszahl über dem westlichen Tor) und Heinrich III. Groß von Trockau 1487/89 (Wappen von Adam Krafft über dem Tor zur Karolinenstraße).

Historisches Museum

Sie werden gegenwärtig zur Erweiterung des *Historischen Museums* hergerichtet. Es vermittelt die Geschichte der Stadt und ihrer Umgebung von der Steinzeit bis zur Malerei des 20. Jahrhunderts. Die reichen Bestände, die längst nicht alle gezeigt werden können, stammen vor allem aus bürgerlichen Sammlungen und Stiftungen. Spitzenstücke sind der romanische *Ritterkopf*, das Tafelgemälde *„Apostelabschied“* von 1483, das die älteste erhaltene Stadtansicht Bambergs zeigt, das große *Holzmodell* der Basilika Vierzehnheiligen von Balthasar Neumann und *Plastiken* des Rokokobildhauers Ferdinand Tietz. Das Museum ist nach Epochen sowie Sachgruppen (Zunft und Handwerk, Fayence, Waffen, astronomische Geräte) gegliedert.

Neue Residenz

Der dritte Monumentalbau auf dem Domplatz ist die *Neue Residenz*. Den westlichen Teil ließ Fürstbischof Johann Philipp von Gebsattel 1605/11 von dem Nürnberger Stadtbaumeister Jakob Wolff d. Ä. errichten. Der Schöpfer der beiden dem Domplatz zugewandten Flügel war der Bamberger Fürstbischof und Mainzer Kurfürst Lothar Franz von Schönborn (1693–1729), „einer der begabtesten und impulsivsten Fürsten, die je auf dem Bamberger Bischofsthron saßen“. Ihm war vom Domkapitel eine Wahlkapitulation aufgenötigt worden, die ihm untersagte, „neue Schlösser zu bauen oder die alten kostbarlich reparieren zu lassen“. Dies war seinem, von ihm selbst so genannten „Bauwurmb“ zunächst eine peinliche Fessel. 1697 befreite ihn davon ein allgemeines päpstliches Verbot solcher Verträge, das er tatkräftig unterstützt hatte. Sofort gab er seinem Architekten Leonhard Dientzenhofer den Auftrag für die Planung einer „Neuen Residenz". Bereits 1703 war sie so, wie sie heute steht, vollendet. Weitergehende Pläne, unter anderem von Balthasar Neumann, bei denen die Alte Hofhaltung abgerissen und durch einen dritten Residenzflügel ersetzt worden wäre, konnten aus Geldmangel (Spanischer Erbfolgekrieg) nicht verwirklicht werden. Nur die überstehenden Quader an der Ecke der Residenz zur Oberen Karolinenstraße erzählen noch von diesem Projekt.

Neue Residenz

Leonhard Dientzenhofer

Der der Stadt zugewandte Flügel der Residenz mit dem turmartig aufragenden „Vierzehnheiligenpavillon" zeugt von den städtbaulichen Idealvorstellun-

Vierzehnheiligenpavillon

Neue Residenz, 1703 von Leonhard Dientzenhofer für Fürstbischof Lothar Franz von Schönborn

Neue Residenz **Domplatz** **Staatsbibliothek**

gen der Schönbornbischöfe. Damals wurde der ganze Domplatz, der bis dahin nach Art einer mittelalterlichen Burg nach innen gewendet war, zur Stadt hin geöffnet. Die alten Tore fielen, der Platz wurde nach vorn abgesenkt, eine Zufahrt von der Stadt aus geschaffen. Der Stadtflügel der Residenz ist als Prospekt zur Landschaft weithin sichtbar. In ihm ist heute die *Staatsbibliothek* untergebracht mit hervorragenden Altbeständen von 4500 Handschriften ab dem 5. Jahrhundert, 3400 Wiegendrucken und 70 000 graphischen Kunstblättern.

Prunkräume mit Kaisersaal

Zum festlich stuckierten Treppenhaus der Residenz führt eine Tür links vom Hauptportal im Südflügel, das durch einen figurengeschmückten Giebel über dem Hauptgesims betont wird. Dort ist auch der Kartenverkauf für die 50-minütigen Führungen durch die mit Möbeln, Porzellan und Teppichen reich ausgestafﬁerten *Prunkräume*. Ihr Mittelpunkt ist der *Kaisersaal* im 2. Obergeschoss, ein großer, aber niedriger Raum, den der Hofmaler Melchior Steidl 1707/09 durch perspektivische Fresken zu erhöhen versuchte.

Staatsgalerie

Ein Geheimtipp ist die *Staatsgalerie*, die im 1. Geschoss des Gebsattelbaus untergebracht ist. Die Altdeutsche Galerie enthält Werke von internationaler Bedeutung v. a. aus dem 15. und 16. Jahrhundert. Hauptattraktionen sind die *„Lucretia“* von Lukas Cranach d. Ä. und die *„Sintflut“* von Hans Baldung Grien. Sie enthält auch Beispiele der wenig bekannten Bamberger Tafelmalerei des 15. Jahrhunderts. Die Barockgalerie in den Kavalierszimmern desselben Baus vereint Spitzenwerke deutscher, holländischer und flämischer Meister des 17. und 18. Jahrhunderts.

Rosengarten

Die Flügel der Residenz umschließen den *Rosengarten*. Die übermütigen Figuren von Ferdinand Tietz im Duft der 4500 Rosenbüsche, der Rokokopavillon Küchels (mit Café) und der Blick über die alten Dächer der Stadt und hinauf zum Kloster Michelsberg machen den Rosengarten zu einem der unerlässlichen Sommererlebnisse in Bamberg.

Domherrenhöfe

Die *Domherrenhöfe*, viele noch mittelalterlich, gebaut wie kleine Burgen, füllen auch heute noch den Raum der ehemaligen Domburg. Sie sind alle bewohnt und deshalb meist nicht zugänglich. Aber es

Fassade der Jakobskirche. Figur des hl. Jakob von Ferdinand Tietz

lohnt sich, durch die stillen Gassen hinter der Alten Hofhaltung mit ihrem holperigen Pflaster zu schlendern, entlang der Mauern, über die Winterjasmin und wilder Wein quellen.

Obere Karolinenstraße

Die Gassen münden auf die weite Fläche der Oberen Karolinenstraße vor dem 1763 von J. M. Küchel erbauten *Erzbischöflichen Palais*. Den Platz schließt nach Westen der *Langheimer Hof* ab, von 1154 bis 1803 die Stadtherberge des Zisterzienserklosters Langheim mit hübschen Innenhof. Er engt die Straße bis zum Torschuster ein. Hier war einst das Haupttor zur Domburg.

Torschuster

Der Platz jenseits des Tores umfasst den ehemaligen Friedhof der *Jakobskirche*. Ihre barocke Fassade (1771 von Johann Michael Fischer, Figur des hl.

Jakobskirche

Jakobskirche

Jakob von Ferdinand Tietz) verbirgt zunächst, dass wir hier die einzige noch fast rein romanische Kirche Bambergs vor uns haben. Sie ist architektonisch deswegen so interessant, weil sie wahrscheinlich ein Abbild des alten Heinrichsdomes ist: eine flachegedeckte Säulenbasilika mit zwei Chören. Der östliche ist von außen nicht mehr, im Innern wegen der Orgel nur bei genauem Hinschauen zu erkennen, der westliche ist gotisch erneuert. Die Kirche wurde 1071 für ein Chorherrenstift begonnen, aber nach verschiedenen Wirren erst 1109 von Bischof Otto d. Hl. vollendet. Am Turm befindet sich das älteste erhaltene

Meranierwappen

Steinwappen der Stadt, der Meranieradler, den Stiftpropst Poppo von Andechs-Meranien dort anbringen ließ. Von der ehemals reichen romanischen bzw. barocken Ausstattung ist fast nichts mehr erhalten. Wer Glück hat, findet die Tür im südlichen Seitenschiff offen und erhascht einen Blick in das Idyll der früheren Stiftsgebäude.

Von der Jakobskirche zum Michelsberg

Der Weg zum Michelsberg (etwa 10 Minuten) führt beim Torschuster zunächst den Berg hinunter. Dort, vor dem Schülerheim Aufseesianum, stößt man auf die fünfte der sieben Kreuzwegstationen, auf der die Begegnung Christi mit Veronika dargestellt ist (Unterschrift: „Hie hat Cristus sein heiliges angesicht der Frauen Feronicae in ir slayr getruckt vor irem Haus. VC schrit von Pilatus Haus“). Der

Kreuzweg

Kreuzweg ist um 1500 von dem reichen und kinderlosen Heinrich Marschalk von Rauheneck gestiftet worden, der auf einer Wallfahrt nach Jerusalem die jeweiligen Schritte vom Haus des Pilatus zu den einzelnen Stationen des Weges nach Golgatha gezählt hatte und sie dann auf Bamberger Verhältnisse übertrug. Dieser älteste Kreuzweg Deutschlands beginnt vor der Elisabethenkirche und endet bei St. Getreu.

Den Anstieg zum Michelsberg hinauf begleiten schöne Barockhäuser und alte Bäume. Am Scheitelpunkt des Berges öffnet sich die Toreinfahrt des ehemaligen Benediktinerklosters Michelsberg (heute städtisches Altersheim). 1015 gegründet, erlebte es im 12. Jahrhundert eine geistige und wirtschaftliche Blüte, die sich u. a. in der reichen Produktion seiner Schreibschule manifestierte. Es wurde besonders von Bischof Otto d. Hl. gefördert, der hier an seinem „liebsten Ruheplatz" auch begraben wurde. Die von ihm gebaute Kirche brannte 1610 teilweise ab. Beim Neubau des Daches entstand das nachgotische Deckengewölbe mit dem berühmten *Himmelsgarten*: 578 botanisch exakt gemalte Pflanzen, ein monumentales Kräuterbuch.

Michelsberg

Baugeschichte

„Himmelsgarten"

Die mittelalterliche Klosterburg, die man auf den *Tafeln zur Ottolegende* (1628) unter der Orgelempore noch sehen kann, wurde in der Barockzeit völlig umgestaltet. Die Brüder Leonhard und Johann Dientzenhofer errichteten zwischen 1696 und 1725 die neuen Klostergebäude und barockisierten die

Kloster Michelsberg, Grabstätte des hl. Otto

Michelsberg

Kirche. Die dekorative Freitreppe, die zur vorgeblendeten Kirchenfassade hinaufführt, ist bei Hochzeitspaaren besonders beliebt.

Im Innern der Kirche ist der romanische Grundcharakter noch spürbar, harmonisiert aber gut mit der barocken Ausstattung, an der Johann Joseph Scheubel d. Ä. und Leonhard Gollwitzer neben anderen Bamberger Barockkünstlern mitwirkten.

Kanzel

Das schönste Stück ist die *Kanzel*. 1751 schufen der Schreiner Anton Thomas und der Bildhauer Georg Reuß dieses schwebende, schimmernde Etwas. Vom Kloster angestellt war der Kunstschreiner Servatius Brickard. Er schuf mit dem reich intarsierten *Chorgestühl* um 1730 sein Hauptwerk.

Chorgestühl

Wer Kreuzschmerzen hat, sollte sich unter den 1725 erhöhten Chor begeben. Dort steht in einer Art Krypta die *Grabtumba* des heiligen Otto, die Abt Johann von Fuchs um 1440 stiftete. Der Durchschlupf darin ermöglicht dem Gläubigen den engen Kontakt mit dem heilenden Heiligen. Die künstlerisch bedeutende Grabplatte an der Rückwand der „Krypta" wurde 1288 von einem Würzburger Künstler geschaffen. Sie zeigt Otto, der bei seinem Tod fast 80 Jahre alt war, als Mann in den besten Jahren, dessen Charisma spürbar wird.

Grab des hl. Otto

Detail des „Himmelsgarten" an der Decke von St. Michael

Ein Kleinod besonderer Art ist die *Heilig-Grab-Kapelle*, die man vom Ende des rechten Seitenschiffs aus betreten kann. An ihre einstige Funktion als Begräbnisraum erinnert der Totenspiegel an der Decke. Die Stuckreliefs von J. Gg. Laimberger aus Weiden sind von hoher künstlerischer Qualität und nach einem ganz eigenwilligen Programm konzipiert: Der Tod holt Kinder und Alte, Arme und Reiche, wie gewöhnlich, aber er bläst auch Seifenblasen und denkt, einen Totenschädel betrachtend, über sich selbst nach.

Michelsberg Heilig-Grab-Kapelle

In den Seitenschiffen stehen 10 *Grabdenkmäler* von Bamberger Bischöfen aus dem 16. bis 18. Jahrhundert. Sie waren 1833 bei seiner Purifizierung aus dem Dom verbannt worden. Sie bilden in ihrer Abfolge eine kleine Kunstgeschichtslektion für sich.

In der ehemaligen Klosterbraustätte befindet sich heute das *Brauereimuseum*, das sich der Darstellung der Geschichte des Bierbrauens verpflichtet hat.

Brauereimuseum

Die Terrasse hinter der Klosterkirche bietet einen beeindruckenden Blick über die Stadt und die Umgebung, von den Hügeln der Haßberge bis zum Fränkischen Jura. Am Ende der Terrasse beginnt ein Fußweg durch den alten Klostergarten, der in der Unteren Sandstraße endet und zurück in die Innenstadt führt.

Wenn man aber den Weg durch den Torbogen den Berg hinauf wählt, erreicht man nach 400 Metern *St. Getreu*, 1123 von Bischof Otto I. zu Ehren der hl. Fides gegründet. Die Propstei des Klosters Michelsberg wurde nach der Säkularisation von Dr. A.F. Marcus 1805 zur „Irrenanstalt“ umgenutzt. Seine fortschrittlichen Behandlungsmethoden ebneten den Weg zur modernen Nervenklinik. Die Kirche von 1660 bzw. 1732 beherbergt wertvolle barocke Altäre aus der Zeit von Abt Anselm Geisendörfer (1733).

St. Getreu

Kehren wir zurück zum Torschuster. Von dort aus gehen wir den Berg hinunter an der Mauer der ehemaligen Domburg entlang in die Maternstraße. Forsythien hängen weit über die alten Steine herunter. Gegenüber ducken sich die kleinen Häuschen der einstigen Bediensteten der Domherren. An der *Maternkapelle* vorbei, die im Winter eine sehenswerte Krippenausstellung beherbergt, kommen wir zu einer Kreuzung, wo wir uns für drei Wege entscheiden können. Der kürzeste ist ein Fußweg, der links abbiegt und durch

Maternkapelle

den „Domgrund“, das Tal zwischen Domberg und Kaulberg, zum Dom zurückführt.

Biegen wir rechts ab, stoßen wir an der übernächsten Querstraße rechts auf ein Schild: *„Zur Altenburg“*. Der Weg dort hinauf ist nur gut beschuhten Wanderfreunden zu empfehlen – er ist etwa drei Kilometer lang und zum Teil steil. Autofahrer können auf einem Parkplatz unterhalb der Burg stehen bleiben. Dafür belohnt den Aufstiegsmüden dann ein wunderbarer Blick über die Stadt und das weite Umland bis zum Jura und Steigerwald. Die Burg, im 14. und 15. Jahrhundert reich ausgestatteter Wohnsitz der Bamberger Bischöfe, wurde 1553 von Markgraf Albrecht Alcibiades fast vollständig zerstört. 400 Wagen mit Silbergeschirr, Gold und Kleinodien, aus geistlichem Besitz auf die Altenburg „in Sicherheit gebracht“, hat der „wilde Markgraf“ nach dem entsetzten und sicherlich übertriebenen Bericht einer Bamberger Klarissennonne damals mitgehen lassen. Die heutige Burg ist weitgehend ein Ergebnis romantischer Burgensehnsucht. 1801 kaufte Dr. Adalbert Friedrich Marcus, der berühmte Arzt, die verfallende Burg. Zum Freundeskreis seiner Burgfeste gehörte auch E. T. A. Hoffmann. Nach Marcus’ Tod konnte der neugegründete Altenburgverein die Burgbegeisterung der Bamberger auffangen und

Altenburg

Altenburgverein

Die Altenburg

Karmeliten-kreuzgang, Kapitell: Maria und der hl. Theodor als kniender Ritter mit dem Helm auf dem Rücken

die mühsame Arbeit der Erhaltung bis heute fortsetzen. 1834 wurde die Kapelle eingerichtet, 1902 der Pallas vollendet. In dem mittelalterlichen Tordurchgang steht das angebliche Grabmal des sagenumwobenen Markgrafen Adalbert von Babenberg († 906), für dessen Burg früher die Altenburg gehalten wurde.

Karmelitenkirche

Vom Domgrund aus führt ein Weg „Am Knöcklein" den Berg hinauf zur *Karmelitenkirche*. Von dieser Seite empfängt uns die Westfassade der romanischen Kirche mit dem zugemauerten Löwenportal. Will man die Kirche betreten, muss man sich auf die andere Seite des Bauwerks begeben, dorthin, wo einst der Chor war. An seiner Stelle hat Leohard Dientzenhofer im Zug der barocken Umgestaltung der Kirche seit 1692 die jetzige Fassade mit den Figuren von Leonhard Gollwitzer errichtet. Die Kirche gehörte zu dem Nonnenkloster St. Maria und Theodor, gegründet 1157 von Bischof Eberhard II. 1589 wurde das inzwischen verlassene Kloster von den Karmeliten bezogen, die den

Die Obere Pfarre, die größte gotische Kirche der Stadt

1803 profanierten Bau seit 1902 wieder innehaben.

Kreuzgang

Der *Karmelitenkreuzgang* wurde 1392 von Meistern aus der Parlerschen Bauschule geschaffen. Ineressanterweise griff man hier in der Blütezeit der Hochgotik auf romanische Formen, so etwa die Rundbogen der Arkaden, zurück. So gilt der Kreuzgang bis heute vielen als romanisch. Der Vergleich mit den Resten des staufischen Klosterbaus, die bei der Restaurierung von 1974 entdeckt wurden, enthüllt jedoch die völlig andere geistige Welt, in der die figurenreichen, oft rätselhaften Kapitelle des Kreuzgangs entstanden.

Obere Pfarre

Das größte Bauprojekt des 14. Jahrhunderts in Bamberg war die *Obere Pfarre*, die katholische Stadtpfarrkirche „Zu unserer lieben Frau" am Kaulberg. Das Domkapitel (der oberste Pfarrherr war immer ein Domkapitular) und seine weltlichen Verwandten, aber auch das Bürgertum haben sich hier repräsentiert, wie die Schlusssteine in den Gewölben zeigen. An das 1338/87 errichtete asketische Langhaus wurde ab 1392 der städtebaulich großartige Chor angefügt. Vom Tal aus betrachtet scheint er wie ein riesiges Schiff über den Dächern zu schweben. In seiner reichen Dekoration finden wir, wie am Turm, die Formensprache der böhmischen Parlerschule wieder. Die Turmbekrönung bildet der 1537 nur als Provisorium gedachte, aber mittlerweile zu einem Merkmal der Stadt gewordene verputzte Holzbau der Türmerwohnung.

Die *Brautpforte* an der Nordseite des Langhauses zeigt im Tympanon eine Marienkrönung (Sponsus und Sponsa), in den Gewänden die Klugen und Törichten Jungfrauen in modischen Kleidern der Zeit um 1350. Ein steinerner Baldachin vor dem von Bamberger Bildhauern geschaffenen Portal schützte die Hochzeiter während der vor der Tür stattfindenden Trauung vor dem Regen.

Brautpforte
(Abb. Seite 13)

Das Kircheninnere wurde ab 1711 durch den Stukkator Johann Jakob Vogel barockisiert, der hier das Bandelwerk in Franken einführte. Dabei ging man bemerkenswert sorgsam mit dem mittelalterlichen Bestand um. So ist die Obere Pfarre die einzige Kirche in Bamberg, die noch zahlreiche gotische Bildwerke besitzt. Zentrum des barocken Hochaltars blieb das *Gnadenbild* der throhnenden Muttergottes (Köln um 1330). Es ist das Ziel zahlreicher Marienwallfahrten. Am Hochfest der Oberen Pfarre (Sonntag nach Mariä Himmelfahrt) wird es, gekleidet in reiche barocke Gewänder, in einer großen Prozession zur Schmerzhaften Muttergottes von St. Martin getragen.

Gnadenbild

An den Pfeilern des Langhauses stellte man die 1481 von dem Bildhauer Ulrich Widmann geschaffenen Figuren der *12 Apostel und des Salvators* auf, allerdings zur barocken Ausstattung passend weiß gefasst. Der Chorumgang behielt sein gotisches Aussehen. In einer der Nischen das *Sakramentshaus*,

12 Apostel und Salvator

Obere Pfarre, Chorumgang: Anna im Wochenbett (um 1500)

Obere Pfarre

datiert 1392, dessen Schauseite in der unteren Zone die Grablegung zeigt, in der Mitte die Apostel, in der Bekrönung das Jüngste Gericht. Rührend ist die *Anna im Wochenbett* (um 1500) in der Nische nebenan: Anna hält das ganz eingewickelte Kindlein liebevoll an sich gedrückt, während Joachim am Fußende des Bettes erschöpft eingeschlafen ist. Zwischen Chorumgang und rechten Seitenschiff steht der bemerkenswerte *Taufstein* mit der seltenen Darstellung der sieben Sakramente auf Holztafeln, die den Steinsockel umkleiden. Sie wurden um 1515 von einem Bamberger Schnitzer geschaffen, den seine Vorliebe für eine Fülle winziger, liebevoll gestalteter Details kennzeichnet. Vom spätmittelalterlichen Hochaltar stammen zwei Reliefs mit *Himmelfahrt* und *Krönung Mariens,* um 1500 in Bamberg geschaffen, die an der Wand des rechten Seitenschiffs aufgehängt wurden. Auffällig ist der Unterschied zu dem daneben hängenden, großartigen Bild Jacopo Tintorettos mit demselben Thema: *Aufnahme Mariens in den Himmel*. Nur etwa 50 Jahre liegen zwischen den beiden Kunstwerken, doch mit dem Werk des Venezianers kam eine völlig neue Kunstsicht nach Bamberg. Der bedeutende Dompropst Johann Chrioph Neustetter, gen. Stürmer hatte das Bild, das für seine Zeit auch in Venedig revolutionär war, gekauft und dem Dom vermacht. Dort wurde es 1651 in einem Altar aufgestellt. Seit 1937 hängt es in der Oberen Pfarre als Leihgabe im Tausch gegen den Veit-Stoß-Altar.

Taufstein

Alter Hochaltar

Tintoretto

Der Kirche gegenüber liegt der 1765 vom Stadtbaumeister Martin Mayer errichtete *Neue Ebracher Hof*. Er gehörte dem wohlhabenden Kloster Ebrach, dem als zweites Stadthaus noch der *Alte Ebracher Hof* (1682) zur Verfügung stand. Dieser wendet seinen mächtigen Spätrenaissancegiebel dem Vorderen Bach zu.

Der Neue Ebracher Hof

Der Alte Ebracher Hof

Hinter dem Chor der Oberen Pfarre vorbei gelangen wir zur Eisgrube, von wo wir nochmals einen Blick zurück werfen sollten, und dann nach links zur Judenstraße. Hier wohnten seit dem 11. Jahrhundert neben Christen viele Juden. Das Zentrum der jüdischen Gemeinde, der „Judenhof" mit Synagoge und Mikwe (Bad) und Tanz-(Gesellschafts-)Haus, lag

Jüdische Gemeinde

Obere Pfarre, Seitenschiff, Jacopo Tintoretto: Aufnahme Mariens in den Himmel (1547/48)

am Pfahlplätzchen. 1422 beschlagnahmte der Bischof den Judenhof. Die Synagoge wurde, wie andernorts auch, in eine *Marienkapelle* umgewandelt, die heute von den Baptisten genutzt wird.

Ehemalige Synagoge

Aus der engen Judenstraße wuchtet sich auch das prunkvolle *Böttingerhaus* empor. Reichste Dekoration demonstriert schon nach außen hin den Anspruch seines damals neureichen Bauherrn. 1708 bis 1713 baute sich Ignaz Tobias Böttinger, hoher Beamter unter Fürstbischof Lothar Franz von Schönborn, dieses erste bürgerliche Stadtpalais. Es ist umstritten, wer der

Böttinger Haus

Böttingerhaus Architekt des Hauses war, das heute eine Kunstgalerie beherbergt. Böttinger ließ hier als Ausdruck seines gesellschaftlichen Ansehens seine architektonischen Wunschträume verwirklichen, zu denen er auf seiner „Kavalierstour" durch Italien angeregt worden war. Das äußerst schwierige Terrain am Fuß des steilen Stephansberg ist geschickt bewältigt: man kann von jedem Stock der hinteren Flügel auf eine der Terrassen des Gartens hinaustreten. Andererseits gibt es gewisse Verstöße gegen die Architekturtheorie der damaligen Zeit und das Haus war bei seiner Fertigstellung auch schon ein bisschen unmodern. Außerdem ist ein offenes Treppenhaus in einem italienischen Palazzo sehr reizvoll, im rauen Bamberger Winter aber weniger, und nur durch Enfiladen verbundene Räume ohne

Böttingerhaus, erstes Stadtpalais des Ignaz Tobias Böttinger (1708/13)

Gänge waren in einem Haushalt mit 12 Kindern, wie dem Böttingers, ziemlich unpraktisch.

Bereits drei Jahre nach der Vollendung des Böttingerhauses begann deshalb der Hofrat den Bau eines zweiten Schlosses. Es wird *Concordia* genannt nach einer Bürgergesellschaft, die es im 19. Jahrhundert mit gesellschaftlichem Leben erfüllte, und ist heute Sitz des Internationalen Künstlerhauses „Villa Concordia". Schon das von J. J. Vogel stuckierte Treppenhaus zeigt den Wunsch des Bauherrn nach fortschrittlicher Architektur mit der Hinwendung zum eleganten französischen Barock und der Trennung von privaten und öffentlichen Gemächern. Böttinger gehörte nun zum „Establishment" und konnte es sich leisten, den Architekten des Fürstbischofs zu engagieren. 1716 bis 1722 errichtete Johann Dientzenhofer den zweiflügeligen Bau mit der Schauseite zum Fluss, beeinflusst von dem Wunderwerk, das damals gerade in Pommersfelden entstand, dem Schloss Weißenstein des Fürstbischofs Lothar Franz von Schönborn. Seit 1999 steht im Terrassengarten das „gläserne" Appartementhaus für die Künstlerstipendiaten von C. Gatz.

Concordia

Treppenhaus

Schräg oberhalb der Concordia liegt die *Stephanskirche*. Nach der Legende hat die hl. Kunigunde den Bau bezahlt, wie das auf dem Relief am Kaisergrab im Dom zu sehen ist. 1020 wurde sie von keinem Geringeren als Papst Benedikt VIII. geweiht, der damals gerade zu der berühmten „Gipfelkonferenz" bei Kaiser Heinrich II. in Bamberg war. Von dieser Kirche ist nichts mehr erhalten. Der älteste Teil der jetzigen Kirche ist der Turm aus dem 13. Jahrhundert. Ein 1626 von Giovanni Bonalino mit dem Chor begonnener Neubau konnte wegen des Dreißigjährigen Krieges zunächst nicht vollendet werden. Erst als sich die Konjunktur wieder etwas gebessert hatte, konnte 1677 der „Vater des mainfränkischen Barocks", Antonio Petrini, mit der Fortführung beauftragt werden. Ein Westflügel mit beachtlicher, wenn auch nur von wenigen Stellen aus sichtbarer Fassade und ein Querhaus bilden mit dem Chor zusammen ein gleicharmiges Kreuz. Die Form des Zentralbaus wäre deutlicher geworden, wenn die geplante Kuppel zustande gekommen wäre, für die dann das Geld nicht mehr reichte. Die Öffnung in der Vierung wurde provisorisch mit

Stephanskirche

Stephanskirche

einem Stuckrelief geschlossen, das das Martyrium Stephans darstellt und 1688 von Johann Jakob Vogel geschaffen wurde. 1808 wurde die säkularisierte und ihrer Ausstattung beraubte Kirche der evangelischen Gemeinde Bambergs zu Verfügung gestellt. Die Innenrenovierung von 1987 mit ihrer einheitlichen Weißfassung hat der Wirkung von Licht und Raum in der Stephanskirche gut getan. Die neue Altarausstattung von Jürgen Görz (1986) ist ein Wagnis, das zum Nachdenken anregt.

Rings um die Kirche liegen die ehemaligen Stiftskurien; in dominierender Lage über dem Tal das „Haus zur Goldenen Wappe" (Oberer Stephansberg 1) von 1625. Hinter der Stephanskirche führt die enge Steige der Eisgrube wieder zurück zur Oberen Pfarre. Das knollige Gesicht des Türgriffs am Haus Eisgrube 14 wurde zum Vorbild des Apfelweibs in E. T. A. Hofmanns „Goldenem Topf".

Eisgrube

Apfelweib
(Abb. Seite 1)

Sandstraße

Die Sandstraße am Fuß des Dombergs ist das Gebiet der ersten Stadtsiedlung Bambergs. An der Stelle des einstigen Stadtgerichts wurde die Kirche des 1310 von Bischof Wulfing von Stubenberg gegründeten *Dominikanerklosters* errichtet. Dass sie dem hl. Christoph geweiht war, zeigt nur noch der um 1480 von Ulrich Widmann geschnitzte Christophorus über dem Portal. Bis 1993 war sie die Heimstatt der Bamberger Symphoniker. 2001 wurde sie als „Aula" für die Universität Bamberg hergerichtet. Das wie alle Klöster des Hochstifts bei der Säkularisation aufgelöste Dominikanerkloster wurde 1985 zum Ämtergebäude umgebaut.

Dominikanerkloster

Bamberger Symphoniker

Zwei spätgotisch gewölbte Räume des ehemaligen Klosters werden von Bambergern und Touristen besonders gern besucht: sie sind Gastzimmer der Brauerei *Schlenkerla*, wo das berühmte Rauchbier ausgeschenkt wird, das angeblich erst nach dem zweiten Glas schmeckt, dann aber unvergesslich bleibt. Das Schlenkerla hat seinen Namen von einem Wirt im 19. Jahrhundert: „weil er mit seina Orm a wengla gschlenkert hot, drum hom's na Schlenkerla getauft aus Übermut und Spott" berichtet eine Chronik.

Brauerei Schlenkerla

Die evangelische Stephanskirche

Heute ist die Sandstraße das Zentrum das Bamberger „Nachtlebens“. Die Fülle der dort angesiedelten Gaststätten hat den Stadtrat zum Wohl der Menschen, die dort wohnen, sogar zu einem Verbot weiterer Gaststätten veranlasst.

Untere Karolinenstraße

Der steile Aufstieg über die Untere Karolinenstraße, der den Besucher zu der herrschaftlichen Weite des Domplatzes führt, ist von besonderer städtbaulicher Raffinesse. In der Barockzeit wurde diese Wirkung bewusst geplant. So ist etwa das Portal des *Bibrahauses* (Untere Karolinenstraße 11, 1716) ein Zitat des Residenzportals. Schräg gegenüber liegt das *Marschalk-*

Bibrahaus

Marschalk-von-Ostheim-Haus

Marschalk von-Ostheim-Haus

Hofapotheke

von-Ostheim-Haus, das erstaunlicherweise seinen Fachwerkgiebel behielt, ein Greuel für die Barockzeit. Dafür enthält es ein bemerkenswertes barockes Treppenhaus mit einer gemalten Scheinkuppel (um 1720; meist geschlossen). Die *Hofapotheke*, eine der ältesten Apotheken in Deutschland, geht im Kern auf einen Bau von 1455 zurück, der 1577 von Erasmus Braun und dann nochmals in der Barockzeit umgebaut wurde. Die Marienkrönung (um 1750) an der Hausecke unterstreicht den Anspruch des Gebäudes am Aufgang zum Domplatz.

Das Alte Rathaus im Fluss, Verbindung der beiden Teile der Bürgerstadt (1453/1755)

Die Bürgerstadt zwischen den Regnitzarmen

Obere Brücke

Ein höchst ungewöhnliches Gebäude steht am Anfang unseres Rundgangs durch das „bürgerliche" Bamberg: Ein Rathaus mitten im Fluss dürfte in Deutschland einmalig sein. Der Sage nach haben es die Bamberger Bürger auf einer neu geschaffenen Insel im linken Regnitzarm errichtet, weil ihnen der Bischof dafür keinen Zollbreit Boden geben wollte. Die Erinnerung an den Kampf zwischen Bischof und Bürgern um die Macht un der Stadt klingt hier an. Ausschlaggebend für die Lage des *Alten Rathauses* aber dürfte seine Funktion als Bindeglied zwischen der ersten Bürgersiedlung im Sand und dem neuen „Stadtteil" auf der Insel, der seit dem 12. Jahrhundert immer wichtiger wurde, gewesen sein. Es geht im Kern auf einen Bau von 1453 zurück (gotische Gewölbe in der Tordurchfahrt), wurde aber in der Barockzeit von Stadtbaumeister Martin Mayer umgestaltet. Seinem dreigeschossigen Turm auf der *Oberen Brücke* wurde beidseits eine Fassade vorgeblendet. Die Rokokobalkone entwarf 1755 Bonaventura Mutschele, der Begabteste der großen Bamberger Bildhauerfamilie, ebenso wie die Wappen darüber: auf der Bergseite das Stadtwappen, der Stadtritter mit dem Adlerschild (Original im Hof des Geyerswörthschlosses), auf der Talseite das Wappen des Fürstbischofs Franz Konrad von Stadion (1753–1757). Die Fassadenmalereien an den Längsfronten – Allegorien von Herrschertugenden – schuf 1755 Johann Anwander, sie wurden 1960 rekonstruiert. Das Fachwerk des Rottmeisterhäuschens (1668) erhielt 1980 seine ursprüngliche Farbigkeit zurück.

Altes Rathaus

Stadtwappen

Seit 1995 beherbergt das Alte Rathaus die Porzellan- und Fayencensammlung des Ehepaars Ludwig, erlesene barocke Stücke v. a. aus den Manufakturen von Meißen und Straßburg.

Kreuzigungsgruppe

Die mächtige *Kreuzigungsgruppe* auf dem Brückenmittelpfeiler gab 1715 der Hofingenieur J. F. Rosenzweig bei Leonhard Gollwitzer in Auftrag. Ihr gegenüber, an der Nepomukstatue vorbei, hat man einen unvergesslichen Blick auf den steil aufragenden Chor der Oberen Pfarre.

Untere Brücke Im Norden wird das Alte Rathaus flankiert von der Unteren Brücke. 1739 von Balthasar Neumann geschaffen und oft erneuert, wurde sie, wie alle Bamberger Brücken, am Ende des Zweiten Weltkrieges gesprengt und 1967 durch ein Betonbrett ersetzt. **Die heilige Kunigunde** (Abb. Seite 11) Lächelnd blickt die heilige Kunigunde darüber hin, die letzte von fünf monumentalen Sandsteinfiguren Peter Benkerts von 1743, eine Plastik, „in der urwüchsige Kraft mit dem Charme des Rokoko wunderbar zusammenfließen" (Kopie 1992). Sie wendet einem der Postkartenbilder Bambergs den Rücken zu: dem malerischen Ensemble der Fischerhäuser **Klein-Venedig** mit ihren hohen Dächern und Fachwerklauben, winzigen Gärtchen am Fluss, mit Kähnen und ausgespannten Netzen und dem ebenso malerischen Namen *„Klein-Venedig"*. Am Ende der Brücke steht seit 2001 der „Centurione I" von Igor Mitoraj.

Geyerswörthschloss Wenige Meter flussaufwärts liegt auf einer Insel das *Geyerswörthschloss*. Die Geyer gehörten zu jenen Bamberger Patrizierfamilien, die nach dem Immunitätenkrieg von 1435 die Stadt verließen. Ihre Stadtburg erwarb schließlich das Hochstift. Es wurde 1586 von Asmus Braun bis auf den Turm als fürstbischöfliche Residenz neu erbaut. Das Wappen über dem Hoftor verrät den Bauherrn: Fürstbischof Ernst von Mengersdorf (1583–1591). Die Fresken der Sie- **Renaissancesaal** ben Freien Künste im prächtig ausgemalten *Renaissancesaal* erzählen von des Bischofs Gelehrsamkeit. Seit seiner Restaurierung 1984 dient er als Empfangssaal der Stadt Bamberg. Geschützt in einer der Arkaden des Innenhofs wurde das Original des Stadtwappens vom Alten Rathaus aufgestellt. Vom Turm des Geyerswörth (Schlüssel beim Tourismus- und Kongress-Service im Gartenflügel des Schlosses) hat man einen zauberhaften Blick über die gesamte Altstadt.

Ludwig-Donau-Main Kanal Auf der Rückseite des Geyerswörthschlosses spannt sich ein halbmondförmiger Steg über den alten *Ludwigs-Donau-Main-Kanal*. Dieses Lieblingsprojekt König Ludwigs I. von Bayern, das von Anfang an unter der Konkurrenz der Eisenbahn litt, wurde 1836 in Kelheim begonnen und endete nach **Kranen** der 100. Schleuse am *Kranen* in Bamberg. Dieser Platz südlich der Unteren Brücke war einst ein

„Klein-Venedig", die Häuser der Fischer und Schiffer

Schlachthaus

Hochzeitshaus

Brennpunkt des Verkehrs: hier wurden mit Hilfe der noch erhaltenen eisernen Kräne die Schiffe beladen und gelöscht, wurden die Waren umgeschlagen, boten die Fischer ihren Fang feil. Der Geruch dort muss hinreißend gewesen sein, denn hier stand auch das *Schlachthaus* der Stadt. Am Giebel des alten Schlachthauses von 1742 (heute Universitätsbibliothek) lagert behäbig ein steinerner Ochse, der, laut der etwas verzwickten lateinischen Inschrift, niemals ein Kalb war, sondern vom Künstler J. A. Nickel eben gleich als Ochse geschaffen wurde. Die Ostseite des Platzes beherrscht das *Hochzeitshaus*. In diesem 1603 im Renaissancestil von der Stadt errichteten Haus konnten sich die Bürger Säle und Diener für ihre Feste mieten. Es ist eines der Häuser, die im Zweiten Weltkrieg stark beschädigt wurden. Vereinfacht wieder hergerichtet ist es heute ein Teil der Universität Bamberg.

Grüner Markt

Märkte

Fußgängerzone

Am Obstmarkt vorbei kommen wir zum Hauptmarktplatz der Stadt, dem *Grünen Markt*, was Gemüsemarkt bedeutet. Daneben gibt es namentlich noch den Heu-, Holz- und Obstmarkt, früher außerdem noch den Säu-, Fisch-, Getreidemarkt und andere. Das Abhalten von Märkten war eine der wichtigsten rechtlichen und realen Funktionen der Stadt. Seit dem12, Jahrhundert wurde der Grüne Markt das Zentrum der sich um ihn entwickelnden Neustadt und er blieb es bis heute. Er ist jetzt das Hauptstück der Fußgängerzone, deren fragwürdige „Möblierung" nach und nach ausgetauscht wird. Tagsüber ist dort meist ein Gewimmel von Touristen und Einheimischen, Leuten, die sehen und gesehen werden wollen und eiligen Einkaufenden, Schaufensterguckern und solchen, die auf Caféhausstühlen Eis und Sonne genießen.

Martinskirche

Einen würdevollen Kontrast dazu bildet die mächtige Fassade der *Martinskirche*, der ehemaligen Jesuitenkirche zum Namen Jesu. 1611 hatten die Jesuiten das frühere Karmelitenkloster übernommen, dessen Kirche zur Austraße orientiert war. 1686, nachdem sie ein genügend großes Grundstück am Marktplatz hatten erwerben können, begannen sie mit dem Bau der neuen Kirche im Sinne der Gegenreformation. Sie holten sich dazu Georg Dientzenhofer aus Prag, Chef

Georg Dientzenhofer

Der „Gabelmann“ vor der Fassade von St. Martin

eines der neuen personalstarken Bauunternehmen, die sich nicht mehr an zünftische Einschränkungen hielten. Nach Georgs Tod übernahm sein Bruder Leonhard die Bauleitung. In sieben Jahren stellte die „Firma" den Riesenbau fertig. Mit diesem Erfolg begann die Dientzenhofer-Ära des fränkischen Barock, der die Neue Residenz, die Klöster Banz, Ebrach und Michelsberg, Schloss Pommersfelden und viele weitere Bauten entstammen – ein Höhepunkt nicht nur der fränkischen, sondern der europäischen Kunstgeschichte. Nach der Säkularisation wurden das Patrozinium und die Funktion der 1804 abgebrochenen alten Marktkirche, die auf dem jetzigen Maxplatz stand, auf die ehemalige Jesuitenkirche übertragen, die seitdem Hauptpfarrkirche der Stadt ist. Auch einige Kunstwerke der alten Martinskirche wurden hierher gerettet, wie die *Pietà* im rechten Seitenaltar. Sie entstand um 1330 in Köln und ist eines der frühesten sog. „freudvollen Vesperbilder". Die *„Angsttafeln"*, geschnitzte Passionsdarstellungen, entstanden nach dem Vorbild von Werken Dürers (1511). Der strenge Kirchenraum wird beherrscht von der theatralischen Prunkwand des *Hochaltars*, eine Stuckmarmorarbeit des Italieners Giovanni B. Brenno (1701). Die *Scheinkuppel* über der Vierung, 1714 von Francesco Marchini nach Vorlagen von Andrea Pozzo gemalt und die erste dieser Art in Deutschland, kommt seit der Restaurierung der Kirche 1984 wieder besser zur Geltung.

Martinskirche

Fränkischer Barock

Pietà

Angsttafeln

Hochaltar

Scheinkuppel

An St. Martin schließen sich die Gebäude des ehemaligen *Jesuitenkollegs* an. Sie gruppieren sich um einen Innenhof, der, überschattet von einer riesigen Schwarzwalnuss, immer ein Raum erholsamer Stille mitten im turbulenten Zentrum der Stadt ist und das, obwohl die Gebäude heute Teil der Universität sind. Die Räume der alten Universitätsbibliothek werden noch immer benutzt.

Jesuitenkolleg

Im rechten Teil des Nordflügels verbirgt sich eines der ältesten Museen Deutschlands, das *Naturkundemuseum*. Fürstbischof Franz Ludwig von Erthal ließ es 1795 einrichten, ganz im Sinn der Aufklärung „zum Wohl der ganzen Bevölkerung". Die modern und spannend präsentierten Sammlungen zeigen Präparate mancher schon ausgestorbener Tiere u.a. Die erhaltene klassizistische Einrichtung bildet eigentlich ein Museum im Museum.

Naturkundemuseum

Universität Das Jesuitenkolleg flankiert die Straße „An der Universität“. Dieser Name für die einstige Jesuitenstraße zeigt, dass wir uns im Gebiet der 1979 wieder errichteten und in die Altstadt integrierten Universität befinden. Sie nutzt eine große Reihe von historischen Gebäuden zwischen Regnitz und Grünem Markt, so auch die sog. *Aula*, Rest des ehemaligen Schulbaus der Jesuiten, an deren Erbauungszeit nur noch das Renaissanceportal von 1612 erinnert und die heute als Teilbibliothek der Universität genutzt wird. Am Ende der Straße kommt man zum Heumarkt, wo seit 2001 die „Liegende mit Frucht“ von Fernando Botero zu Hause ist. Sie kam, wie auch der „Mitoraj“ auf der Unteren Brücke, mit einer Ausstellung des Internationalen Künstlerhauses nach Bamberg und wurde anschließend durch Spenden der Bürger erworben. Von den Bambergern wird sie liebevoll-spöttisch „die Blunzn“ oder „Botera“ genannt.

Der Grüne Markt, von Anfang an Wohnsitz reicher Bamberger Kaufmannsfamilien, wurde in der Barockzeit bewusst städtbaulich durchformt. Einen wichtigen Akzent setzt der Neptunsbrunnen. Die

Gabelmann
(Abb. Seite 62)

Bamberger nennen ihn *Gabelmann*, weil er eine dreizackige Harpune in der Hand hält. Fürstbischof Lothar Franz von Schönborn ließ 1698 von Bildhauer Kaspar Metzner zunächst ein originalgroßes Holzmodell des Brunnens erstellen, mit dem man auf dem Platz die für die Raumlinien optimale Stelle ermittelte. Wie sehr unsere Zeit das räumliche Sehen verlernt hat, zeigt die Tatsache, dass der Brunnen bei der Fußgängerzoneneinrichtung von seinem Sockel genommen, mit Steinen umhäuft und mit zwei Bäumen hinterlegt wurde.

Maxplatz An den Grünen Markt schließt in Richtung des rechten Regnitzarmes der *Maxplatz* an. Er entstand durch den Abbruch der alten St.-Martins-Kirche 1804. Rechts und links fassen ihn die großzügigen Barockbauten des früheren *Katharinenspitals* und des ehemaligen *Klerikalseminars* ein. Sie wurden 1729/38 nach Plänen Balthasar Neumanns errichtet. Das Katharinenspital, das auf eine Stiftung der Patrizierfamilie Tockler von 1203 zurückging, sollte nach Absicht des Fürstbischofs Friedrich Karl von Schönborn die Spitäler der Stadt vereinigen. Es ist heute Wohn- und Kaufhaus. Zum Neuen Rathaus wurde das Klerikalseminar seit dem Neubau des Priesterseminars im Hain 1928. Der Maxplatz ist Standort des täglich stattfindenden Gemüsemarkts, wo die Bamberger Gärtner ihre Erzeugnisse anbieten, deren gehäufter Anblick allein ein Vergnügen ist. Der Platz wurde nach dem bayerischen König Max I. Joseph benannt. Er steht auch auf dem Brunnenpfeiler des *Maximiliansbrunnens*, umgeben von den Heiligen Heinrich, Kunigunde und Otto und von König Konrad III., geschaffen 1888 von Ferdinand von Miller.

Neues Rathaus

Gemüsemarkt

Die anschließende Hauptwachstraße ist benannt nach der ehemaligen Hauptwache. Das 1772 von Hofkriegsrat J. G. Roppelt entworfenen Gebäude wird gehütet von martialisch dreinblickenden Wächterfiguren von J. B. Kamm.

Hauptwachstraße

Hier können wir abbiegen in die *Promenade*. Sie war ein Teil des Stadtgrabens, bis sie 1776 mit Abraummaterial des Domplatzes aufgefüllt und auf Geheiß des Fürstbischofs Adam Friedrich von Seinsheim mit einer Allee bepflanzt wurde, um den Bürgern Gelegenheit zu einem erholsamen Spaziergang zu geben. Das ist heute nicht mehr möglich, da sich hier der Zentrale Omnibusbahnhof befindet.

Promenade

Die Promenade stößt am südlichen Ende auf die *Lange Straße*. Sie ist eine der Haupteinkaufsstraßen der Stadt und, trotz einiger Neubauten, ein geschlossenes Ensemble repräsentativer Bürgerhäuser vor allem des 18. Jahrhunderts. Herausragend das spätgotische *Haus zum Saal* (auch Wallensteinhaus, Lange Straße 3), dessen Fassade barock überformt wurde und von einer liebenswürdigen Immaculata von Leonhard Gollwitzer (1715) über dem Portal beschützt wird.

Lange Straße

Gegenüber gelangen wir durch die kleine Habergasse zum *Zinkenwörth*. Im Mittelalter war es ein Stadtteil mit eigener Rechtsform und einem wachen, aufmüpfigen Geist. Von hier ging der Anstoß zum Bamberger Aufstand während des Bauernkrieges aus, hier wurden die Flugschriften der Reformation gedruckt. Heute erinnert man sich hier hauptsächlich der Romantikerzeit. Am *Schillerplatz* steht das 1808 errichtete Stadttheater (Umbau 2000–2003), an dem im selben Jahr E. T. A. Hoffmann eine Stelle als

Zinkenwörth

Schillerplatz

E.T.A.-Hoffmann-Museum

Schönleinsplatz

Hainstraße

Villa Dessauer

Staatsarchiv

Der Hain

Wilhelmsplatz

Musikdirektor antrat, die er aber schon nach kurzer Zeit niederlegen musste. Danach übte er am Theater die unterschiedlichsten Tätigkeiten aus, die aber alle miteinander jämmerlich bezahlt waren. Bis 1813 wohnte er in dem schmalen Häuschen gegenüber, das jetzt ein ihm gewidmetes Museum enthält.

Am ehemaligen Stadtpolizeigefängnis (jetzt Stadtbau GmbH) vorbei kommen wir zum *Schönleinsplatz*. Hier beginnen die Viertel geplanter Stadterweiterung des 19. Jahrhunderts. Den Anschluss nach Osten, zum Bahnhof brachte die Willy-Lessing-Straße. Hier wie an der Hainstraße wohnten früher reiche Bamberger Industrielle und Kaufleute, darunter viele jüdische Hopfenhändler. Beide Straßen sind noch fast geschlossene Ensembles spätklassizistischer und gründerzeitlicher Villen; z. T. sind noch die stets zugehörigen Wirtschaftsgebäude in der zweiten Reihe erhalten. Der Verlust der Bäume und der starke Verkehr haben allerdings in der Willy-Lessing-Straße die „Stimmung" zerstört, so dass nur noch in der Hainstraße etwas vom Selbstbewusstsein und Vermögen der Erbauer zu spüren ist. Eines der prächtigsten Häuser (Hainstraße 4 a), die *Villa Dessauer*, wurde 1883 vom Architekten F. Geb aus Hannover für den Hopfenhändler Carl Emanuel Dessauer errichtet. 1987 konnte sie als Städtische Kunstgalerie restauriert werden. Das *Staatsarchiv* in der südlichen Hainstraße ist ein neubarocker Bau von 1905.

Der anschließende *Hain* wurde 1803 von Stephan Freiherrn von Stengel auf Anordnung des bayerischen Königs nach dem Vorbild des Englischen Gartens in München angelegt. Anstelle des wilden Auwaldes entstand ein „natürlich arrangierter" Park mit weich geschwungenen Wegen und wunderbaren alten Baumgruppen, mit Tempelchen und Musikpavillon, verschiedenen Denkmälern und Botanischem Garten. Er nimmt die ganze Südspitze der Insel zwischen den beiden Regnitzarmen ein.

Der rechte Regnitzarm wurde als Teil des Main-Donau-Kanals ausgebaut. An seinem Ufer entlang führt ein Weg am 1927 errichteten Priesterseminar vorbei zurück in die Stadt. Man stößt dabei auf den *Wilhelmsplatz*, dessen Gesamtplanung auf den Stadtbaurat Hans Jakob Erlwein zurückgeht, der um 1900 das Bauwesen in Bamberg entscheidend prägte. Die

Das „Druidentempelchen" im Hain unter der modernen Hainbrücke

eine Seite nimmt der 1903 von Max Höfl erbaute *Justizpalast* ein, gegenüber liegt die Oberpostdirektion von 1905. Abschluss der dritten Platzseite war die 1910 von Johannes Kronfuß erbaute Synagoge, die 1938 in der „Reichskristallnacht" zerstört wurde. Zum aktiven Nachdenken über das Schicksal der Juden fordert das 1995 von J. Bandau geschaffene Mahnmal am nahe gelegenen Synagogenplatz auf.

Justizpalast

Auch im Norden wuchs die Stadt in der Gründerzeit. An der Weide wurde 1990 die ehemalige Frauenklinik für die Universität umgebaut. Am Flussufer erhebt sich, quergestreift, die 1993 eröffnete Konzert- und Kongresshalle. Gegenüber, zu Füßen des Michelsbergs, liegt das *Alte Krankenhaus*, 1789 von Fürstbischof Franz Ludwig von Erthal als modernstes Krankenhaus Europas erbaut (Architekt Johann Lorenz Fink), jetzt Hotel. Stadtseitig anschließend die frühere Chirurgie, 1901 von Hans J. Erlwein, jetzt Stadtarchiv.

Altes Krankenhaus

Gärtnerstadt: Theuerstadt und Bamberg-Ost

Nicht ganz so fotogen wie das herrschaftliche Berggebiet und die bürgerliche Inselstadt, für die Stadtstruktur jedoch gleichermaßen wichtig sind die Stadtteile östlich des rechten Regnitzarms: Hier verlief die uralte Fernhandelsstraße, die sich, bei Lübeck beginnend, durch das ganze mittelalterliche Reich bis Regensburg zog. Diese Straße hat heute im Bamberger Stadtgebiet viele Namen: Hallstadter Straße, Siechenstraße, Königstraße, Nürnberger Straße; das Stück, das Steinweg (= gepflasteter Weg) heißt, erinnert noch an ihre Bedeutung ebenso wie die zahlreichen Brauereien und Gasthöfe, die sich entlang der Straße ansiedelten und deren geschmiedete Ausleger ein kunsthandwerkliches Kapitel für sich sind.

Mittelalterliche Fernhandelsstraße

Geistliches Zentrum für dieses Gebiet ist *St. Gangolf*, 1058 als Chorherrenstift gegründet, seit der Säkularisation Pfarrkirche, der Mittelpunkt der Theuerstadt. Der Gründungsbau des 11. Jahrhunderts ist noch in den Umfassungsmauern erhalten, doch häufig verändert worden. Die wuchtigen Doppeltürme, unter Bischof Otto d. Hl. spätromanisch begonnen, wurden um 1400 gotisiert und erhielten 1671 ihre wahrzeichenhaften Zwiebelhauben. Von der Festlichkeit der Barockausstattung zeugen nur noch der *Hochaltar*, das *Chorgestühl* und die sprühenden *Altäre* der Seitenkapellen. Sie alle sind Werke der Familie Mutschele, die in der Nähe von St. Gangolf wohnte und für die die Ausstattung ihrer „Hauskirche“ mehr als nur ein Auftrag war. Die neugotische Ausstattung, die um 1850 die barocke verdrängt hatte, wurde 1938 wiederum ersetzt durch Kunstwerke aus anderen Bamberger Kirchen. Die *Kanzel* schuf B. Kamm 1786 für die Katharinenspital kirche. Das ergreifende Astkreuz aus dem 14. Jahrhundert im linken Querhaus kam aus der alten Martinskirche hierher. Die *Madonna auf der Mondsichel* (nach 1508) stand früher in der 1807 abgerissenen Franziskanerkirche. Der 1978 geweihte *Zelebrationsaltar* stammt von Paul Schinner. In der *Göttlich-Hilf-Kapelle* hängt ein in königliche Gewänder gekleideter und gekrönter Kruzifixus, dessen ursprüng-

St. Gangolf in der Theuerstadt

Bildhauerfamilie Mutschele

liches Vorbild auf den Volto Santo in Lucca zurückgeht, von dem viel Kopien als hl. Kümmernis missverstanden wurden. Die Sage berichtet, dass ihr, die ihren heidnischen Bräutigam nicht heiraten wollte, auf ein Gebet hin ein Vollbart wuchs, worauf ihr erzürnter Vater sie habe ans Kreuz schlagen lassen. Das Göttlich-Hilf-Kreuz kam aus dem Hl.-Grab-Kloster hierher und ist eine Nachbildung des von Franz Münzmeister († 1356) gestifteten Kreuzes.

St. Gangolf

Franz Münzmeister und seine Frau waren die Gründer des *Heilig-Grab-Klosters*, das sie nach der Rückkehr von einer Pilgerreise ins Heilige Land zu Ehren des Grabes Christi stifteten. Nach der Säkularisation blieb nur die Kirche, profaniert und ihrer Ausstattung beraubt, erhalten. Seit 1926 sind wieder

Heilig-Grab-Kloster

St. Gangolf von Norden

Heilig-Grab-Kloster

Dominikanerinnen hier und haben ein neues kleines Kloster gebaut.

Gärtnergebiet

Das Kloster liegt mitten im alten Gärtnergebiet. Ab dem 13. Jahrhundert begannen Bamberger Patrizierfamilien ihr Kapital in eine Sonderkultur zu investieren: den Gemüseanbau auf Flächen zwischen Hauptsmoorwald und rechtem Regnitzarm. Die dazu hierher geholten Ackerbürger waren so erfolgreich,

Süßholz

dass Gemüse, vor allem aber Süßholz und Sämereien zu einem wichtigen Exportartikel und Wirtschaftsfaktor der Stadt wurden. Die ursprünglich vereinzelt stehenden Höfe schlossen sich zusammen zu langen Reihen. Um zu den im Innenbereich hinter den Häusern liegenden Feldern gelangen zu können, bekamen die Häuser große Hausdurchfahrten. Diese Strukturen sind in einigen Straßenzügen noch erhal-

Gärtner- und Häckermuseum

ten, so z. B. in der Mittelstraße, wo das *Gärtner- und Häckermuseum* Brauchtum und Lebensweise dieses sehr eigenständigen Berufsstandes liebenswert repräsentiert, zusammen mit denen der Häcker, der Weinbauern von den Hügeln.

Das Gärtnergebiet ist im 19. Jahrhundert von der Bahnlinie zerschnitten worden. Die Luitpoldstraße vom Bahnhof zur Innenstadt wurde quer durch Felder und Häuser gezogen. Das gesamte Wohn- und

Bamberg-Ost

Industriegebiet östlich der Bahnlinie, Bamberg-Ost genannt, wurde auf Gärtnerfeldern gebaut. Auch die verbliebenen Felder sind. zentrumsnah und als Wohnflächen begehrt, gefährdet.

Gärtner- und Häckermuseum in einem typischen Gärtnerhaus

Kultzentrum der Gärtner war die *Sebastianikapelle*, von Bürgerinitiativen, darunter vielen Gärtnern, nach der Säkularisation und noch einmal 1984 vor dem Abbruch gerettet (Siechenstraße; nicht geöffnet). Daneben liegt der zur Sparkasse umgebaute ehemalige *Siechhof*. Die *Ottokirche* ist ein bemerkenswerter Bau von Otto Orlando Kurz 1914. 1929 vollendete Michael Kurz die *Heinrichskirche* in Bamberg-Ost. Am Kunigundendamm liegt die 1933 von German Bestelmayer als Zentralbau errichtete *Erlöserkirche*. Die Pfarrkirche Maria Hilf in der *Wunderburg* wurde am Ende des Kunigundendammes 1889 von Chrysostomus Martin als neugotische Hallenkirche konzipiert. Auch hier gibt es Brauereien, wo man sich von den erschöpfenden Kunstwanderungen erholen kann.

Sebastianikapelle

Siechhof
Ottokirche

Heinrichskirche

Erlöserkirche
Wunderburg

Und das sollte man tun, denn es ist typisch für Bamberg. Dies ist eine Stadt, die mit allen Sinnen erfasst werden muss. Wer nur mit dem Kopf an sie herangeht, wird sie niemals verstehen. Die Farbenpracht der Prozessionen gehört ebenso zu Bamberg wie der Wohlgeschmack der verschiedenen Biere, die weltberühmten Bamberger Symphoniker ebenso wie die Kirchenlieder, der widerborstige Humor ebenso wie der eigensinnige Stolz der Bürger auf ihre Stadt. Eine Stadt, in der es sich als Besucher wie als Einheimischer gut leben lässt und in der man mit offenen Augen auch noch Stoff zum Träumen findet.

Ausleger der Brauerei „Spezial“ in der Oberen Königstraße

Kleiner Wegweiser

Eintrittspreise gelten für Erwachsene, Jugendliche meist verbilligt. Montags sind alle Museen geschlossen. Gruppen werden nach Vereinbarung häufig auch außerhalb der offiziellen Öffnungszeiten eingelassen.

Die Vorwahl von Bamberg ist 09 51.

Auskunft Tourismus- & Kongress Service, (TKS **i**) Geyerswörthstraße 3, Tel. 09 51/ 2 97 62 00, Fax 2 97 62 22, tourismusinfo@bamberg.info. Zimmervermittlung, Prospektdienst, Vermittlung von Stadtführungen und Ausflugsfahrten, Vorbereitung von Tagungen.

Bäder *Hallenbad*, Margaretendamm 5, Tel. 7 75 61.
Freibäder: Stadionbad, Tel. 9 18 02 94;
Gaustadt, Tel. 6 03 04 56;
Hainbad, Tel. 2 28 62.

Bahnhof Reiseauskunft, Tel. 0 18 05/99 66 33.

Bambergcard 48 Stunden gültig, Benutzung aller Stadtbusse, 1 Stadtführung, 6 Museen, 7,50–28,50 € (1–4 Personen).

Camping Im Stadtteil Bug (4 km bis Stadtmitte), Zufahrt von Nürnberger Straße (B 4) u. Würzburger Straße (B 22). Tel. 5 63 20

Fahrradverleih Rad im Hof, Untere Königstr. 32, Tel. 2 30 12, Radsport Käs, Nürnberger Str. 151, Tel. 13 03 88

Freilichtfestspiele *Calderón-Festspiele* im Innenhof der Alten Hofhaltung, jedes Jahr Juni/Juli.

Fundbüro Rathaus am Maxplatz, Tel. 87 12 68; geöffnet Mo. bis Fr. 9–12 Uhr

Jahreskalender

April:	Passionskrippenausstellung
Mai:	Frühjahrsplärrer
Juni:	Fronleichnamsprozession
	Fränkisches Weinfest im Schloss Geyerswörth
	Otto-Kirchweih

Juni/Juli:	Calderón-Freilichtfestspiele im Innenhof der Alten Hofhaltung
	Rosengartenserenaden
Juli:	Altstadtfest der Universität
	Bamberg zaubert
	Gärtner- und Häckerfest
	St.-Heinrichs-Fest
August:	Bamberger Antiquitäten-Wochen
	Rosengarten-Serenaden
	Sand-Kirchweih
Oktober:	Herbstplärrer
November:	Kabarett-Tage
Dezember:	Krippenrundweg
	Weihnachtsmarkt

Jugendherberge „Wolfsschlucht“, Oberer Leinritt 70 (Nähe Bug), Tel. 5 60 02, Fax 5 52 11. 15. Dezember – 31. Januar geschlossen.

Kartenvorverkauf Bamberger Veranstaltungsdienst (BVD), Lange Straße 22, 96047 Bamberg, Tel. 9 80 82 20, Fax 9 80 82 30 – Veranstaltungservice Bamberg, Forchheimer Str. 15, 96052 Bamberg, Tel. 2 38 37, Fax 9 80 83 33.

Kutschfahrten Mai – Okt. Do. – So. Kartenverkauf über TKS **i**

Konzerte s. Kartenvorverkauf
Konzerte im Dom: Vom 1. Mai bis 31. Oktober jeden Samstag Orgelkonzert von 12–12.30 Uhr.

Märkte
Obst- und Gemüsemarkt: täglich auf dem Maxplatz
Blumenmarkt: täglich auf dem Grünen Markt
Honigmarkt: Faschingsdienstag vormittag auf dem Maxplatz
Mittfastenmarkt: für Holz- und Korbwaren, Sämereien und landwirtschaftliche Artikel in der Mitte der Fastenzeit zwischen Aschermittwoch und Ostern auf dem Grünen Markt und dem Maxplatz
Fischmarkt: Gründonnerstag, 23./24. Dezember und am 31. Dezember am Kranen
Frühjahrsmarkt: in der zweiten Maihälfte auf dem Maxplatz (Sonntags geschlossen)
Herbstmarkt: in der zweiten Oktoberhälfte auf dem Maxplatz (Sonntags geschlossen)
Allerheiligen-Blumenmarkt: 30. Oktober und 1. November in der Siechenstraße am Eingang zum alten Friedhof und in der Gundelsheimer Straße
Christbaummarkt: 15. Dezember – 23. Dezember am Maxplatz, Laurenziplatz, Heinrich-Weber-Platz und in der Gartenstadt
Weihnachtsmarkt: 1. – 23. Dezember auf dem Maxplatz

Omnibusverkehr
28 Linien vom Zentralen Omnibusbahnhof (ZOB) von der Promenade aus zu allen Punkten und Sehenswürdigkeiten der Stadt nach Fahrplan (Tel. 7 77 15, i-Punkt Promenade Tel. 7 72 80), Linientaxi Tel. 1 44 43.

Omnibusverkehr Franken (OVF) nach Bayreuth, Coburg, Ebrach, Pommersfelden, Schlüsselfeld und weiteren Orten (Tel. Auskunft 0 95 61 / 74 94 84).

Parken *Park-and-Ride-Plätze* (Busse fahren alle 10 Minuten): Alter Plärrer-Platz im Süden der Stadt (Rhein-Main-Donau-Damm – Verlängerung des Heinrichsdamms)
Neuer Plärrerplatz auf der Breitenau im Osten der Stadt (zwischen Memmelsdorfer Straße und Berliner Ring).
Parkplatz Berggebiet im Westen der Stadt (Busse alle 20 Min.)
Parkhaus Zentrum Süd (Ecke Friedrichstraße)
Tiefgarage Altstadt (Geyerswörthstraße)
Tiefgarage Zentrum Nord (bei der Löwenbrücke)
Tiefgarage Residenzschloss (Untere Sandstraße)
Parkhaus Atrium (neben dem Bahnhof)

Post Filiale Ludwigstraße 25 (gegenüber Bahnhof), Tel. 83 62 80. Montag bis Freitag 7–18 Uhr, Samstag 8–12 Uhr. Filiale Promenade, Tel. 20 04 23. Montag bis Freitag 8.30–17.30 Uhr, Samstag 9–12 Uhr.

Schifffahrt Hafenrundfahrten F. Kropf, Kapuzinerstraße 5, Tel. 2 66 79. www.personenschifffahrt-bamberg.de. Anlegestelle am Kranen, dort auf einer Tafel die Abfahrtszeiten notiert, von Mitte März bis November. Erwachsene 6,– €, Kinder 4,– €

Stadtführungen (TKS**H**) April bis Okt. werktags 10.30 Uhr und 14 Uhr; November bis März 10.30 Uhr; sonn- und feiertags ganzjährig 11 Uhr. Anmeldung und Kartenverkauf beim Tourismus & Kongress Service, Geyerswörthstr. 3, Tel. 2 97 62 00, Erwachsene 5,– €, ermäßigt 3,50 €. Gruppen nach Anmeldung. Viele Spezialführungen.
Weitere Führungen siehe unter Diözesanmuseum, Dom und Neue Residenz.

Stadtverwaltung Rathaus Maxplatz, Vermittlung Tel. 8 70, Pförtner Tel. 87 10 18.

Taxi Wichtigste Standorte: Bahnhof, Promenadestraße, Kongresshalle, Klinikum, Gaustadt und (ab 19 Uhr) am Grünen Markt. Tel. 1 50 15, 1 94 10, Taxi-Lotsen-Dienst Tel. 1 50 15.

Theater *E.T.A.-Hoffmann-Theater*, Schillerplatz 7, Tel. 87 14 33
Marionettentheater Loose, Untere Sandstr. 30, Tel. 6 76 00. www.bamberger-marionettentheater.de
Theater der Schatten, Eine Zeitreise durch Bamberg, Katharinenkapelle in der Alten Hofhaltung, Domplatz 7, Karten (TKS**H**),Tel. 2 97 62 00.

Universität Zentralverwaltung, Kapuzinerstr. 16, Tel. 8 63-0

Zeitung Fränkischer Tag, Gutenbergstraße 1, Tel. 1880

Öffnungszeiten

Altes Rathaus (S. 59), Sammlung Ludwig (Porzellan und Fayencen). Tel. 87 18 71, www.bamberg.de/museum, täglich (außer Montag) 9.30–16.30 Uhr. Eintritt 3,10 €, ermäßigt 2,10 €

Böttingerhaus (S. 53), Judenstraße 14, Besichtigung des Hofes möglich.

Diözesanmuseum (S. 38), Domplatz 5, Tel. 50 23 16, www.eo-bamberg.de, tägl. (außer Montag) 10–17 Uhr, Führungen: 11.15 Uhr (an der Kasse Domkreuzgang). Eintritt: 3,– €, ermäßigt 2,– €.

Dom (S. 27), täglich vom April bis Oktober von 9.30–18 Uhr (im Winter bis 17 Uhr). Keine Besichtigungen während der Gottesdienste und an bestimmten Feiertagen. Führungen: täglich 14 und 15 Uhr, Samstag 13, 14 und 15 Uhr, Sonntag 13 und 15 Uhr (im Winter eingeschränkt). Kasse im Domkreuzgang, Tel. 50 23 30. Preis der Führung: 2,– €, ermäßigt 1,50 €.

Dr.-Remeis-Sternwarte, Astronomisches Institut der Universität Erlangen-Nürnberg, Sternwartstraße 7, Tel. 95 22 20. Besichtigung für Gruppen ab 30 Personen, werktags nach Vereinbarung

Schloss Concordia ließ sich Ignaz Tobias Böttinger als Stadtpalais bauen

E.T.A.-Hoffmann-Haus (S. 66), Schillerplatz 26, 1. Mai bis 31. Okt. Dienstag bis Freitag 16–18 Uhr. Samstag und Sonntag 10–12 Uhr. Eintritt: 2,– €, ermäßigt 1,– €. Führung anmelden bei Tourismus & Kongress Service, Tel. 87 11 61, www.etahg.de

Fränkisches Brauereimuseum (S. 47), Michelsberg 10 f, Tel. 5 30 16, www.brauereimuseum.org. Ab 1. April bis 31. Oktober Mittwoch bis Sonntag 13–17 Uhr. Von November bis März Besichtigung nach tel. Voranmeldung. Eintritt: Erwachsene 2,– €, Schüler 1,50 €.

Gärtner- und Häckermuseum (S. 70), Mittelstraße 34. 1. Mai bis 31. Oktober Mittwoch und Sonntag 14–17 Uhr; Gruppen auch nach Vereibarung, Tel. 3 14 77 (Herr Oßwald). Eintritt 1,– €, ermäßigt 0,50 €.

Geyerswörth, Turm (S. 60), Schlüssel erhältl. beim Tourismus & Kongress Service, werktags 10–16 Uhr, Freitag 10–12 Uhr.

Historisches Museum (S. 40), Domplatz 7, Tel. 87 11 42, www.bamberg.de/museum. 1. Mai bis 31. Oktober täglich (außer Montag) 9–17 Uhr. Eintritt: 2,10 €, ermäßigt 1,50 €. Vom 1. November bis 30. April Wechselausstellung (bedingt geöffnet).

Karmelitenkreuzgang (S. 49), Karmelitenplatz 1, Tel. 9 52 90. Täglich 8.30–11.30 Uhr und 14.30–17.30 Uhr.

Krippenmuseum, Ob. Sandstr. 23, Tel. 5 56 57. 1. Advent bis 6.1. und Osterzeit täglich 10–18 Uhr. Eintritt: 2,50 €

Missionsmuseum Bug, Schlossstraße 30, Tel. 5 62 14. Sonn- und Feiertage 14–17 Uhr oder nach telefonischer Anmeldung. Eintritt frei.

Museum für frühislamische Kunst, Austr. 29, Tel. 87 11 42. 1. Mai bis 31. Okt. Samstag 14–17 Uhr, Sonntag 15–17 Uhr. Eintritt frei.

Naturkundemuseum (S. 63), Fleischstr. 2, Tel. 8 63 12 48. www.uni-bamberg.de/NatMus, Tgl. (außer Montag) 1. April bis 30. Sept. 9–17 Uhr, 1. Okt.bis 31. März 11–16 Uhr. Eintritt: 2,– €, ermäßigt 1,50 €.

Museum Kutz „Kommunikationstechnik und –geschichte", Am Kranen 12a, Tel. 20 17 82, www.gelegio.de/Kunden/Kutz, Freitag 14–17 Uhr, Samstag 9–12 Uhr.

Neue Residenz (S. 40), Domplatz 8, Tel. 51 93 90, www.schloesser.bayern.de, April–Sep., Tgl. 9–18 Uhr, Okt.–März 10–16 Uhr. Eintritt: Residenz und Gemäldegalerie
4,– €. ermäßigt 3,– €. Führungen alle 15–20 Minuten.

Staatsarchiv (S. 66), Hainstraße 39, Tel. 98 62 20, www.archive-in-bayern.de, Montag, Dienstag, Donnerstag 8–16 Uhr, Mittwoch 8–20 Uhr, Freitag. 8–13.30 Uhr. Gebühren nach der staatlichen Archivbenützerordnung.

Staatsbibliothek (S. 42), Domplatz 8, Tel. 95 50 30, www.staatsbibliothek-bamberg.de, Montag – Freitag 9–17 Uhr, Samstag 9–12 Uhr; im August Montag–Freitag 9–12 Uhr.

Stadtarchiv (S. 67), Untere Sandstraße 30 a, Tel. 87 13 71, www.bamberg.de/stadtarchiv, Montag bis Mittwoch 8–16 Uhr, Donnerstag 8–20 Uhr, Freitag 8–14.30 Uhr.

St. Getreu (S. 47), St. Getreu Str. 14, Tel. 9 54 0, Montag–Donnertag 8–15.30 Uhr, Freitag–Sonntag 10–16.30 Uhr, Innenbesichtigung ohne Gitter Dienstag + Donnerstag 13–16 Uhr.

Villa Dessauer – Stadtgalerie Bamberg (S. 56), Hainstr. 4 a. Tel. 87 18 61, www.bamberg.de/museum. Ausstellungen im Wechsel, täglich außer Montag 10–16 Uhr. Eintritt: 2,10 €, ermäßigt 1,50 €.

Blick von der Oberen Brücke über die Regnitz auf Schloss Geyerswörth und die „Unteren Mühlen“

Register

Kursiv gesetzte Begriffe sind Kunstwerke